Christina von Hodenberg

Das andere Achtundsechzig

Christina von Hodenberg

Das andere Achtundsechzig

Gesellschaftsgeschichte einer Revolte

C.H.Beck

Mit 20 Abbildungen

Umschlaggestaltung: Kunst oder Reklame, München
Umschlagabbildung: Ostermarsch in Freiburg: im Demonstrationszug
Plakate gegen die Notstandsgesetzgebung, 13.4.1968

Satz: Fotosatz Amann, Memmingen
Druck und Bindung: GGP Media GmbH, Pößneck
Gedruckt auf säurefreiem, alterungsbeständigem Papier
(hergestellt aus chlorfrei gebleichtem Zellstoff)
Printed in Germany
ISBN: 978 3 406 71971 4

www.chbeck.de

Inhalt

1 Einleitung: Stimmen aus dem Jenseits

Es war an einem Tag im Februar, in Halle an der Saale, als ich Stimmen zu hören begann. Eine junge, weibliche Stimme sagte: «Was meinen Sie, wodurch unterscheidet sich die Jugend heute von der Jugend zu Ihrer Zeit damals?» Eine ältere Frauenstimme antwortete emphatisch: «Die sind nicht schlechter wie wir, die sind wirklich nicht schlechter wie wir waren! Nur wir Älteren müssten uns Mühe geben, die Jugend zu verstehen, und daran hapert es ... Wir haben doch freie Meinungsäußerung, auch die Jugendlichen.» Ich hörte Schritte, ein Fenster wurde geöffnet, ein Bus fuhr lärmend vorbei. Dann begann die alte Stimme von ihrer Jugendzeit zu erzählen. Sie sei 1919 geboren und habe mit dem BDM Heimabende und Fahrten erlebt. «Da musste man drin sein, und das war ja eine staatliche gelenkte Jugend, wie sie jetzt drüben auch ist ... Na ja, nun, es gab eben ein gewisses Stillschweigen ... über Politik konnten Sie gar nicht sprechen, wenn Sie da anderer Meinung waren, da war schon Ebbe.» Dass die jungen Leute sich heutzutage für Politik interessierten, sei doch wunderbar. Ausführlich und hörbar erregt beschrieb die alte Stimme dann, wie erst ihr Vater und dann der Krieg ihre Berufswünsche vereitelt hätten. Sie habe Friseuse werden wollen oder Krankenschwester, und länger die Schule besuchen wollen. Stattdessen habe sie als Telefonistin anlernen müssen. Eine solche Bevormundung dürfe es heute nicht mehr geben! Ihr Sohn solle alle Chancen haben, «dass er eben einen ordentlichen Beruf lernt – kein Gammeln und kein Hippie, das auf keinen Fall». Zwar habe sie ihren Sohn schon mal wegen der «langen Mähne ... ein bisschen ins Gebet genommen», damit er «ein bisschen manierlicher» ausschaue. Aber «wenn er morgen käme und sagen würde, ich bin Kommunist, ich finde das gut – ja, ich kann es doch nicht ändern, und ich glaube, das wird heute ein bisschen verkehrt gemacht.» Auch bei ihrer Tochter würde sie politisches Engagement sehr begrüßen: «Ich meine, es sind viel zu wenig Frauen in der Politik.»

Nun mischte sich die jüngere Stimme wieder ein und versuchte, das Gespräch auf Einstellungen zur Jugend zurückzulenken. Doch die ältere

Stimme erklärte, fester als zuvor: «Wir haben ja genug mitgemacht im Leben, die Jahre 33 bis 45 – und wenn möglich, sollte man das der Jugend ja ersparen. Wir sind ja wohl – unser Volk hat viele Fehler gemacht und die sollten nie wieder passieren … und ich möchte nicht, dass unsere Jugend das einmal durchmacht, was mit den Juden geschehen ist. Sind doch auch Menschen, dass sie geschäftstüchtig sind, ist doch kein Fehler.»

Ich wunderte mich. Dass eine Hausfrau um die 50 Vorurteile gegen Juden hegte und lange Haare ablehnte, passte in mein Bild von Achtundsechzig – nicht aber die Selbstverständlichkeit, mit der sie die Studentenproteste und sogar Kommunisten verteidigte. Die Tür ging auf und meine zehnjährige Tochter steckte den Kopf herein. «Mama, mit wem redest Du denn da?» Ich drückte den Knopf am Tonbandgerät, einem acht Kilo schweren, antiken Brocken. Er sprang mit einem Knacken heraus und die Stimmen verstummten. Ich erklärte ihr, dass die Magnetspulen vor 50 Jahren mit Gesprächen bespielt worden seien. Dies hier seien die damals 49-jährige Frau Hahn und ihre junge Interviewerin, eine Studentin der Psychologie. Aber es gebe da noch mehr als 600 andere Tonbänder, ich hätte also noch viel zu tun. Damit vertröstete ich meine Tochter auf weitere Einzelheiten beim Abendessen. Frau Hahns Stimme kam zurück und erzählte, mit der eigenen Mutter, einer begeisterten Nationalsozialistin, sei sie politisch über Kreuz gewesen. «Aber einer hat es dem anderen nicht vorgeworfen. Einer hat den anderen akzeptiert.» Ich wechselte das Band und hörte als Nächstes die Stimmen zweier Männer, die sich aufgeregt über die Studentenproteste nach dem Schah-Besuch im Juni 1967 austauschten. Sie schienen sich weitgehend einig in ihrer Deutung der Geschehnisse. Die ältere Stimme sagte: «Aber diese Gewalttätigkeit, diese Demonstrationen, die man oft sieht von Studentenseite, die machen – also da sehe ich nicht klar – die machen mir etwas Kopfzerbrechen.» Auch die jüngere Stimme vermutete «eine gewisse Gefahr darin. Es sind einige doch ziemlich radikale darunter, teilweise auch hochintelligente Leute.» Der Alte betonte, «dass diese radikalen Gruppen den anderen immer weit überlegen sind … Mit einem Mut, mit einer Verbissenheit tun die diskutieren, und in ihrer Fanatik gehen sie von dem, was sie haben, nicht ab … Die geben nichts nach. Wie im Nationalsozialismus: nichts nachgeben.» Ja, pflichtete der Jüngere bei, «die wollen also tatsächlich provozieren … Ich sehe da eine ziemlich große Gefahr.» Wieder war ich von den Socken. Dass der alte Herr Jäger, ein 1905 geborener Handwerker, die Proteste ablehnen würde, hatte ich erwartet. Aber sein junger, gerade mal 27-jähriger Gesprächspartner?

Die Stimmen, die ich hörte, erschütterten mein Bild von Achtundsechzig. Ich begann, systematisch Interviews zu sammeln. Immer wieder lief das alte Tonbandgerät, Marke UHER Universal 5000, so heiß, dass ich es zwischendurch länger abschalten musste. Gespräche mit ehemaligen Schülern und Studenten der Zeit bescherten mir neue Überraschungen. Da war zum Beispiel der schüchterne 20-Jährige, der alles Militärische hasste und lange Haare verteidigte, zugleich aber vor allem am Geldverdienen interessiert war. Oder die Stimme von Ulrich Rosenbaum, 1968 Chefredakteur der Bonner Studentenzeitung *akut*. Auf sein Elternhaus angesprochen, berichtete er sofort, «dass auch meine Eltern eine Nazivergangenheit hatten». Aber dann fuhr er fort: «Also, das war für mich kein so großes Thema, obwohl ich auch Geschichte studiert habe. Ich habe das halt so akzeptiert, das Elternhaus, wie es war, und habe damit auch keine Probleme gehabt. Ich habe nur gesehen, dass ich meinen eigenen Weg gegangen bin. Und das Interessante ist, dass dann eben auch meine Eltern im Grunde, als ich 1969 in die SPD gegangen bin, plötzlich dann auch zu SPD-Wählern wurden. Insofern hat man dann auch auf diese Weise was bewirkt.» Auch diese Aussage schien mir im Widerspruch zu allem zu stehen, was ich über den Generationenkonflikt der späten Sechziger zu wissen glaubte. Warum nahm der junge Student einfach so hin, dass die Eltern Nazis gewesen waren? Und warum folgten ihm die Eltern auf seinem Weg nach links?[1]

Die Stimmen, die ich hörte, kamen aus dem Jenseits meiner vermeintlich gesicherten Kenntnisse von Achtundsechzig. Weder der junge Psychologe, der die linken Aktivisten kritisierte, noch der Student Ulrich Rosenbaum schienen umstandslos in die Kategorie der «Achtundsechziger» zu passen. Und konnte man Frau Hahn und Herrn Jäger zum Establishment zählen? Je mehr Stimmen ich hörte, desto mehr gewann ich den Eindruck, dass unsere Wahrnehmung von Achtundsechzig größtenteils auf visuellen Quellen beruht, auf Bildern und Filmen, die uns irreführen. Denn die Ikonen der Revolte sind dem Publikum eingebrannt: junge Männer mit wehendem Haar, untergehakt, im Dauerlauf, Plakate und Banner schwenkend. Rudi Dutschke, heftig gestikulierend, auf dem Podium eines überfüllten Hörsaals. Nackte Bewohner einer Berliner Kommune posieren im Wohnzimmer mit dem Rücken zum Fotografen. Die Aktionen eines kleinen Kerns einer jugendlichen, männlichen, intellektuellen, großstädtischen Elite sind in den Medien millionenfach, plakativ vervielfältigt worden. Ist es möglich, dass die immer wieder neu aufgelegten Fotos von damals uns zu liebgewonnenen Missverständnissen verleiten? Dass sie nur einen verschwindend kleinen Ausschnitt dessen zeigen, was die Revolte ausmachte – und zwar nur denjenigen Teil der Akteure, der die Massenmedien für sich gewann?

Diese Frage war der Anstoß, dieses Buch zu schreiben. Ich wollte meinen Ohren stärker trauen als meinen Augen und meinen Tonbändern mehr als den visuellen Ikonen der Revolte. Denn in den magnetisch gespeicherten Gesprächen der späten sechziger Jahre, die mein altes Gerät wieder zum Leben erweckte, äußern sich Leute aus allen Schichten der Gesellschaft. Die meisten sind wenig gebildet, und jeder zweite Befragte ist eine Frau. Zu mehr als 200 über 60-Jährigen kommen 89 Interviews mit Leuten im besten Alter zwischen Mitte 30 und Ende 50. Dazu treten neue und alte Gespräche mit 22 ehemaligen Studenten und Doktoranden. Meine Stimmen vom Band fangen damit die Haltungen dreier Generationen ein (der jungen, der mittleren und der alten), die die protestbewegte Zeit der späten Sechziger erlebten. Und während die Interviewten stets über Politik und ihre Einstellung zu den anderen Generationen sprachen, redeten sie mindestens ebenso viel über ihre Familien und privaten Lebensumstände.

Deswegen ist dieses Buch eine etwas andere Darstellung von Achtundsechzig, die die gesamte Gesellschaft ins Auge fasst. Viele Ereignisse und Akteure lassen sich wiedererkennen: der SDS und die Kommune 1, Rudi Dutschke und Benno Ohnesorg, der Schah-Besuch und die großen Demonstrationen, West-Berlin und Frankfurt. Sie kommen durchaus vor. Aber neben den medienwirksamen Zusammenstößen von Studenten mit Polizei, Professoren und Politikern werden die Gespräche in den Familien, die privaten Beziehungen zwischen den Generationen und Geschlechtern greifbar. Der Wandel der Lebensstile in der Tiefe der Gesellschaft, die Emanzipation der Frauen und die Befreiung der Sexualität sind ebenso wichtig wie die politischen Theorien der Neuen Linken und ihr Streben nach der sozialistischen Revolution. Vor allem aber werden hier die Menschen jenseits der dreißig, die Frauen, die Mittel- und Unterschichten, auch jene, die abseits der Großstadt wohnten, Gehör finden. Um die Rolle von Achtundsechzig für den geschichtlichen Wandel genauer zu bestimmen, konzentriere ich mich auf die Kernphase der Proteste in den Jahren 1966 bis 1969. Zwar waren die damaligen Geschehnisse auf vielfältige Weise in die «langen sechziger Jahre» von etwa 1957 bis 1973 eingebettet, aber für den politischen, kulturellen und sexuellen Wandel der Zeit hatten die Aufbrüche und Rebellionen der späten sechziger Jahre eine erkennbar herausgehobene Funktion.[2]

Diejenigen Protagonisten, die wir heute landläufig als Achtundsechziger verstehen – eine kleine studentische Elite in den Hochburgen der Protestbewegung, die damals nicht mehr als ein paar tausend zählte[3] –, werden nur in manchen Szenen des hier entfalteten Dramas Hauptrollen spielen. In anderen Szenen tauchen sie als Nebendarsteller oder Betrachter auf. Das mag Verwunderung auslösen. Denn in den fünf Jahrzehnten seit 1968 hat sich in Deutschland eine klassische Erzählung etabliert, die mit nur leichten Variationen immergleich durch die Feuilletonspalten, Talkshows, Bestseller und Fachbücher geistert. Angelehnt an die Fernseh- und Illustriertenberichte der Jahre 1967 bis 1969 sind Rudi Dutschke, die Kommune 1 und der sozialistische Studentenverband SDS zu den Stars der Handlung geworden. Schon die zeitgenössischen Massenmedien schenkten gerade den Protesten in West-Berlin, sei es an der Freien Universität oder in den ersten Kommunen, «unverhältnismäßig starke Aufmerksamkeit». Die Reportagen in *BILD*, *Stern*, *Spiegel*, *Quick* und den öffentlich-rechtlichen Fernsehkanälen lehnten sich an bereits zuvor etablierte, nordamerikanische Muster der Berichterstattung an. Sit-ins, langhaarige Studenten, prügelnde Polizisten flimmerten über die Bildschirme und dominierten die Fotostrecken in den Illustrierten.[4] In diesem Kielwasser folgte eine westdeutsche Geschichtsschreibung, die sich ebenso stark auf die Großstädte Berlin und Frankfurt und die linken Studenten an den Universitäten fixierte. Getragen von Zeitzeugen, die ehemals selbst Aktivisten gewesen waren, schrieben Politologen und Historiker eine Saga von Achtundsechzig fort, in der junge männliche Studenten zu Standartenträgern des Wandels wurden. Zum vierzigjährigen Jubiläum der Revolte im Jahr 2008 erschienen Dutzende entsprechender Darstellungen, in denen Berliner Barrikaden und Frankfurter Demonstrationen, Auseinandersetzungen in Hörsälen und der Ideenwettstreit der Linken erneut im Mittelpunkt standen.[5] Selbst abwägende Beiträge der jüngsten Zeit, die das westdeutsche Achtundsechzig eher als Kulturrevolution oder massenmediales Spektakel statt als politische Rebellion verstehen, bleiben dem Tunnelblick auf SDS, Studenten und Berlin fast immer treu.[6] Doch ist dies eine Verengung und Verzerrung des Blicks. Die dabei aufgesetzte Brille lässt einzelne, kleinere Teile des Angeschauten übermäßig stark hervortreten, während alles andere verschwimmt und die Konturen bis zur Unkenntlichkeit verwischen.

Die Brille, durch die wir Achtundsechzig zu sehen gelernt haben, ist bildungsbürgerlich geschliffen. Und dass gerade Historiker ihre Gegenstände gern durch die bildungsbürgerliche Brille betrachten, ist beileibe kein neues Phänomen. Die tiefe Bindung an das Bildungsbürgertum hat in der Geschichtsschreibung immer wieder dazu geführt, dass die schriftlichen Zeugnisse einer männlichen, gebildeten Elite die Deutung des Geschehenen dominieren. Die klassischen, leicht zugänglichen Quellen geben vor allem Debatten zwischen wortgewandten, fast ausnahmslos männlichen Bildungsbürgern wieder. Ob Ministerialakten oder *Spiegel*-Artikel, Parlamentsdebatten oder Parteiprogramme, schöngeistige Romane oder Autobiographien – die hochgebildeten Männer beherrschen unsere Perspektive auf die Vergangenheit. Wie leicht dies dazu führen kann, die gesamtgesellschaftliche Bedeutung von Zäsuren zu verkennen, zeigt die Wahrnehmung von «1914». Jahrzehntelang war unsere Vorstellung des Ersten Weltkriegs vom Blick auf die akademische männliche Jugend geprägt, über deren enthusiastische Kriegsbegeisterung die Tagespresse damals wortreich geschwärmt hatte. Die Beschwörung des «Augusterlebnisses» der Freiwilligen und der «Ideen von 1914» entpuppte sich erst dann als irreführend, als Historiker in den neunziger Jahren neue Quellen hinzuzogen, die die ganz anders ausfallende Reaktion der ländlichen Bevölkerung und der Arbeiter auf den Kriegsausbruch erschlossen. Viel häufiger als gedacht war der Krieg auf Skepsis, Abwarten und Besorgnis getroffen.[7]

Um das andere Achtundsechzig jenseits der bildungsbürgerlichen Fixierung zu entdecken, nutze ich also neue Quellen, die die Stimmen der anderen – der weniger Gebildeten, der Frauen und der Älteren – privilegieren. Zudem wende ich einige Kunstgriffe an. Ich gewichte die Sphäre des Privaten ebenso stark wie die der Politik. Und ich blicke auf ein kleinstädtisches Gegenbeispiel, um dem Aufmerksamkeitssog der Großstädte Berlin und Frankfurt entgegenzuwirken.

Denn Achtundsechzig spielte fast überall in Westdeutschland. An sämtlichen Provinzuniversitäten gab es damals heiße Wahlkämpfe für die Studentenparlamente, eine Vielzahl aktiver Studentenverbände, Trauerkundgebungen für Benno Ohnesorg und hochschulpolitische Demonstrationen.[8] Mein Beispiel ist Bonn – zum einen, weil die Stimmen auf meinen Tonbändern aus Bonn stammen (dazu gleich mehr). Zum anderen war

Bonn aber auch Hauptstadt der Bundesrepublik. Der gewollt provisorische Charakter als Hauptstadt des westdeutschen Teils einer gespaltenen Nation führte zu einer ungewöhnlichen Mischung aus kleinstädtischem Horizont und Weltpolitik. Im rheinischen «Bundesdorf» prallten täglich Welten aufeinander. In den Spalten des *General-Anzeigers für Bonn und Umgegend* wurde über neunzigste Geburtstage, goldene Hochzeiten und nächtens krähende Hähne ebenso breit berichtet wie über glanzvolle Staatsbesuche umstrittener Diktatoren oder riesige Protestzüge der außerparlamentarischen Opposition. Mit der kulturellen Elite, der Medienkonzentration und den Verkehrsverbindungen West-Berlins, Frankfurts oder Hamburgs konnte Bonn nicht mithalten. Aber der nicht abreißende Reigen von Staatsbesuchern und Demonstrationsmärschen sowie das ungewöhnlich reichhaltige Kulturprogramm und die Präsenz zahlreicher Politiker, Lobbyisten und ausländischer Gesandter trugen die hohe Politik in den Alltag. Ein Viertel der 280 000 Einwohner waren Bundesbedienstete, Diplomaten und Journalisten; weitere 25 000 waren Studenten. Bundespolitische Skandale, wie beispielsweise um die braune Vergangenheit des Bundespräsidenten Heinrich Lübke, schlugen sich an der Bonner Universität in Zusammenstößen zwischen Studenten und Polizei nieder, die an Radikalität West-Berliner Verhältnissen kaum nachstanden. Wer in und um Bonn lebte, ob Studentin oder Arbeiter, Hausfrau oder Rentner, konnte der Politik nur schwer entfliehen.[9]

Die Abwanderung in die Provinz ist ein Weg, der bildungsbürgerlichen Perspektive zu entgehen. Ein anderer ist die bewusste Absage an das beliebte Deutungsmuster der «politischen Generationen». Denn in großen Teilen der Geschichtsschreibung hat sich ein Denken durchgesetzt, das in den Unruhen der sechziger Jahre ein geistiges Ringen zweier politischer Generationen erkennt: Die sogenannten «Achtundsechziger» forderten ihre Vorgängergeneration, die «Fünfundvierziger», heraus. Die Fünfundvierziger, um 1968 etwa Mitte 30 bis 50 Jahre alt, hatten das nationalsozialistische Deutschland nur als Kinder und Teenager erlebt und waren – weil unbelastet – als junge Erwachsene rasch in verantwortliche Positionen in Politik, Medien und Universitäten aufgerückt. Das Kriegsende 1945 wurde zum Wendepunkt ihres Lebens, das viele von ihnen fortan der Westernisierung und inneren Demokratisierung der Bundesrepublik widmeten. Zu dieser Gruppe werden Persönlichkeiten wie Helmut Kohl, Rudolf Augstein, Ralf Dahrendorf, Jürgen Habermas, Joachim Fest oder Hans-

Ulrich Wehler gerechnet. Manche Historiker feiern die Fünfundvierziger, und eben nicht die studentischen Achtundsechziger, als Vorreiter einer langfristigen Liberalisierung Westdeutschlands. So wird Geschichte zum Duell der politischen Generationen.[10]

Achtundsechzig als Kampf zwischen politischen Generationen zu begreifen, heißt jedoch erneut, sich nur männlichen Intellektuellen zu widmen.[11] Denn der erz-bildungsbürgerlichen Herkunft des Denkmusters der politischen Generation, 1928 von Karl Mannheim erfunden, ist nicht zu entkommen. In Mannheims Konzept geht es um Männer, die an der Front oder in Jugendverbänden politisch sozialisiert worden sind; um Bildungsbürger, die einen politischen Gestaltungswillen im Kampf gegen andere durchsetzen wollen. Sich als Angehöriger einer politischen Generation darzustellen, ist deshalb auch heute noch ein typisch männliches Unterfangen. Die Lebenserfahrungen und -ziele von Frauen passen einfach nicht in dieses Schema. Weibliche politische Generationen zu denken, fällt uns schwer.[12] Deswegen war es mir nicht gelungen, die Stimme von Frau Hahn, aber auch andere weibliche und nicht-bürgerliche Stimmen in die bekannten Muster von Achtundsechzig einzuordnen. Die Leute auf meinen Tonbändern sprachen eine andere Sprache. Selbst wenn sie direkt danach gefragt wurden, redeten sie nur ungern über Ideologien, politische Ziele und Dispute. Bei ihnen ging es eher um alltägliche Reibereien, private Beziehungen, Geld und Gefühle. Sie stellten sich weniger als Teil einer politischen Generation dar denn als Glied einer familiären Generationenabfolge von Großeltern, Eltern und Kindern.

Auch mit dem Begriff der familiären Generationen wird in heutigen Darstellungen von Achtundsechzig gerne gearbeitet. Das gängige Argumentationsmuster lautet, dass die protestierenden Studenten die Kinder von nazifizierten Eltern gewesen seien. Weiterhin wird spekuliert, dass die jungen Rebellen in den Familien Vorwürfe gegen ihre verstrickten, schweigenden Eltern erhoben. Tiefe private Zerwürfnisse zwischen Alt und Jung seien die Folge gewesen.[13] Oft wird zudem das überaus beliebte Bild des Vater-Sohn-Konflikts als Chiffre für Achtundsechzig bemüht. Dann ist vom Bewusstsein der Jugend um die «Untat der Väter», vom Generationskonflikt über «die Schuld der Väter» und vom Angriff der Jungen auf die «schweigenden Patriarchen» der «NS-Funktionsgeneration» die Rede.[14] Solche steilen Thesen sind erstens kaum belegt (sieht man von Einzelfällen ab) und vermischen zweitens unzulässig familiäre und politische Generationen.

Dieses Buch wird Achtundsechzig daher nicht im Vorhinein als Generationenkonflikt begreifen, sondern die Auseinandersetzungen der Zeit unvoreingenommen zu ergründen versuchen. Wenn man sich stritt, dann worüber? Wie häufig ging es um die nationalsozialistische Vergangenheit? Und wer entzweite sich mit wem – Kinder mit Eltern oder möglicherweise Großeltern? Entzündeten sich Spannungen zwischen Söhnen, Vätern und Großvätern – oder vielleicht eher zwischen Töchtern, Müttern und Großmüttern, deren Geschlechterrollen damals ungleich stärker auseinanderklafften als die der Männer? Was herrschte am Abendbrottisch: Harmonie, Schweigen oder Konflikt?

Das Stichwort Abendbrottisch führt uns zurück zu jenem Wintertag, an dem meine Tochter mich aus dem Reich der magnetisch konservierten Stimmen in die Realität zurückgeholt hatte. Beim Abendessen forderte sie die versprochenen Details über die 600 Tonbandschachteln in meinem Arbeitszimmer ein. Ich versuchte eine Erklärung. Die Gespräche waren Teil eines 1965 begonnenen wissenschaftlichen Großprojektes, der sogenannten BOLSA oder «Bonner Längsschnittstudie des Alters». 222 alte Leute fuhren damals in regelmäßigen Abständen aus dem Rheinland, Ruhrgebiet und Rhein-Main-Gebiet nach Bonn, um sich im Psychologischen Institut der Bonner Universität interviewen zu lassen. Sie waren kleine Angestellte und Kaufleute, Facharbeiter, Handwerker und Hausfrauen. An der Bonner Universität arbeitete eine rasch wachsende Gruppe von Wissenschaftlern um Professor Hans Thomae und seine Habilitandin Ursula Lehr, die erforschen wollten, wie sich die menschliche Persönlichkeit im Alter veränderte. Altersforschung war noch ein ganz neues Feld; die Bonner Psychologen waren die ersten deutschen Gerontologen.[15] Sie hatten von der VolkswagenStiftung mehrere Millionen eingeworben, um die Untersuchungsteilnehmer zwei Jahrzehnte lang, alle paar Jahre erneut, befragen zu können. Und so kam es, dass die Verkäuferin aus Weiden, die Putzfrau aus Mannheim und die Friseuse aus Frankfurt stundenlang von ihrer Lebensgeschichte und allen Aspekten ihres gegenwärtigen Lebens erzählten und dabei auf Band festgehalten wurden, ebenso wie der Chemiearbeiter aus Kelsterbach, der Bergmann aus Oberhausen und der Polizist aus Wuppertal.

Nun mischte sich mein 13-jähriger Sohn ein. Wer habe die Leute denn ausgesucht und wie, wollte er wissen. Das sei doch nicht repräsentativ, erklärte er, der gerade in seinem naturwissenschaftlichen Gymnasium, Klasse 8, über statistische Grundbegriffe informiert worden war. Ich versuchte geltend zu machen, dass sich die damaligen Psychologen als harte Wissenschaftler verstanden hätten. Sie hätten ein weitgehend repräsentatives Sample rekrutiert, in dem Männer und Frauen gleich stark vertreten waren und die gebildete Oberschicht nur drei Prozent der Befragten ausmachte. Außerdem hätten sie auf die neueste Technologie der Zeit gesetzt: auf Aufnahmen der Gespräche mit Magnettonband und anschließende Auswertung mit den Computern des noch im Aufbau begriffenen universitären Rechenzentrums. Tausende von Interviewstunden seien in Kodes verschlüsselt worden, die verschiedene Seelenzustände oder Grade persönlicher Nähe in Zahlen übertrugen und statistisch berechenbar machen sollten.[16] Hierauf erntete ich aber bei beiden Kindern nur Augenrollen, eine kürzlich perfektionierte Körpertechnik. Ich versuchte daher, ihre Aufmerksamkeit durch einen Appell an die Kreativität zu fesseln. Vielleicht könnten sie mir bei einem Darstellungsproblem helfen? Es helfe nichts, wenn ich meine Tonbandstimmen bei jedem erneuten Auftritt als «jene Probanden, die an der Bonner Längsschnittstudie des Alters teilnahmen» bezeichnen müsste. Ich bräuchte dringend eine Abkürzung, sonst würde ich in die Verzweiflung getrieben. Meine Tochter quittierte diese läppische Taktik mit erneutem Augenrollen, aber schlug statt «jener Probanden, die an der Bonner Längsschnittstudie des Alters teilnahmen» vor: «Bolsaner» und «Bolser». Mein Sohn plädierte erst für «Bolsacs», bevor wir uns auf «Bolsianer» einigten. Auf dieses abendliche Gespräch im Februar 2015 geht es zurück, wenn in diesem Buch immer wieder von «Bolsianern» die Rede sein wird. Denn die 222 Probanden der Studie werden meine Kronzeugen für die Rolle der alten, bis 1908 geborenen Generation in den späten sechziger Jahren sein. Ihnen zur Seite stehen zwei weitere Gruppen von Stimmen.

Der Zufall wollte es, dass sich damals eine zweite, kleinere Forschergruppe am Bonner Lehrstuhl Hans Thomaes mit dem Generationenkonflikt beschäftigte. Ein Team um die Doktorandin Helga Merker befragte zwischen Mai 1967 und August 1968 Frauen und Männer «im mittleren Erwachsenenalter» nach ihrer Meinung zur «heutigen Jugend» und zum Wandel der Erziehungsnormen. Insgesamt 180 Leute aus dem Köln-Bonner Raum, alle Jahrgang 1909 bis 1934, sprachen hier von ihrer eigenen Jugend und verglichen diese mit der Jugend der sechziger Jahre. Erneut wurden vor allem Mittel- und Unterschichtsangehörige mit Volksschulabschluss ausgewählt. Viele der Interviewten kamen ins Erzählen und redeten ausführlich über Studentenproteste, Miniröcke und Beatmusik, aber auch über ihre

Zeit als Hitlerjungen und Flakhelfer, Reichsarbeitsmaiden und Soldatenbräute.[17]

Um neben der alten und der mittleren Generation die Stimmen der Jungen nicht zu kurz kommen zu lassen, ergänze ich diese Quellen um Gespräche mit der studentischen Jugend. Aus Beständen des Bonner Stadtmuseums stammen 16 Interviews mit Bonner Studenten, die sich in den Jahren 1967 und 1968 politisch engagiert hatten. Der Museumsmitarbeiter Horst-Pierre Bothien führte diese Gespräche in den Jahren 2005/06 zur Vorbereitung einer Ausstellung zu Achtundsechzig. Dabei interessierte sich der Interviewer besonders für «die Aufklärungsarbeit der Studenten über die NS-Zeit der Uni» und weniger für andere Aspekte wie etwa den Umgang mit Sexualität oder die Emanzipation von Frauen.[18] Zum Ausgleich arrangierte ich gezielt weitere Gespräche mit Frauen, die damals Studentinnen oder Doktorandinnen gewesen waren. Ich befragte auch die Versuchsleiter aus dem Bolsa-Team, sofern dies möglich war. Schließlich zog ich gedruckte und verfilmte Interviews mit Zeitzeuginnen heran.[19] Die methodischen Herausforderungen, die solche «oral history»-Quellen an Historiker stellen, sind in allen Fällen ähnlich.[20]

Auf diese Weise erschließt dieses Buch eine Begegnung der Generationen in den Jahren um 1968 auf drei Ebenen. Junge Psychologen treffen im Bonner Psychologischen Institut mit Versuchsteilnehmern der mittleren und alten Generation zusammen. Junge Leute, Eltern und Großeltern berichten von ihren Auseinandersetzungen mit Angehörigen der jeweils anderen Generationen auf der Straße, bei der Arbeit und in der Familie. Nicht zuletzt spielt sich an den Universitäten und auf den Straßen, sei es Bonns oder West-Berlins, eine öffentliche Konfrontation rebellischer Studenten mit dem «Establishment» ab. Die drei Ebenen der Generationenbegegnung verschränken sich ineinander und berühren sich häufig, ja sie sind ohne einander nicht zu verstehen. Es gilt, das Private und Politische zusammenzudenken und über die Bildungsbürger hinauszugreifen, um die Bedeutung von Achtundsechzig für die deutsche Geschichte zu ergründen. Dabei wird mir zugutekommen, so hoffe ich zumindest, dass ich nicht aus der Position der Zeitzeugin schreibe. Zum Zeitpunkt der Revolte war ich ein Kleinkind; meine Eltern hatten die Universität schon lange verlassen und wurden von den Protesten kaum berührt. Auch deshalb geht es mir nicht mehr darum, das Ereignis Achtundsechzig romantisch zu verklären, es zu verteufeln oder ihm die historische Bedeutung abzusprechen. Ziel dieses Buches ist, das von den Zeitzeugen gewobene Netz der Mythen zu verlassen und mithilfe neuer Quellen und neuer Perspektiven qualitativ andere Erkenntnisse über die gesellschaftlichen Wurzeln und Wirkungen von Achtundsechzig zu gewinnen.

2 Der Schah-Besuch in Bonn und Berlin

Montag, der 29. Mai 1967, war ein schwülwarmer Frühlingstag. Götz und Hedwig Langbein, 72 und 68 Jahre alt, saßen auf einer Bank im Bonner Hofgarten und genossen die Mittagssonne. Am Hofgarten, im Zentrum Bonns, stand das Hauptgebäude der Universität. Das Ehepaar Langbein war um 14 Uhr zu einem Termin in das nahe gelegene Institut für Psychologie geladen; bis dahin erholte es sich von den Strapazen der Anreise aus Frankfurt. Frau Langbein freute sich an den grünen, sonnendurchleuchteten Bäumen und hing ihren Gedanken nach. Herr Langbein, ein pensionierter Bankangestellter, war leidenschaftlicher Zeitungsleser. Er hatte sich am Bahnhof den *General-Anzeiger für Bonn und Umgegend* gekauft, der an diesem Montag vom glanzvollen Staatsbesuch des persischen Schahs am Wochenende berichtete. «Staatsbesuch des Jahres bei Kaiserwetter – Herrscherpaar vom Pfauenthron hielt Protokoll und Polizei in Atem – Maiglöckchen aus Kinderhand – Kaiserin Farah trug Kronjuwelen – Kaiserliche Gaben: zwei Teppiche», lasen die Langbeins. «Tausende und aber Tausende von Menschen» hatten die Bonner Straßen gesäumt, «um das wohl populärste Kaiserpaar der Welt zu sehen», «Schah Reza Pahlevi und seine märchenfeenhafte Frau Farah Diba». Aber sie lasen auch, dass sich leichte Misstöne in die Feierlichkeiten gemischt hatten: «Pfeiftöne störten Kranzniederlegung – Schah reagierte nicht auf Sprechchöre – Demonstrant mit ausgekugeltem Arm – Schah-Gegner hinter Zeitungsmasken».[1]

Fünf Tage vor den schweren Zusammenstößen zwischen Demonstranten und Polizei in West-Berlin, bei denen der Student Benno Ohnesorg sein Leben verlor, fünf Tage also vor dem Schlüsselereignis des studentischen Achtundsechzig, war der Schah in weißer Galauniform von Bonn aus nach Schloss Brühl chauffiert worden. Dort wurde er von Bundespräsident Heinrich Lübke empfangen. Zudem hatte der Staatsgast im Hofgarten einen Kranz niedergelegt, vor dem dortigen «Denkmal für die Opfer der Kriege und der Gewaltherrschaft». Frau Langbein bemerkte, dass das bronzene Ehrenmal noch immer von mehreren Polizisten bewacht wurde.[2] Trotz ihrer arthrosegeschädigten Gelenke schlenderte sie auf die südliche Seite des Hofgartens, um den Kranz des Schahs zu betrachten. Schließlich war es kurz vor zwei. Die Langbeins zupften Anzug und Kostüm zurecht und machten sich auf den Weg ins Institut. Beide hatten sich in Schale geworfen. Die etwas füllige Frau Langbein hatte eine goldene Brosche ans Revers ihres schwarzen Blazers geheftet. Der weißhaarige Herr Langbein erschien in Nadelstreifen mit weißem Hemd und dunklem Schlips. Das Ehepaar wusste, was sie im Institut erwartete. Sie reisten selten, aber in Bonn waren sie schon zum dritten Mal. Sie würden von einer Riege junger Diplom-Psychologen begrüßt werden. Noch fragten sie sich, welcher Versuchsleiter ihnen wohl diesmal zugeteilt werden würde; es galt, eine Woche voller Befragungen und psychologischer Tests durchzustehen.

Während sich im Empfangsraum des Psychologischen Instituts nach und nach neun betagte Damen und Herren einfanden – sie kamen in dieser Woche aus Frankfurt, Heidelberg, Kelsterbach, Darmstadt und Friesenheim und waren zwischen 64 und 76 Jahre alt –, entfaltete sich vor dem Institutsgebäude eine andersgeartete Begegnung von Jung und Alt. Drei persische Studenten näherten sich dem Ehrenmal. Sie trugen einen grünen Kranz mit weißer Schleife und der Aufschrift «Für die Opfer des Schah-Regimes: Konföderation iranischer Studenten», den sie neben dem Kranz des Schahs ablegen wollten. Etwa 100 Bonner Studenten, meist junge Männer in Anzug und Schlips, folgten dieser Vorhut. Doch die Polizei holte Verstärkung. 200 Polizeibeamte versperrten fast augenblicklich den Weg zum Denkmal und zwangen die drei Kranzträger, ihr Gebinde vor den Füßen einer Kette von Bereitschaftspolizisten niederzulegen. Der Einsatzleiter erklärte den Demonstranten, ihr Tun stelle eine «Beleidigung des Schahs» dar und sei daher «rechtswidrig». Weil die Studenten sich aber weigerten, den Platz vor dem Ehrenmal zu verlassen, kesselte die Polizei nun sie sowie einige Unbeteiligte stundenlang ein. Als zwei weitere Studenten, Helmut Böttiger und René Herrmann, «mit einem Kranz aus Dornen und Stacheldraht» auftauchten, der «Den Opfern der Schah-Tyrannei» gewidmet war, wurden auch sie in den Kordon aufgenommen. Vor den Augen zahlreicher Passanten wurden schließlich 61 junge Leute verhaftet und zu Verhören ins nahe Polizeipräsidium gefahren. Zu den Festgenommenen gehörten 58 deutsche Studenten, darunter drei Referenten des Bonner Allgemeinen Studentenausschusses (AStA) und der Chefredakteur der Bonner Studentenzeitung *akut*, sowie die drei Iraner. Erst am späten Nachmittag durften alle

Bonner Studenten demonstrieren am 1. Juni 1967 gegen den Polizeieinsatz

wieder gehen, nachdem Kommilitonen vor der Wache in Sprechchören ihre Freilassung gefordert hatten.[3]

Die panische Reaktion der Bonner Polizei auf die Gegendemonstranten sollte in der Folge heiße Diskussionen auslösen. Während sich der Schah mit Handschlag beim Bonner Polizeipräsidenten für die hervorragenden Sicherheitseskorten bedankte, stellten 13 Studenten gegen den Einsatzleiter Strafantrag und bezeichneten die Einkesselung als «Willkürmaßnahme». Der Allgemeine Studentenausschuss protestierte «in schärfster Form gegen das groteske (200 Polizisten gegen 50 Passanten), unverständliche und angesichts der zweifelhaften Rechtslage nicht zu rechtfertigende Verhalten der Polizei». Müssten nicht «auch in der ‹Ausnahmesituation› eines Staatsbesuchs die politischen Grundrechte aller Bürger in jeder Hinsicht respektiert werden»? Und warum sei dem Fotografen der Studentenzeitung der Film aus der Kamera gerissen worden, wo doch «die Polizei die Studenten sonst bei allen Veranstaltungen zu photographieren pflegt»?[4] Immerhin war der Staatsgast samt Entourage an diesem Montagnachmittag gar nicht im Hofgarten gewesen. Das Herrscherpaar hatte gerade mit einem Rheindampfer am Ufer unterhalb der Beethovenhalle zu einer «kaiserlichen Kaffeefahrt» abgelegt, bejubelt von Tausenden «ausgesprochen monarchenfreundlich» gesinnten Zuschauern. So kam es, dass in Bonn schon am Tag vor dem Tode Benno Ohnesorgs, lange vor den Berliner Demonstrationen, ein studentischer Protestmarsch gegen Übergriffe der Polizei stattfand. «Bonn hat Gäste – die Polizei haut feste», stand auf den Plakaten der etwa 1200 Demonstranten, und: «Leben wir in einer Polizeistadt?»[5]

Die zweite, etwas andere Spielart der Begegnung zwischen den Generationen, die in dieser Woche im Bonner Hofgarten stattfand, war die semiprivate Begegnung junger Doktoranden mit den sogenannten «Altersgästen» des Psychologischen Instituts. Jung und Alt sollten sich eine Woche lang in Einzelgesprächen gegenübersitzen, während das Tonband ihre Gespräche für die Ewigkeit festhielt. Die Wissenschaftler wollten im Rahmen der vom Volkswagenwerk geförderten Längsschnittstudie mehr darüber herausfinden, wie der Altersprozess das psychologische, soziale und körperliche Befinden betagter Bürger beeinflusste. Mit den Ergebnissen wollten sich die Leiter des Forschungsteams, Hans Thomae und Ursula Lehr, in die öffentliche Debatte über den Umgang der westdeutschen Gesellschaft mit der wachsenden Gruppe der Rentner einschalten.[6]

Doch zunächst einmal saß man in zwangloser Runde beim Kaffee zusammen, um den Ablauf der Woche zu besprechen. Acht junge Psychologen hatten die bejahrten Damen und Herren freundlich begrüßt und jedem von ihnen ein großzügiges Taschengeld ausgezahlt. Die Atmosphäre war formell, aber herzlich. Die Bolsianer hatten sich «schick gemacht, und kamen mit Jackett und so weiter rein», erinnerte sich der Versuchsleiter Norbert Erlemeier. Mit 31 Jahren war Erlemeier einer der ältesten Interviewer. Er hatte erst vor Kurzem sein Studium abgeschlossen, nachdem er als Schlosser in einer Essener Zeche gearbeitet und das Abitur im zweiten Bildungsweg abgelegt hatte. Wie immer im Dienst trug er Anzug und Krawatte und bemühte sich, «nicht so ganz lässig rumzusitzen». Er unterhielt sich mit Maria Wellhöfer, die er diese Woche befragen würde. Die verwitwete Buchhalterin war ihm schon vom letzten Jahr her vertraut. Norbert Erlemeier versicherte Frau Wellhöfer, die Woche in Bonn solle «wirklich ein kleiner Urlaub» und «eine sehr schöne Woche» für sie werden. Zwar war das Untersuchungsprogramm dicht gedrängt – zu drei mehrstündigen Einzelgesprächen traten eine ärztliche Untersuchung, ein Intelligenztest, ein Reaktionstest, Fragebögen über Einstellungen, Handschriftanalysen und mehrere projektive Tests, die die Fantasiewelt erschließen sollten. Diesmal würden die Versuchsleiter ihre Probanden auch erstmals mit einer Batterie von Fragen über die «Jugend von heute» konfrontieren. Aber all diese Anstrengungen sollten am Donnerstagnachmittag mit einem gemeinsamen Ausflug ins Ahrtal belohnt werden. Hier wanderte man ein wenig, kehrte ein und trank Portugieser Roten, ja schwang sogar das Tanzbein; kurz, es sollte «ein kleiner gesellschaftlicher Höhepunkt» werden.[7]

Im Warteraum des Instituts, von links: Maria Renner (von hinten), Karl-Georg Tismer, Heribert Simons, Reinhard Schmitz-Scherzer, Probandin, Ingrid Tismer-Puschner, Probanden

Die Stimmung der Untersuchungsteilnehmer war gehoben. Das Ehepaar Langbein begrüßte lautstark die Tödtmanns, mit denen man verschwägert war. Beide Paare freuten sich zudem, die Witwe Wellhöfer wiederzusehen, die sie vom letzten Versuchsdurchgang kannten. Sowohl Götz als auch Hedwig Langbein waren wieder ihren angestammten Interviewern, Karl-Georg Tismer und Maria Renner, zugeteilt worden. Das Gespräch drehte sich ums Reisen. Frau Wellhöfer erzählte von ihrem Ausflug nach Passau und Österreich. Sie habe «so ne kleine Wallfahrtskirche» auf dem Berg besucht, wo sogar der Pfarrer im Gasthaus bedient habe. «Und die haben hinter dem Altar – also da kann man rundrum gehen – da haben sie die Krücken dort hingehangen, die sie nicht mehr brauchten und dann Schuhe, die die Verkürzungen regulieren sollten von dem Bein, gell. Und so alle möglichen Danksagungen in Bildern.» Herr Langbein berichtete darauf stolz von seiner Reise nach Florenz im Frühjahr, die ihm «viel geistige Anregung gegeben» habe. «Sehr interessant, aber auch sehr strapaziös», betonte er. Der 73-jährige Herr Tödtmann bemerkte dagegen etwas spitz, er reise nicht gern, vor allem nicht ins Ausland. Den Urlaub in Wildbad habe er nur seiner Frau zuliebe mitgemacht, denn die habe ein Hüftleiden. Überhaupt sei er ja noch beruflich tätig (als Verkäufer) und damit unabkömmlich. Neben ihm saß sein Interviewer, der 29-jährige Doktorand Reinhard Schmitz-Scherzer, lächelte dünn und dachte sich sein Teil. In seinen Augen hatte Herr Tödtmann die «Flucht in die Arbeit» gewählt, um seinen Problemen auszuweichen, und zelebrierte nun den «Status Quo». Auch der junge Diplompsychologe Karl-Georg Tismer hielt sich zurück, als Herr Langbein nun argumentierte, man könne sich auf seine alten Tage ja nicht nur mit «Alltäglichkeiten» beschäftigen und vom Fernsehen «berieseln» lassen. Seine Italienreise etwa sei doch etwas Produktives gewesen; er habe sich über die Etrusker und Tarquinier und die oströmische Vergangenheit informiert. Ohne es Herrn Langbein je zu sagen, hielt Herr Tismer ihn für einen überkorrekten Pedanten, der eigentlich nach Ruhe und Alltäglichkeit strebte, aber glaubte, für das Bonner Institut ein «bestimmtes Image … bieten zu müssen».[8]

Das Gespräch verstummte, als Professor Hans Thomae die Tür aufstieß und in den weiß gestrichenen, modern eingerichteten Aufenthaltsraum eilte. Freundlich lächelnd begrüßte der 51-jährige Leiter der Studie jeden einzelnen Gast mit Handschlag und erkundigte sich nach dem Befinden. Trotz des dunklen Anzugs mit weißem Hemd und Krawatte wirkte der Psychologieprofessor noch recht jung. Seine Mitarbeiter schienen zu ihm aufzublicken. Thomae richtete auch einige kurze Worte an sein Untersuchungsteam: Er bitte sie alle, sich heute nach Feierabend im «Bären» einzufinden; er habe etwas Wichtiges mitzuteilen. Sodann entschuldigte er sich bei der Runde, er müsse jetzt leider seine morgige Vorlesung zur Entwicklungspsychologie vorbereiten. Er wünsche jedoch gutes Gelingen bei den «Explorationen» (so bezeichnete das Bolsa-Team die individuellen Befragungen) und freue sich, alle beim gemeinsamen Ausflug am Donnerstag wiederzusehen.

Nachdem sich die Tür geschlossen hatte, erklärte Frau Renner allen Studienteilnehmern den Wochenfahrplan und beantwortete noch einige Fragen zu Ausflugsmöglichkeiten und der nahe gelegenen Dampferanlegestelle. Daraufhin vertagte man sich auf morgen. Die Langbeins und die anderen sieben Gäste spazierten, angeregt plaudernd, die wenigen Minuten zum Hotel Löhndorf an der Stockenstraße 6. Sie freuten sich auf die kommenden Tage am Institut, obwohl manche der ihnen bevorstehenden Untersuchungen, wie der Intelligenztest und der Reaktionstest, anstrengend waren. Warum die Bolsianer so gern nach Bonn kamen, lässt ein Gedicht des pensionierten Ingenieurs Schubert erahnen. Albert Schubert war ein rundlicher, kleiner Mann mit dunkler Brille, Schnurrbart, Glatze und Schiebermütze, der die anderen gern «laut und lustig» mit Witzen und Dönekes unterhielt. Nach seinem Besuch im Sommer 1967 widmete er Professor Thomae und seinen Mitarbeitern die folgenden Zeilen:

Wenn die Jugend längst vorbei,
kommt das Alter schnell herbei. …
Hast hinter Dir die Müh und Plage
Und freust Dich auf die ruhigen Tage
Und denkst – das wird sehr angenehm –
Dann wirst Du plötzlich zum Problem!
Du wirst, eh Du hinweggerafft,
Ein Objekt der Wissenschaft! …
Was in der Jugend Du geträumt,
Hat das Schicksal weggeräumt!
Was die Zukunft Dir noch bringt,
Kein Vöglein in den Ästen singt!
Doch der Direktor von VauWe
Steckt seinen Finger in die Höh –
Und stiftet Geld, um zu erkunden,
Was gegen Unbill könnt erfunden!
Die Hilfe, die er dort ersonn,
Bringt ein Professor – jetzt in Bonn!
Er ruft die Alten zu sich hin,
Um zu erforschen deren Sinn.
Von Ärzten und den Psychologen,
Wird gefragt, getestet und gewogen.
Viel Fragen, oft sehr hintergründig
Sind für die Forschung oft auch fündig. …
Zuvörderst aber mit Bedacht
Wird die Kasse klar gemacht.
Ein jeder hat ein Freiquartier
Und Geld für Kost und auch Pläsir.
Der Gast wird allen vorgestellt
Und einem Fachmann zugesellt. …
Was Du denkst – es sei was immer,
Wird offenbart im Besprechungszimmer.
Mit Karten und mit vielen Bildern

Wird man die Empfindung filtern. …
So ähnlich gibts noch vielerlei –
Und das Tonband surrt dabei.
Ins andre Zimmer darfst Du gehen,
Wo schöne Apparate stehen. …
Da blinken Lichter, grün, weiß, rot
Die gleichzuschalten tut oft not.
Das Tempo steigert sich zur Eile –
Und das ermüdet nach ner Weile. …
Und so gibts für viele Fälle
Apparate und Gestelle.
Glaub nur nicht, Du wirst gefoppt:
Denn die Zeit – sie wird gestoppt.
Du warst Gast im Institut
Und erlebst, was sich hier tut.
Man frägt viel mit Psycho-Tricks
Teils von vorn, teils hinterrücks.
Nach fünf Tagen der Befragung
Geht zu End die Bonner Tagung.
Doch zum Abschluss und zum Lohne
Fährt Frau Doktor mit dem Sohne
Und den Alten in dem Buss
In die Umgebung – Gott zum Gruss![9]

Für die Studienteilnehmer war das Bewusstsein, der Wissenschaft zu dienen, durchaus erhebend. Man genoss die persönliche Wertschätzung, die das Institutsteam jedem vermittelte. Was auch immer einen beschäftigen mochte, hier wurde zugehört und für wichtig befunden. So ermüdend das Testprogramm war, die höchstpersönliche Teilnahme von Herrn Professor und Frau Doktor (zuweilen mit ihren Kindern) am Donnerstagsausflug machte es wieder wett. Und nicht zuletzt freute man sich über ein reichliches Tagegeld, ein komfortables Hotel und die Abwechslung vom Rentneralltag, die die Reise nach Bonn und der Einblick in die universitäre Welt boten. Nach der Untersuchungswoche kehrten die meisten «sehr begeistert» nach Hause zurück. Die Leiterin eines Altenheims, das mehrere Bewohner zur Bolsa entsandte, schrieb: «Alle waren begeistert. Sprechen heute noch darüber voll Freude. Die ganze Atmosphäre, die ihnen dargebrachte Freundlichkeit, alles, besonders die interessanten Fragen hat diese Begeisterung ausgelöst.»[10]

Im Bonner Forschungsteam fanden alte Menschen, die oft auf kein Interesse mehr rechneten, offene Ohren und scheinbar hochinteressierte Zuhörer. Das motivierte, und so blieb die Rate der Drop-outs langfristig gering.[11] Herr Schubert sprach den Doktoranden Schmitz-Scherzer als seinen «lieben Beichtvater» an, der ja sicherlich mithilfe der Tonbänder eine «analytische Durchleuchtung des Opfers» vornehmen werde. Und doch habe er, Schubert, sich «gefreut …, tiefschürfende Gespräche zu führen». Das Ehepaar Liebig aus Mannheim schwärmte «vom strahlenden Stern Bonn», der ihre alten Tage erhelle, und davon, wie gern sie in die «Intrigienmetropole» [sic], also die Regierungsstadt, kämen. Herr Liebig, ein Handwerker mit magerer Rente, hatte eine enge Bindung an Herrn Tismer entwickelt, den er «mein gestrenger und gründlicher Seelenforscher und Zerkleinerer» nannte. Launig schrieb er im Weihnachtsbrief 1968: «Sehr geehrter Herr Prof. Thomae, verehrte, liebe Frau Dr. Lehr mitsamt dem Stab u. allen hübschen Stäbchen, den netten, lieben Menschen, mit denen wir es vor 1 ½ Jahren zu tun hatten, und die wir im Sommer wieder gesund u. studienbeflissen zu sehen hoffen, sofern Sie nicht bei Protestaktionen ums Leben gekommen sind (…) Verzeihung für diese lange, aber herzliche Anrede eines Vertreters d. außerparlamentarischen Opposition gemäßigter Art, kurz eines kleinen Mannes von der Straße, der nur an einer Stelle zu Wort kommt u. sogar liebreich dazu aufgefordert wird. Diese Stelle ist die Uni Bonn, Psy. Institut.»[12] Hier sprachen Menschen, die sonst nur selten nach ihrer Meinung gefragt wurden.

Den Mitarbeitern Thomaes war bewusst, wie wichtig die Bolsa für das Selbstwertgefühl vieler Probanden war. Gleichwohl waren sie darauf bedacht, professionelle Distanz zu wahren und die langen Stunden geduldigen Zuhörens in statistisch verwertbare Ergebnisse zu verwandeln. Alle Interviewer hatten bei Hans Thomae oder Ursula Lehr studiert und in Seminaren die «explorative Methode» trainiert. Dabei ging es darum, das Vertrauen der Befragten zu gewinnen und den freien Redefluss zu fördern, jedoch zentrale Punkte einer vorgegebenen Liste abzuarbeiten. Georg Rudinger, damals 25-jähriger Doktorand, beschrieb «diese Gratwanderung» so: «In der Exploration war es ja so, also so hab ich das zumindest gelernt, es war ja jetzt keine Empathiegeschichte, dass man mit den Leuten zusammen geweint hat. Es ging ja darum, einen bestimmten Fragenkatalog abzuarbeiten, es war ja schon halbstandardisiert … Wir kamen auch ins Plaudern, trotzdem wollte ich zu jeder Frage eine Antwort haben.» Als Versuchsleiter durfte man nur begrenzt Gefühle zeigen – Rudinger nannte dies «I robot» –, um nicht bestimmte Inhalte des Erzählten zu bestärken.[13] In ihrer

Norbert Erlemeier interviewt eine Probandin; auf dem Tisch das Tonbandgerät

Ausbildung hatten die Bolsa-Mitarbeiter «gelernt, offene Fragen zu stellen» und Suggestivfragen zu vermeiden. Wertfreie Formulierungen wie «Und was gab es noch?» waren ideal. Auf den Tonbändern tauchen immer wieder «hm» und «ach ja» als klassische Reaktionen der Interviewer auf die Erzählungen der Probanden auf.[14]

Thomaes erklärtes Ziel war es, das Forschungsdesign nach dem Vorbild amerikanischer Studien so offen und umfassend anzulegen, dass das so produzierte Material noch für «die Gerontologen der Jahre 2020 bis 2050» wertvoll sein würde. Obwohl die Psychologie der sechziger und siebziger Jahre wenig von «weichen» Fallgeschichten hielt und eher auf «harte» statistische Analysen setzte, betonte das Bonner Team weiterhin den Wert des biographischen Ansatzes. Deshalb bewahrte man, neben den 2529 kodierten Variablen, auch die Rohmaterialien der Studie – Tonbandaufzeichnungen und Versuchsleitermitschriften – auf.[15] Man strebte nach der Quadratur des Kreises. Die hohe Zahl und repräsentative Auswahl der Interviewten sowie die strenge statistische Methodik sollten da Objektivität und Verallgemeinerbarkeit der Ergebnisse gewährleisten, wo es um höchst individuelles Erleben und Verhalten ging. Sowohl die Kategorien, in denen kodiert wurde, als auch die Gesprächsleitfäden der verschiedenen Bolsa-Durchgänge lehnten sich wesentlich an Thomaes Philosophie an.

Hauptsächlich ging es Hans Thomae darum, die Ausformung und lebenslange Entwicklung der Persönlichkeit zu erklären. Er verstand menschliches Verhalten als von «Daseinsthemen» und «Daseinstechniken» geprägt. Dabei waren «Daseinsthemen» langfristig verfestigte Leitmotive individueller Biographien und «Daseinstechniken» typische Reaktionsformen, mit denen belastende Situationen bewältigt werden konnten (etwa «Bitten um Hilfe» oder «Aggression»).[16] Die Bolsa war auf den Nachweis angelegt, dass Alterungsprozesse individuell verschieden abliefen und weniger biologisch determiniert als historisch und sozial bedingt waren. In der Art und Weise, wie alte Menschen alltäglichen Herausforderungen begegneten, sah Thomae eine Antriebskraft des lebenslangen Prozesses der Persönlichkeitsentwicklung.[17] Sowohl er als auch seine Schülerin Ursula Lehr wandten sich gegen die «Defizit-These» – die damals dominante Vorstellung, dass Altern im Wesentlichen kontinuierlichen Abbau und Verlust bedeute. Zudem argumentierten sie gegen die Idee des «disengagement», die das Alter als eine Lebensphase verstand, während der man sich zunehmend von sozialen Bindungen und Verpflichtungen zurückzog. Anhand der Bolsa entwickelten die Bonner ihre eigene Theorie, nach der geglücktes Altern ein hohes Maß an sozialer Aktivität und sozialer Kompetenz voraussetze.[18]

Die Gesprächsleitfäden der verschiedenen Bolsa-Durchgänge variierten und enthielten für jeden der beteiligten Versuchsleiter etwas. Denn die Interviewer saßen allesamt an Doktorarbeiten, die teils mit biographischen Profilen, teils mit komplexen Rechenoperationen argumentierten. Ihre Interessen richteten sich auf sehr verschiedene Aspekte: Karl-Georg Tismer erforschte prägende «Lebensthematiken», Maria Renner die im Alltag gelebten sozialen Rollen, Georg Rudinger die Intelligenztests, Manfred Schreiner die Zukunftserwartungen und Reinhard Schmitz-Scherzer das Freizeitverhalten. Norbert Erlemeier und Ingrid Puschner beschäftigten sich mit der Aussagekraft neuer psychologischer Testmethoden wie des Rorschach-Tests und der Wunschprobe.[19] Für seine Doktoranden hatte Professor Thomae große Ziele. Er wollte das Fach Gerontologie, das bisher nur in Nordamerika stark aufgestellt war, an westdeutschen Hochschulen etablieren. Hier zog er mit dem Geldgeber der Längsschnittstudie, der VolkswagenStiftung, an einem Strang.[20] Tatsächlich wurden die an der Bolsa beteiligten Forscher die Vorreiter der neuen Disziplin der Psycho- und Sozialgerontologie in Deutschland. In den siebziger und achtziger Jahren besetzten sie flächendeckend neue Lehrstühle. Allerdings gab es eine Durststrecke von etwa einem Jahrzehnt, währenddessen die frisch qualifizierten Bonner Gerontologen auf Hochschulen trafen, die noch keine Professuren für Altersforschung eingerichtet hatten. Die Explorateurin Ingrid Puschner erinnerte sich: «Wir waren ... eine Gruppe von Gerontologen, die keiner brauchte».[21]

Doch zurück zum 29. Mai 1967. Noch schrieben die Bolsa-Mitarbeiter an ihrer Doktorarbeit (oder, im Falle Ursula Lehrs, an ihrer Habilitation) und waren zuversichtlich, dass sich die Gerontologie schnell als zukunftsweisendes Fach etablieren werde. Nachdem sie die Studienteilnehmer verabschiedet hatten, spazierten sie gemeinsam in den «Bären», Bonns älteste Gaststätte, gleich um die Ecke in der Acherstraße. Hier traf sich das Team oft zum Mittagessen, seltener am Abend. Heute jedoch waren fast alle Mitarbeiter dabei; sie waren gespannt auf Thomaes Mitteilung. Wie alle am Institut wussten, hatte Hans Thomae vor einiger Zeit einen Ruf an die Universität Heidelberg erhalten. Was man nicht wusste, war, wie er sich entscheiden würde. Ob der Star der westdeutschen Altersforschung in Bonn blieb oder nicht, betraf unmittelbar die persönliche Zukunft der jungen Diplompsychologen, aber auch die Zukunft der erst vor zwei Jahren angelaufenen Längsschnittstudie. Alle hofften, Thomae würde Heidelberg eine Absage erteilen. Viele seiner Mitarbeiter respektierten, ja bewunderten ihren Professor zutiefst. Norbert Erlemeier etwa fand ihn «als Mensch sehr, sehr beeindruckend» und schwärmte davon, wie der Lehrstuhlinhaber seinen Mitarbeitern «große Chancen» und wissenschaftlich «viel Freiheit» ließ. Georg Rudinger schätzte sehr, dass Thomae «nicht nur Schreibtischtäter» war, sondern auch selbst Probanden befragte und an Ausflug und Teamkonferenzen teilnahm. Ingrid Puschner war begeistert, dass selbst die Jüngsten im Team beim Design der Leitfäden und der Auswertung der Daten beteiligt wurden: «Wir konnten uns einbringen.»[22] Am Lehrstuhl Thomae gab es mehr Kooperation als Konflikt zwischen Jung und Alt. Auch der Vorwurf der nationalsozialistischen Belastung, der von Studenten und Mitarbeitern gegen andere Kollegen erhoben worden war, traf Thomae nie. In Bonn galt er damals als eher liberal, studentenfreundlich und einer der eifrigsten Vermittler zwischen der US-amerikanischen und deutschen Forschung.[23]

Als Thomae den «Bären» betrat, wurde er begrüßt und mit Fragen bestürmt. Spontaner Applaus brach aus, als er bestätigte, er habe den Ruf abgelehnt und werde in Bonn bleiben. Der Wirt zapfte eine Runde Bier. Die Stimmung war ausgelassen. Zwei Bolsa-Explorateure, Ingrid Puschner und Karl-Georg Tismer, schäkerten heftig miteinander. Der 32-jährige Tismer hatte nach der Übersiedlung aus der DDR und einer Querschnittslähmung, die ihn lebenslang in den Rollstuhl verbannte, bei Thomae studiert und es bis zum Assistenten gebracht. Auch die blonde, um einige Jahre jüngere Sudetendeutsche Ingrid Puschner war über die DDR nach Bonn gekommen. Sie hatte bei Frau Lehr gelernt («Für mich war es wirklich so ein Aufatmen. Meine Güte, da gibts ne Frau, die kann Dozentin sein!») und war gleich nach der Diplomprüfung in die Bolsa eingestiegen. Dass es zwischen Herrn Tismer und Frau Puschner gefunkt hatte, war ein offenes Geheimnis. An der anderen Ecke des Tischs steckte man die Köpfe zusammen und verabredete etwas Besonderes. Das Team wollte die Studenten und Kollegen zusammentrommeln, um einen Fackelzug mit Lobgesang vor Thomaes Villa im nahe gelegenen Roisdorf abzuhalten. So wollte man sich für seine Treue zu Bonn bedanken.[24]

Zwei Straßenecken weiter hatten sich die Langbeins im Hotel Löhndorf für die Woche eingerichtet. Frau Langbein hatte den Perserteppich und die makellosen Tüllgardinen im Zimmer anerkennend begutachtet. Herr Langbein schätzte vor allem den nagelneuen Aufzug des Hauses, bedauerte aber die Abwesenheit eines Fernsehers im Aufenthaltsraum.[25] Ebendort trafen sich die beiden am nächsten Morgen mit Frau Wellhöfer und den Tödtmanns zum Frühstück.

Während eine Angestellte den Kaffee servierte, liefen im Radio die Achtuhr-Nachrichten. Der Empfänger stand in der Ecke, unter einem Gummibaum, und nur das Klappern der Kaffeetassen unterbrach die Stimme des Sprechers: Der Schah setzte seine Deutschlandreise fort. Heute war der Berufsverkehr im Ruhrgebiet zusammengebrochen, weil für den Staatsgast weiträumig die Autobahnen gesperrt worden waren. Reza Pahlevi sollte eine Stahlhütte in Duisburg besichtigen, wo ein goldener Helm für ihn bereitlag. Danach würde er über Rothenburg nach München und Berlin fahren, wo die Polizei schon in Alarmbereitschaft versetzt war. Überall wurden Anti-Schah-Proteste erwartet. Auch anderswo brannte es. Israelis und Ägypter hatten sich Feuergefechte im Gaza-Streifen geliefert. Bundeskanzler Kiesinger war aus Bonn nach Rom geflogen, wo die Europäische Gemeinschaft weiter über das Beitrittsgesuch der Briten beriet. Und in Bonn stritt man sich über die Verhältnismäßigkeit des gestrigen Polizeieinsatzes im Hofgarten. Studenten hatten Strafantrag gegen den Einsatzleiter gestellt und riefen nun zu einer Demonstration gegen die «Übergriffe der Polizei» auf.[26]

Als den Nachrichten das Wetter und die Frühmusik folgten, drehte Frau

Frühstücksraum im Hotel Löhndorf um 1960, mit Blick auf das Universitätsgebäude

Langbein den Lautstärkeregler herunter und raunte den anderen Bolsa-Gästen zu: Sei es nicht bedauerlich, dass dieser Protestmarsch am Donnerstag zur selben Zeit wie ihr Ausflug ins Ahrtal stattfinde? Zu gerne hätte sie das Schauspiel doch hautnah miterlebt und «direkte Fühlung» mit Studenten gehabt. Ansonsten sehe man doch «nur das, was wir in der Zeitung lesen, was wir im Fernsehen sehen und so». Allerdings ließ sich die Frühstücksrunde nicht auf dieses Thema ein. Frau Wellhöfer machte sich nämlich große Sorgen über «diese Krise da unten in Ägypten und Israel» und verwickelte Herrn Langbein in ein reges Gespräch über die Ereignisse, die wenig später in den Sechstagekrieg münden würden. «Ich hoffe, dass da die Sache gut beigelegt wird. Wäre ja furchtbar, wenn wir schon wieder in einen Krieg verwickelt würden, und das bleibt ja auch nicht aus», sorgte sich die Mutter dreier Söhne: «Obwohl sie nicht bei der Wehrmacht waren, aber wenn's hart auf hart geht, dann holt man sie ja doch.» Auch Herr Langbein gestand, dass ihn «die dummen Ägypter» besonders ärgerten, weshalb er sich unbedingt noch vor Beginn des heutigen Testprogramms eine Zeitung kaufen müsse.[27] So machte man sich etwas früher als geplant gemeinsam auf den Weg ins Psychologische Institut.

Dort baten die jungen Gerontologen ihre betagten Gäste einzeln in kleine, modern möblierte Besprechungszimmer. Zu Beginn durften die Damen und Herren von ihren Erlebnissen im letzten Jahr berichten, und die Mikrofone auf den Schreibtischen waren schnell vergessen. Frau Tödtmann besann sich auf ihr 50-jähriges Schuljubiläum und das Treffen der schlesischen Heimatgemeinden in Nürnberg. Herr Langbein erzählte von der Verlobungsfeier seiner Nichte, und Herr Blech war tief enttäuscht von seiner Tochter, die ihn nicht in das neu gebaute Haus mit einziehen lassen wollte. Es folgten eine Untersuchung beim Arzt und ein Test mit der mechanischen Schreibdruck-Waage. Schließlich mussten alle an einem schnell rotierenden Metallteller ihre feinmotorische Reaktionsgeschwindigkeit beweisen. In den nächsten Tagen unterzogen sich die Bolsianer einer ganzen Staffel weiterer Experimente. Sie beantworteten Hunderte von Fragen zu Erziehungsnormen, zur eigenen Pensionierung und zur Nutzung des Fernsehens. Sie wurden ausgehorcht zu ihrer Vergangenheit und zur Jugend von heute. Inzwischen war die Stimmung oft etwas gelöster, und die Befragten hielten mit ihrer Meinung nicht hinter dem Berg.[28]

Während in den Räumen des Bonner Instituts die Tonbandgeräte surrten, heizten sich die innen- wie außenpolitischen Geschehnisse der Woche auf. Am Mittwoch wurde Bundespräsident Heinrich Lübke beim Verlassen der Freien Universität Berlin von 200 Studenten, die für den Vietcong sammelten, ausgepfiffen und ausgebuht. Am Donnerstag erlebte München die bislang größte Demonstration gegen den Schah. Etwa 500 Teilnehmer protestierten für Freiheit im Iran und beschuldigten den Staatsgast des vielfachen Mordes. Zeitgleich trafen sich in Bonn 1200 Teilnehmer zu der «seit Jahren größten Studentenkundgebung» der Stadt. Alle Studentenverbände, gleich welcher politischen Richtung, sowie 16 Professoren unterstützten den Protest gegen das Vorgehen der Polizei vom Montag. Die Demonstranten erklärten sich «gegen den Polizeistaat» und forderten den Rücktritt des Bonner Polizeipräsidenten Valentin Portz. Dieser wies «derartige Kränkungen und Beleidigungen» scharf zurück und bezeichnete die Kranzniederlegung als «Geschmacklosigkeit» und «Krawall»: «Ich kann es nicht verstehen, dass sich die Studenten so daneben benehmen können, wenn ein ausländisches Staatsoberhaupt unsere Toten, die Opfer eines Gewaltregimes, ehrt.»[29]

Diese Geschehnisse erschienen im Nachhinein jedoch nur als ein blasser Auftakt für den Freitag, 2. Juni 1967. Nun in West-Berlin gelandet, wurde der Schah nachmittags vor dem Schöneberger Rathaus von etwa 400 Studenten mit Rauchbomben, Eiern und Mehltüten empfangen. Der Berliner SDS verteilte hektografierte Steckbriefe Reza Pahlevis. Am Abend folgte eine zweistündige Straßenschlacht vor der Deutschen Oper, wo das iranische Kaiserpaar Mozarts «Zauberflöte» lauschte. Mitten im gewalttätigen Handgemenge von Polizisten, Schah-Anhängern und Demonstranten schoss der Kriminalbeamte (und Stasi-Agent) Karl-Heinz Kurras dem 26-jährigen Germanistikstudenten Benno Ohnesorg in den Kopf. Als Ohnesorg noch am selben Abend im Krankenhaus starb, lautete die Bilanz der Zusammenstöße: ein Toter, 44 Verletzte und weitverbreitete Erschütterung über das brutale Vorgehen der Polizei. Doch sogleich verteidigte der West-Berliner Bürgermeister Heinrich Albertz die Ordnungskräfte, verhängte ein unbefristetes Demonstrationsverbot und verkündete, die eingemauerte Stadt könne sich «nicht länger von einer Minderheit terrorisieren lassen». Der Senat stellte Schnellgerichte gegen Randalierer in Aussicht und betonte, Kurras habe «in Notwehr» gehandelt. *BILD* schalt die Studenten auf der Titelseite als «Krawallmacher»: «Wir haben etwas gegen SA-Methoden. Die Deutschen wollen keine braune und keine rote SA. Sie wollen keine Schlägerkolonnen, sondern Frieden.»[30]

Der gewaltsame Tod eines Kommilitonen und die einseitige Parteinahme von Politikern und Presse lösten bundesweit unter Studenten große Erregung aus. «Wir registrieren eine unheimliche politische Aktivität, wie wir sie noch nie erlebt haben», staunte der Vorsitzende des Verbands Deutscher Studentenschaften. In den sieben Tagen zwischen Ohnesorgs Erschießung und seiner Beisetzung kamen etwa 100 000 westdeutsche Studenten zu Schweigemärschen, Gedenkwachen und Kundgebungen in Ohnesorgs Namen zusammen.[31] In West-Berlin geleitete ein kilometerlanger Trauerzug aus Studenten den Sarg Benno Ohnesorgs zur Zonengrenze, wo dieser mit einem Autokonvoi in seine Heimatstadt Hannover überführt wurde. Am Tage des Begräbnisses, das im Familienkreis stattfand, marschierten 6500 Studenten durch Hannovers Innenstadt. Sie trugen schwarze Fahnen und Armbinden, verteilten Flugblätter und versammelten sich am Abend zu einem «Kongress Hochschule und Demokratie». Dort kam es zu erregten Debatten über die Notwendigkeit «organisierter Gegengewalt», nicht zuletzt zwischen Rudi Dutschke und Jürgen Habermas.[32] So gut wie alle Universitätsstädte der Bundesrepublik wurden von der Welle erfasst. Was vorher ein unsystematisches Aufflackern lokaler Proteste gewesen war, wuchs nun zu einer politischen Bewegung zusammen.[33] Zudem schälten sich jetzt in den Massenmedien die bis heute bekannten Wortführer der Studentenbewegung heraus.

Ob im Fernsehen, im *Spiegel* oder in der Springer-Presse, der Blick richtete sich hauptsächlich auf Rudi Dutschke, den SDS und West-Berlin. Dutschke, zuvor erst ein einziges Mal (1966) als «geistiger Führer der Berliner Provos» in der Springer-Presse genannt, wurde am Tage der Beisetzung Ohnesorgs von der *Welt* als «Einpeitscher marxistisch-maoistischer Parolen an der Freien Universität» entdeckt. Der SDS wurde als Hort jener Vordenker ausgemacht, «die die Unruhen, wenn nicht organisatorisch, mit Sicherheit aber ideologisch, steuern».[34] Die Aufmerksamkeit der Springer-Blätter konzentrierte sich neben Dutschke auch auf Reimut Reiche vom Frankfurter SDS sowie den «Studenten-Anwalt» Horst Mahler und den Kommunarden Fritz Teufel aus West-Berlin.[35] Auch *Der Spiegel* fokussierte sich ausschließlich auf Berlin. Drei Tage nach dem 2. Juni erschien eine elf Druckseiten lange Titelgeschichte über studentische Proteste an der Freien Universität. Ganz im Vordergrund standen Dutschke (nach Aussagen seiner Professoren «hochbegabt»), das Hauptquartier des Berliner SDS am Kurfürstendamm («die Betten sind zur Mittagszeit noch ungemacht») und die «Wirrköpfe» der «Horror-Kommune». En passant zitiert wurden die Vorsitzenden des Allgemeinen Studentenausschusses (AStA) Knut Nevermann und Hartmut Häußermann. Westdeutsche Provinzstädte waren nicht einmal der Erwähnung wert. Die Studentenproteste wurden als eine spezifisch West-Berliner Erscheinung dargestellt, die sich aus der prekären Lage der Stadt im Kalten Krieg, dem amerikanischen Einfluss auf die Freie Universität und der Zuwanderung vieler westdeutscher Wehrdienstflüchtlinge speise.[36]

Eine ebensolche «Berlin-Rahmung» dominierte auch die Fernsehberichterstattung. Die Sendebeiträge zur westdeutschen Studentenbewegung bezogen sich seit dem Juni 1967 fast ausschließlich auf West-Berlin und Rudi Dutschke. Das hatte nicht zuletzt technische Gründe. Zahlreiche Kamerateams waren beim Schah-Besuch in Berlin live dabei gewesen, und auf die so produzierten Filmausschnitte stützten sich fast alle nachfolgenden Nachrichtensendungen und politischen Fernsehmagazine. Der Logik des Mediums gemäß wurden zudem einige wenige bekannte Protagonisten herausgegriffen, «die den Zuschauern und Redakteuren bereits bekannt waren». So entstanden seit dem Spätsommer 1967 gleich drei ausführliche Fernsehporträts von Dutschke. Ebenfalls häufig interviewt wurde Horst Mahler, laut dem Fernsehmagazin *Monitor* «seit dem Schah-Besuch prominenter Vertreter der Demonstranten». Mahler war bei der Pressekonferenz nach dem Tod Benno Ohnesorgs als Rechtsbeistand des AStA an der Freien Universität aufgetreten.[37] Auch die Kommune 1 spielte im Fernsehen eine gewisse Rolle, tauchte auf dem Bildschirm jedoch deutlich seltener auf als in den auf Nackedeis und freie Liebe versessenen Illustrierten.[38]

Doch entgegen der Darstellung im Fernsehen, im *Spiegel* und in der Springer-Presse brodelte es auch fernab von Berlin, außerhalb des SDS und abseits der Vorzeigekommunen. Wie sehr der Schuss auf Ohnesorg das politische Klima in den Universitätsstädten der Bundesrepublik gewandelt hatte, zeigte sich nicht zuletzt in Bonn. Noch eine Woche vor dem 2. Juni hatten Studenten und Professoren bei einer Podiumsdiskussion darüber gestritten, ob die Uni Bonn wirklich eine «Oase der Ruhe in politischen Fragen» sei, wie der Kunsthistoriker Professor Heinrich Lützeler behauptet hatte. Kern der Auseinandersetzung war, ob der Bonner AStA allgemeinpolitisch agieren dürfe, also etwa außenpolitische Themen in Hörsälen diskutieren, Vietnam-Resolutionen verfassen oder DDR-Redner einladen dürfe. Dies wurde von linken Studenten bejaht, von der Hochschulleitung und konservativen Studenten verneint. Der seit Mai 1967 amtierende Mitte-rechts-AStA unter dem Altphilologie-Studenten Rudolf Pörtner versuchte glücklos, zwischen den Fronten zu vermitteln. Er wurde dabei von einer Art inner-universitärer APO herausgefordert. Linke und liberale Studenten, die den Vermittlungskurs ablehnten, waren nämlich aus dem Studentenparlament ausgezogen und hatten eine «Studentengewerkschaft» gegründet. Zu dieser Fraktion, die etwa ein Drittel der Mitglieder im Studentenparlament umfasste, gehörten neben dem SDS auch Kandidaten des (SPD-nahen) SHB, der (FDP-nahen) LSD, der (linksliberal-antiklerikalen) HSU und einige Linksunabhängige.[39]

Die Ereignisse des 2. Juni spitzten die Politisierung der Bonner studentischen Szene deutlich zu. Von einer Oase der Ruhe konnte wahrlich nicht mehr die Rede sein. In der Erinnerung des AStA-Vorsitzenden Pörtner polarisierte der «rote Juni 67» die Lager, bis hin zu der «bizarren Situation» zweier konkurrierender Trauerfeiern für Ohnesorg. Das Herzstück der als «Teach-In» angekündigten Trauerfeier der Studentengewerkschaft war Gastredner Physikprofessor Siegfried Penselin, der eine Lanze für das politische Mandat der Studenten brach. Beim anderen, halboffiziellen Trauerakt des AStA und des Senats sprach der Politologe Karl Dietrich Bracher. Er wetterte gegen «Polizeiterror» und Springers «Hetzkampagnen», ja warnte deutlich vor der «Tradition des deutschen Obrigkeitsstaates» und einem neuen «1933».[40] Bracher äußerte sich mithin noch regierungskritischer als Penselin. Gleichwohl kritisierte die Studentengewerkschaft die AStA-Veranstaltung als bloße Pflichtübung, die die gesellschaftlichen Probleme verschleiern helfe. Die Studentengewerkschaft, in der der SDS schnell die Oberhand gewann, setzte auf die Organisation breitenwirksamer Aktionen auch außerhalb der Universität. Schon für den Montag hatte sie im Hofgarten eine Trauerdemonstration für Ohnesorg auf die Beine gestellt, an der 1000 Studenten teilnahmen. Es folgte eine viertägige Mahnwache vor dem Beethovendenkmal auf dem Münsterplatz. Jeweils zwei fackeltragende Studenten umrahmten einen Tisch mit ausgelegtem Kondolenzbuch, in das sich Passanten eintragen konnten. Tagelang bildeten sich dort kleine Gruppen diskutierender Bonner Bürger und Studenten.[41]

Die politische Stimme der Studentenschaft schien mit einem Mal lauter als je zuvor. Innerhalb weniger Tage wurden die Bonner Bürger Zeugen der Demonstration gegen den Polizeieinsatz, der Protestmärsche und Kondolenzaktionen nach Ohnesorgs Tod, aber auch einer großen AStA-Kundgebung zum Sechstagekrieg. Denn der dritte arabisch-israelische Krieg war nur drei Tage nach den West-Berliner Straßenschlachten ausgebrochen. Während israelische Piloten Überraschungsangriffe auf ägyptische Flugplätze flogen und israelische Truppen die Sinai-Halbinsel eroberten, hatte sich die Bonner Studentenvertretung dazu durchgerungen, auch in dieser Frage «Stellung [zu] beziehen» und eine «große Demonstration ... auf dem Münsterplatz ... für Frieden im Nahen Osten» zu veranstalten. Rudolf Pörtner hatte Günter Grass als Redner gewonnen, wodurch sich die von 2000 Studenten und Bürgern besuchte Kundgebung «nicht mit Absicht» zu einer «pro-israelischen Demonstration entwickelte». Grass kritisierte in seiner Rede aber auch deutlich das Verhalten der Bonner Polizei beim Schah-Besuch.[42]

Die neue Sichtbarkeit studentischer Aktionen löste bei den Bonnern Verwunderung und geteilte Meinungen aus. In den Leserbriefspalten des lokalen *General-Anzeigers* gingen die Wellen hoch. «Was ist eigentlich mit den Studenten los?» fragte Frau A. W. Sie befürchtete, dass solche «Krawalle» die deutsche Nation im Ausland «in Misskredit» bringen würden. Andere Briefschreiber nannten die studentischen Proteste gegen den Schah «sinn- und zwecklos» (Th. Gansen), «primitiv» und «unausgereift» (H. F.), «undankbar» (Willy O.) und «großmäulig» (Franz Merck). Das «Studenten-Gejaule» (M. Schallus) sei wohl die Folge von «zu viel Freiheit, wie sie bei uns leider fälschlich unter Demokratie verstanden wird» (H. Schl.). Die 83-jährige Elisabeth Vogel bemitleidete die «arme Polizei». Laut W. E. sollten die Studenten, statt «Krawall zu schlagen», besser in «Ostberlin am Stacheldraht um der Ermordeten und Verschleppten willen etwas tun». Und W. M. aus Bad Godesberg zürnte: «Man sollte die Studenten, gleich ob Krakeeler oder nicht, wieder für zwei Jahre in den Reichsarbeitsdienst schicken, dann könnten sie ihre überschüssige Kraft der Volksgemeinschaft zur Verfügung stellen.»

Zwar waren die Kritiker der Studenten in der Überzahl, mit 18 zu 15 Stimmen, doch sie waren keineswegs repräsentativ. Denn zahlreiche Bonner rechtfertigten das politische Engagement der Jugend (W. B.) und verteidigten «das Recht zur Opposition» (Dr. E.). Nicht selten wurde der Polizei die Schuld an der Eskalation gegeben. Sie habe das Grundgesetz missachtet (Rosemarie Kappis), mit «allen Mitteln … Andersdenkende zum Schweigen gebracht» (Klaus Runge) und sich «als Vernichtungsinstrument für Staatsfeinde» aufgespielt (so der Juraprofessor Helmut Ridder).[43] Wie er erklärten viele liberale Professoren öffentlich ihre Verbundenheit mit den Studenten, indem sie Solidaritätsadressen unterschrieben oder als Redner bei den Demonstrationen auftraten.[44] Bemerkenswerterweise schlug sich auch die Lokalpresse weitgehend auf die Seite der Demonstranten. Während der Bonner *General-Anzeiger* die West-Berliner Proteste klar verurteilte («Straßenterror unter dem Deckmantel demokratischer Demonstrationsfreiheit»), nahm er die Bonner Studenten gegen den Vorwurf des «Berufsdemonstrantentums» in Schutz und sparte nicht mit Kritik an der Polizei. Mithin waren die Einwohner der «Pensionopolis» – wie Bonn wegen seiner 15 000 Rentner genannt wurde – durchaus gespalten.[45] In den zwei Wochen zwischen der Landung des Schahs am Flughafen Köln-Bonn und dem Begräbnis Benno Ohnesorgs waren die lokalen politischen Lager in heftige Bewegung geraten. An der Universität, auf der Straße und in den Lokalzeitungen wurde diskutiert und demonstriert wie selten zuvor.

Von den politischen Erschütterungen dieser beiden Wochen wurden die Vorgänge im Psychologischen Institut der Universität nur am Rande berührt. Während das persische Kaiserpaar durch München flanierte und Bonner Professoren und Studenten auf einem Podium über das politische

Auf der Ausflugsfahrt trägt ein Studienteilnehmer ein Gedicht vor. Von links: Ursula Lehr, Hans Thomae, Proband, Norbert Erlemeier, Probanden, Fahrer

Mandat des AStA stritten, beantworteten die Bolsianer einen mehrseitigen Fragenkatalog über die Jugend von heute. Während die Bonner Studenten gegen die Polizei demonstrierten, saßen die Langbeins, die Tödtmanns und die Witwe Wellhöfer in einem Kleinbus Richtung Ahrtal. Der gemeinsame Ausflug diente den Psychologen zur Verhaltensbeobachtung, doch dessen waren sich die Versuchsobjekte offensichtlich nicht bewusst. Für die mehrheitlich reiseunerfahrenen Studienteilnehmer stand der touristische Aspekt im Vordergrund, und so äußerten sie alle «in sehr lebhafter Form ihre Freude über die Fahrt». Akribisch beobachtete die Diplompsychologin Renner, wie eine der Damen im Bus «bei jeder Wegbiegung erneut in Entzücken» geriet, lautstark «mehrfach Lieder anstimmte» und Witze erzählte. Eine zweite Dame alternierte ihre «Bewunderungsausbrüche über die Landschaft» stets mit Berichten zu vergangenen Reiseerlebnissen andernorts. Nach dem Spaziergang entspann sich im Café eine lebhafte Unterhaltung über die Frage, ob der Volksschauspieler Hans Moser Jude gewesen sei. Das angeregte Gespräch wurde nur vom Ober unterbrochen, der auf einem Silbertablett mehrere Ansichtskarten servierte, die Herr Schubert – der uns bereits bekannte Ingenieur mit Hang zum Dichten – für die weiblichen Ausflugsteilnehmer gekauft hatte. Daraufhin hofierte eine dritte Dame Herrn Schubert etwas auffällig, mit «manchmal etwas undistanziert wirkenden Äußerungen». Als er ihr eine Zigarre anbot, ließ sie sich sogar mit dieser «in theatralischer Pose fotografieren». Bei der Heimfahrt bestand Albert Schubert darauf, im Bus ganz vorn zu sitzen, die Versuchsleiterin über «geologische Formationen» und «Lateinformen» abzuhören und immer wieder «geschickt … seine Belesenheit» einzuflechten. Reiseleiterin Maria Renner charakterisierte ihn denn auch schriftlich als einen «Alles-hört-auf-mein-Kommando-Typen» inklusive «etwas unhöflicher Ausrutscher». Doch die Stimmung war euphorisch, fast wie beschwipst – selbst wenn eine alte Frau ausdrücklich betonte, sie sei «auch ohne Wein in der Lage, Stimmung zu machen».[46]

Für die Bolsa-Teilnehmer war der Ausflug ins Ahrtal unbestritten die Krönung der Woche. Gleichwohl mussten sie sich am Freitagmorgen noch einmal im Institut einfinden, um sich einer letzten Testbatterie zu unterziehen. Ihre Konzentrationsfähigkeit und Belastbarkeit wurde an einem Gerät gemessen, bei dem sie mit der Bedienung von Tasten, Pedalen und Hebeln auf farbige Lichtreize und Summtöne antworten mussten. Auch nach ihren Zukunftsvorstellungen wurden sie befragt, bevor sie sich verabschiedeten.[47] Gleich danach traf sich Thomaes Team zur sogenannten «Freitagsrunde» im fensterlosen und schallgedämpften Raum 9 des Instituts. Hier gingen die Explorateure jeden ihrer «Altersgäste» gemeinsam durch, um zu einer statistisch verwertbaren Persönlichkeitsbeschreibung zu gelangen. Alle tauschten die Einzelbeobachtungen miteinander aus, die sie während der Woche und des Ausflugs gemacht hatten. Die so zusammengetragenen Eindrücke wurden «zum Gesamteindruck aggregriert»: Es wurde quantifiziert, wie anregbar, wie aktiv, wie gesteuert, wie angepasst und wie sicher sich jeder Bolsianer verhalten hatte. Dabei wurde viel gelacht – die Freitagsrunde war weniger «ein Ort ernsttrockener Wissenschaftlichkeit» als auch «ein Freiraum für kollegiale Geselligkeit und Entspannung».[48] Immer wieder wurde auch in die Tonbänder der Woche hineingehört, um den Kollegen zentrale Stellen des Gesprächs vorzuspielen.

Unter dem Eindruck der lokalen Studentenproteste unterhielten sich die jungen Versuchsleiter an diesem Freitag auch über die Stellungnahmen der alten Leute zum Generationskonflikt. Maria Renner kramte das Tonband ihrer Probandin Hedwig Langbein hervor. Frau Langbein hatte sich bemüht, zu differenzieren: «Wenn die Berliner Studenten dauernd randalieren, nu das ist doch auch nicht grade schön – und den Professoren so zusetzen, dass sie alle abgehen … Aber der größte Teil der Jugend ist doch eigentlich in

Ordnung, nicht. Die studieren, die setzen sich ein, die sind fleißig ... Sind doch nicht alles Gammler und Poffers [Provos] und was weiß ich, wie sie noch alle heißen.» Auch Maria Wellhöfer hatte zwischen den seriösen und den anderen Jugendlichen unterschieden: «Tja, nun kann man sie ja auch nicht alle über einen Leisten schieben, gell? Gibt ja auch noch ... junge Menschen, die das Leben eben ernst nehmen. Aber der größte Teil will sich doch nicht mehr der Allgemeinheit anpassen.»[49] Aus vielen der auf Band konservierten Stimmen sprach tiefes Unbehagen. Ein 76-jähriger Schlossermeister erregte sich: «Jugend tut das Alter nicht respektieren ... Studenten glauben, die Professoren müssten sich nach ihnen richten ... wohin soll das führen?» Die Hausfrau Marie Tödtmann war entsetzt von den Passanten, die sie in der Großstadt gesehen hatte: «Diese Miniröcke und die Gammler ..., das ist ein Skandal ... Nicht gewaschen und die Haare bis auf die Schultern, bunte Jacken. Da haben sie manchmal Jesus drauf stehen und so. Das ist doch verheerend. Dieses Engumschlungene – früher wäre das nicht möglich gewesen. Es wird einem richtig weich, wenn man das sieht.» Vom Tonband erklang auch die Stimme von Götz Langbein, der sich entrüstete, «dass die heutige Jugend dem Alter sehr viel weniger Respekt entgegenbringt als früher ... Junge Liebespaare, die sich abküssen – sagt man was, kriegt man höchstens 'ne ruppige Antwort.»[50]

Die Freitagsrunde vertagte sich auf eine kurze Pause, denn es hatte vorsichtig an der Tür geklopft. Draußen stand die frischgebackene Diplompsychologin Helga Merker, die ihre Freundin Maria Renner auf einen Kaffee in den Erfrischungsraum einlud. Frau Renners Rat war gefragt, denn Merker hatte gerade ein Gespräch mit Professor Thomae geführt. Dieser hatte ihr vorgeschlagen, über die Haltungen der Bolsa-Teilnehmer zur Jugend zu promovieren, denn sie habe nun doch gerade ihr mündliches Examen bei ihm mit Glanz absolviert. Aufgeregt berichtete Helga Merker ihrer Freundin, sie sei sogar zur Prüfung zu spät gekommen, wegen des Israelkriegs. «Da flogen hier schwere Amibomber ... Ich bin bald jeck geworden darüber, ich hatte die Prüfungsaufregung, und dann die Kriegsaufregung dazu!»[51] Maria Renner gratulierte zum bestandenen Examen und erkundigte sich dann nach der geplanten Doktorarbeit. Sie solle die Aussagen der Bolsianer mit einem «mittelalten» Sample von 33- bis 58-Jährigen vergleichen, erzählte Helga Merker. Sie solle herausfinden, ob mit dem Alter der Befragten auch die Intensität der Vorurteile gegenüber der Jugend steige, und wie verbreitet Stereotype in den verschiedenen Altersgruppen seien. Lachend

links: Hans Thomae nimmt die Grußrolle der Fackelträger entgegen

rechts: Singender Fackelzug in Roisdorf am 7. Juni 1967

versicherte Frau Renner, sie werde auf den Tonbändern reichhaltiges Material finden. Da würde dauernd über Gammler, Studenten und Mädchen in Miniröcken geredet! Die angehende Doktorandin freute sich auf ihre Aufgabe. Sechs junge Studentinnen würden ihr von nun ab bis Mitte nächsten Jahres immer wieder neue Gespräche mit 120 Erwachsenen mittleren Alters zur Jugend liefern. Diese Interviews würde sie dann transkribieren, kategorisieren und statistisch mithilfe des universitären Rechenzentrums auswerten.[52] Die beiden Freundinnen wurden allerdings aus ihrem Gespräch gerissen, als der Kollege Erlemeier vorbeischaute und sie an den verabredeten Fackelzug zu Ehren Hans Thomaes erinnerte. Trotz des leichten Nieselregens machte man sich gemeinsam auf den Weg in den Bonner Vorort Roisdorf, wo sich die Familien Thomae und Lehr eine große alte Villa teilten.

Es waren fast 200 Studenten und Doktoranden, die sich gegen neun Uhr abends mit 50 Privatautos, Dutzenden von Fackeln und Blumensträußen in Roisdorf versammelten. Einmal im Garten der Villa, stimmte die Menge das lateinische Trinklied «Gaudeamus igitur» an, das die Jugend und die akademische Kultur bejubelt. Man überreichte dem Ordinarius eine Grußrolle, die ihm für die Ablehnung des externen Rufs dankte. Hans Thomae war überrascht und sichtlich gerührt. «Wunderschön», ja «romantisch

schön», fand auch Helga Merker die nachfolgende Feier bis Mitternacht, der der Regen keinen Abbruch tat. Es half, dass die vorab eingeweihte Frau Thomae bei den Roisdorfer Gastwirten «fast den Gesamtvorrat an Flaschenbier aufgekauft» hatte.[53] So kam es, dass an diesem Abend zwei verschiedene studentische Kundgebungen in Bonn stattfanden: eine Huldigung eines Professors, die sich in ähnlicher Form auch schon Jahrhunderte zuvor hätte abspielen können, und eine Mahnwache der Studentengewerkschaft auf dem Münsterplatz, die die neuen Formen der symbolischen Provokation in die städtische Öffentlichkeit trug.

Achtundsechzig in Bonn hatte viele Facetten und kannte mehrere Spielarten der Generationenbegegnung. Betagte Bonner trafen auf demonstrierende Studenten, Professor Thomae auf seinen psychologischen Nachwuchs, verrentete Studienteilnehmer auf ihre jungen Interviewer, Spaziergänger auf junge Hippies und Liebespaare. Am 2. Juni, mit dem Tode Ohnesorgs, entfaltete der kritische Moment der Studentenbewegung seine polarisierende und galvanisierende Kraft. Der Schah-Besuch und die Woche danach veränderten die Verhältnisse in Bonn wie auch bundesweit. Die politische Verkrustung der Universität brach auf, existierende Risse in der Studentenschaft vertieften sich, eine Vielzahl direkter Aktionen symbolischer Art mobilisierte Tausende von Studenten. Die nicht-studentische Öffentlichkeit nahm Anteil und spaltete sich in verschiedene Lager. Viele sahen die Demokratie in der Bundesrepublik existentiell bedroht, sei es durch die Polizei, sei es durch die Demonstranten.

Aber es war nicht Bonn, sondern Berlin, das im Fokus der Massenmedien stand und durch die Fernsehbilder und Pressereportagen die Wahrnehmung der Bewegung dominierte. Die Medien schnitzten sich die Ikonen von Achtundsechzig so, wie es ihre Arbeitsbedingungen und Genres vorgaben. Der öffentliche Blick auf die Proteste verengte sich auf wenige Orte und Personen: auf das West-Berlin des Kalten Krieges, das Frankfurt der Frankfurter Schule, die Kommune 1, das SDS-Büro am Kurfürstendamm, Rudi Dutschke und Horst Mahler. Der SDS mit seiner gezielten Strategie provokativer und subversiver Aktionen erreichte ungleich mehr Publizität als andere Studentenverbände, die an traditionellen Resolutionen und braven Gastredner-Veranstaltungen festhielten.[54]

Verloren ging dabei, dass Achtundsechzig auch anderswo stattfand. Auch in der westdeutschen Provinz polarisierte und intensivierte sich die studentische Politik, wurden Kundgebungen aller Art gegen Polizeigewalt und die Erschießung Ohnesorgs organisiert, bildeten sich wenig später auch Basisinitiativen wie Kinderläden und Frauengruppen. Gleichzeitig begannen sich seit dem Juni 1967 regionale Studentenführer herauszuschälen. In Bonn wurde der SDS-Aktivist Hannes Heer durch spektakuläre Auftritte der bekannteste studentische Lokalmatador. Doch sein Ruf blieb auf den Köln-Bonner Raum beschränkt, und überregionale Medien berichteten nur punktuell und spät über ihn.[55] Erst in den neunziger Jahren wurde er bundesweit bekannt, und zwar als Kopf der «Wehrmachtsausstellung» zu den Gewaltverbrechen deutscher Soldaten im Zweiten Weltkrieg.

3 Von Kriegskindern und Nazieltern

September 1968, in einem Forsthaus an der Sieg. Der 56-jährige Paul Heer schreibt an seinen 27-jährigen Sohn Hannes, der in Bonn Geschichte, Latein und Germanistik studiert. Der Einmarsch der Russen in Prag habe ihm «endgültig gezeigt, was Ihr wollt, Du und Deine Genossen. Der Dutschke, der Langhans und wie sie alle heißen.» Hannes wolle «alles kaputtschlagen, was wir nach dem Krieg aufgebaut haben; den Rest von Deutschland auch noch den Kommunisten ausliefern. Ich betrachte Dich nicht mehr als unseren Sohn. Ich habe mit dem Notar in Wissen gesprochen, dass er Dich enterbt. Ich verbiete Dir, unser Haus noch einmal zu betreten. Ich habe das auch mit Rücksicht auf Mutter getan, die unter den schlimmen Sachen, die über Dich in der Zeitung stehen, sehr leidet. Aber das interessiert Dich in Deinem blinden Fanatismus ja sowieso nicht. Dein Vater.» Der Sohn, geboren 1941, antwortet nicht einmal. Erst zwei Jahrzehnte später erklärt er sich: «Über die Enterbung habe ich gelacht, denn ein Förster hatte ja nichts zu vererben, und die Vertreibung aus der Familie habe ich so weggesteckt. Wir waren damals mit wichtigeren Dingen beschäftigt, mit der Weltrevolution … Dein Brief bewies nur die Richtigkeit unserer Thesen. Du standest auf der anderen Seite. Sohn eines Kleinbauern, aufgestiegen zum Beamten, NSDAP-Mitglied und Soldat, nach dem Krieg CDU-Wähler. Für mich eine Linie.»[1]

Hannes Heer hatte 1966 mit einigen Freunden den Bonner SDS gegründet; im Studentenparlament der Universität war er seit 1965. In den Jahren 1967 und 1968 war er der bekannteste studentische Aktivist der Stadt – der «Rudi Dutschke von Bonn».[2] Nach Reisen in die DDR und nach Auschwitz, die ihn tief beeindruckten, hatte er ein politisches Interesse, gerade am Marxismus, entwickelt. «Lieber Vater», betonte er, «du hast mich nie gefragt, warum ich in den SDS eingetreten bin … Ich hatte Auschwitz 1965 besucht. Zurückgekehrt entdeckte ich, dass diejenigen», die den Judenmord ermöglicht hatten, nun «Repräsentanten unserer Demokratie waren». Was den jungen Hannes Heer umtrieb, waren die Notstandsgesetze und die Brutalitäten der Amerikaner im Vietnamkrieg, vor allem aber die braune Vergangenheit bundesrepublikanischer Politiker. Die Vorwürfe gegen Adenauers Kanzleramtschef Hans Globke, den Vertriebenenminister Theodor Oberländer, den Kanzler Kurt Georg Kiesinger und den Bundespräsidenten Heinrich Lübke forderten ihn zum Handeln heraus.[3] Zusammen mit seinem Kommilitonen Glen Pate lenkte Heer den Bonner SDS auf einen traditionsmarxistischen Kurs, mit dem er der DDR und später der DKP-Linie näher kam als der West-Berliner SDS. Es waren die von Heer geleiteten spektakulären Protestaktionen an der Universität Bonn, die im Februar 1968 bundesweite Schlagzeilen machten und damit zum Zerwürfnis mit dem Vater führten.

Am 6. Februar 1968 hatte Hannes Heer eine Gruppe von 15 bis 20 Studenten in das Dienstzimmer des Rektors, des Kirchenhistorikers Professor Wilhelm Schneemelcher, geführt. Er hatte die Vorzimmerdame darum gebeten, auf den abwesenden Rektor warten zu dürfen, und Einlass gefunden. Heer wollte ein Gespräch mit dem Rektor in Sachen Heinrich Lübke erzwingen; er hatte dem Rektor deshalb bereits zwei Mal erfolglos geschrieben. Denn der Bonner SDS forderte, dic Universität solle die Ehrensenatorwürde aberkennen, die sie dem Bundespräsidenten 1966 verliehen hatte. Der SDS hatte seit dem 29. Januar eine «Lübke-Woche» an der Uni ausgerufen und im Hauptgebäude, in der Mensa und auf dem Bonner Münsterplatz belastende Dokumente ausgehängt.[4] Lübke stand seit Monaten in der öffentlichen Kritik, weil eine von der DDR angezettelte Kampagne über seine NS-Vergangenheit von westdeutschen Massenmedien aufgegriffen worden war. In der Illustrierten *Stern*, aber auch in anderen Blättern galten die vom Osten präsentierten, nur in Teilen gefälschten Dokumente zunehmend als echt. Der Bundespräsident wurde als «KZ-Baumeister» verunglimpft – unter Hinweis auf Architekten-Baupläne für Häftlingsbaracken, die er während des Zweiten Weltkriegs unterzeichnet hatte. In der Tat hatte Lübke damals als Bauleiter Häftlingsbaracken in Rüstungsbetrieben errichten lassen und dabei auch Zwangsarbeiter-Kommandos eingesetzt. Nun versuchte er, seine Verstrickung totzuschweigen.[5] Erst Anfang März 1968 reagierte der Präsident – spät, wenig überzeugend und unzutreffend – mit einer Fernsehansprache, in der er von Verleumdungen sprach und betonte, er könne sich nicht erinnern, jemals für Konzentrationslager Bauten geplant zu haben.[6]

Doch zurück in Schneemelchers Dienstzimmer. Nachdem die Studenten wieder aus dem Rektorat hinauskomplimentiert worden waren, entdeckte man einen neuen, überraschenden Zusatz hinter Lübkes Unterschrift im Ehrenbuch der Universität. «KZ-Baumeister» stand nun da. Die Universitätsleitung reagierte empört. Der Rektor sah das goldene Buch «beschmutzt». Ja, am folgenden Tag beschuldigte er die Studenten, sie hätten «nackten Terror» und «massive Nötigung» angewandt. Er sprach von «Tumulten, die das Eingreifen der Polizei erforderlich machten» und von «Beschimpfungen und Lügen».[7] Was war geschehen? Bei einem Informationsgespräch mit Vertretern des Studentenparlaments und des AStA, zu dem SDS-Vertreter nicht geladen waren, hatten SDSler ein Sit-in veranstaltet, angeführt von den Studenten Hannes Heer und Glen Pate. Um sich Zugang zu verschaffen, blockierten sie den Gang zum Rektorat, warfen Fensterscheiben ein und drohten, die Tür aufzubrechen. Der Rektor rief die Polizei, die den Gang erst gewaltlos, dann gewaltsam räumte und das Gebäude daraufhin mehrere Stunden abriegelte. Die Demonstranten skandierten Sprechchöre: «Nazi raus! Schläger!» und sangen «We shall overcome» sowie die DDR-Hymne «Auferstanden aus Ruinen». Noch in derselben Nacht pinselten wütende Studenten Sprüche an die Wände des Hauptgebäudes: «Schneemelcher – Nazifreund»; «Schneemelcher lässt den Notstand proben»; «Polizeischule hier»; «Uni für Studenten gesperrt, Polizei studiert».[8]

Die Konfrontation zwischen SDS und Rektor polarisierte die Lager an der Bonner Universität. Konservative Studenten, vertreten durch den Sprecher des RCDS, Jürgen Rosorius, forderten die Exmatrikulation der SDS-Wortführer Heer und Pate.[9] Die Studentengewerkschaft, als Sprachrohr der linken Studenten, verlangte den Rücktritt von «Polizeirektor» Schneemelcher und sprach von brutalen «Säuberungsaktionen» und einer «Provokation gegen die Bonner Studenten».[10] Der Mitte-rechts-AStA unter Rudolf Pörtner versuchte zu vermitteln, indem er die Gewaltanwendung seitens der Studenten, aber auch seitens der Polizisten verurteilte. Er warnte, «dass es dem SDS und seinen Anhängern nun auch in Bonn gelungen ist, durch gezielte Aktionen ein Fehlverhalten der Universitätsverwaltung zu provozieren, und dass er dadurch nun den Schein des Rechts auf seiner Seite hat».[11] Die Eskalation lässt sich nur erklären, wenn der Einfluss des ostdeutschen Staats als zusätzlicher Faktor betrachtet wird.

Der Bonner SDS hatte sich während seiner «antifaschistischen» Lübke-Woche klar mit der DDR-Kampagne gegen den Bundespräsidenten solidarisiert. Am Abend vor dem Sit-in hatte der SDS zu einem öffentlichen Vortrag von Friedrich Karl Kaul eingeladen. Kaul war nicht irgendwer. Er war Staranwalt der SED, Professor der Ost-Berliner Humboldt-Universität und als Kommunist und Jude unter Hitler verfolgt worden. Bekannt war er vor allem durch seine Auftritte in westdeutschen Prozessen gegen NS-Gewaltverbrecher, wo er als Nebenkläger für in der DDR lebende Opfer auftrat und immer wieder Beweismaterial aus ostdeutschen Archiven beisteuerte. Er hatte mehrere Bände mit belastenden Dokumenten über die braune Vergangenheit westdeutscher Würdenträger herausgegeben und sich im Fall Lübke stark engagiert. Für den SDS war Kaul daher ein Held der «Entlarvung wohlsituierter Nazis».[12] Bonn war nur eine weitere Station auf Kauls Tour westdeutscher Universitäten, nachdem er schon in Tübingen, Marburg und Münster gesprochen hatte.[13] Doch der Bonner Vortrag wurde durch antikommunistische Studenten gesprengt, von denen die meisten in Verbindungen oder im RCDS organisiert waren. Manche waren selbst DDR-Flüchtlinge, so wie Busso von der Dollen, der zur Vorbereitung eigens über «ehemalige Nationalsozialisten in Pankows Diensten» recherchiert und ein entsprechendes Flugblatt über Ex-Nazis in SED-Zentralkomitee und Volkskammer in Umlauf gesetzt hatte.[14] Dollen und seine Mitstreiter ließen Kaul nicht zu Wort kommen und forderten stattdessen «sofortige Diskussion über Nazis in wichtigen Positionen der DDR». Sie entrollten auch zwei Transparente, die Kaul da der Untätigkeit bezichtigten, wo es um «Freiheit für die politischen Gefangenen in der DDR» und «Mord an der Mauer» gehe. Der Ostberliner Gast verließ empört den Saal, woraufhin Mitveranstalter Hannes Heer die konservativen Störer als «Schutztruppe des Rektors» beschimpfte. Ein SDS-Flugblatt bezeichnete sie später als «organisierte Faschisten».[15] Der Streit über die braune Vergangenheit des Bundespräsidenten war für beide Seiten unlösbar verquickt mit dem antitotalitären Grundkonsens des westdeutschen Staats. Und er war mit dem Kaul-Abend und dem Sit-in keineswegs beendet.

Die nächste Runde wurde durch den Rektor eingeläutet, der harte Disziplinarmaßnahmen gegen die am Sit-in beteiligten Studenten ankündigte. Als Rädelsführer identifizierte man Hannes Heer und Glen Pate, denen nun die Exmatrikulation drohte. Der Fall wurde an den Disziplinarrichter der Universität, den Strafrechtsprofessor Hellmuth von Weber, weitergereicht. Doch der SDS ging zum Gegenangriff über, indem er Friedrich Karl Kaul zum Verteidiger bestellte und in einer Flugschrift Dokumente über von Webers Tätigkeit im Dritten Reich nachdruckte, die eilig aus Jena beschafft worden waren.[16] Erneut war die Schützenhilfe der DDR von großem Wert.[17]

Nach dem Rektoratssturm vom Februar 1968 nimmt die Polizei die Personalien von 36 Studenten auf. Mitte: Hannes Heer

Denn es stellte sich heraus, dass von Weber stark belastet war. Er hatte 1933 ein Gutachten zum Reichstagsbrand verfasst, das im Interesse des NS-Regimes ein Schnellverfahren gegen den Brandstifter empfohlen hatte.[18] Auch anderswo hatte er an hervorgehobener Position gedient, etwa als stellvertretender Gaufachschaftsleiter des NS-Juristenbundes.[19] Nun sollte ausgerechnet er über die Verbannung Heers und anderer SDSler von der Universität entscheiden. Hunderte von Studenten demonstrierten dagegen – mit Erfolg. Der Senat der Universität setzte eine Kommission zur Untersuchung der Vorwürfe gegen von Weber ein und legte die Disziplinarverfahren vorerst auf Eis. Im Ergebnis siegte der SDS. Die Zwangsexmatrikulation wurde aufgehoben und Hellmuth von Weber trat zurück.[20] Zwar stellte ihn die Senatskommission nicht öffentlich als Nazi an den Pranger, doch griffen ihn neben vielen Assistenten und Studenten auch neun, später sogar 26 Professoren öffentlich an. Er sei für «das Ansehen der Universität» nicht mehr tragbar, argumentierten die Kritiker.[21]

Dies war durchaus neuer Stil für die Bonner Universität. In den Jahren seit 1964, als sich die Wochenzeitung *Die Zeit* mehrmals kritisch mit der NS-Belastung des Bonner Rektors Hugo Moser beschäftigt hatte, hatte die Universitätsleitung vor allem gemauert. Als dann im Jahr 1965 Proteste gegen den schwer belasteten Flugmediziner Professor Siegfried Ruff laut wurden, der an grausamen Unterdruckexperimenten an Häftlingen des Konzentrationslagers Dachau beteiligt gewesen war, reagierte die Universität erneut zögerlich. Sie übte sogar juristischen Druck auf jenen Assistenten des Psychologischen Instituts aus, der zuerst die Vorwürfe gegen Ruff erhoben hatte. Schließlich trat Ruff im Mai 1966 von seiner außerplanmäßigen Professur zurück, noch bevor eine Senatskommission den Fall untersuchen konnte.[22] Der Anstoß zur Vergangenheitsaufarbeitung kam in diesen Fällen noch nicht von studentischer Seite, sondern von Seiten der Medien oder Assistenten. Gleichwohl wurden einige Studenten – sie waren in der Minderheit – durch die Skandale um Moser und Ruff politisiert. Von den 22 vom Stadtmuseum befragten Bonner Aktivisten gaben immerhin zwei an, dass die Debatten um die NS-Verstrickung der Professoren zu ihrer eigenen politischen Bewusstwerdung beigetragen hatten.[23]

Weitaus typischer war es jedoch, durch das unverhältnismäßige Auftreten der Polizei bei Demonstrationen mobilisiert zu werden. Allein vier von 22 nannten den Polizeieinsatz beim Schah-Besuch im Mai 1967 ungefragt als ein politisches Schlüsselerlebnis.[24] Weitere fünf bezogen sich auf entsprechende Aha-Erlebnisse bei anderen Protesten.[25] Eckehart Ehrenberg, ein rechtsunabhängiger AStA-Referent, war «innerlich empört» über das Verhalten der Polizei bei der Rektoratsblockade vom Februar 1968. «Dieser Polizeieinsatz, den fand ich unmöglich, ... unnötig und unklug, weil das die Sache eskalierte. ... Das spielte bei mir eine erhebliche Rolle, mich weiter nach links zu begeben.»[26] Auch Ulrich Rosenbaum, ein der SPD nahestehender Vertreter im Studentenparlament, erlebte denselben Einsatz als schockierenden Tabubruch.[27] Die Knüppel der Polizisten wurden zum Enzym der studentischen Bewegung. Der sozialdemokratische Student Guntram von Schenck erinnerte sich: «Am meisten genützt haben uns, wie auch an den anderen Universitäten, Polizeieinsätze. Nach jeder Polizeiaktion konnten wir auf Zulauf zählen.»[28] Dagegen schien die Tatsache, dass fast alle Professoren ihre wissenschaftlichen Qualifikationsjahre zu Zeiten des NS-Regimes durchlaufen hatten, den meisten Studenten noch nicht weiter anstößig.

Die Bonner Konflikte um Lübke, die das Sit-in und den Polizeieinsatz im Rektorat sowie den von Weber-Skandal nach sich zogen, waren nach den Anti-Schah-Demonstrationen im Mai 1967 ein zweiter Schritt zu einer politischen Mobilisierung der Bonner Studenten. Hannes Heer schälte sich dabei immer mehr als Anführer der radikalen Studenten heraus, zumal sein Mitstreiter Glen Pate im April 1968 in die USA zurückkehrte.[29] So galt Heer dem *Kölner Stadtanzeiger* als der «wortgewaltigste SDS-Mann», der durch seine «Kampfreden am Megaphon ... für Universitätsleitung und Polizei ... besonders unbequem war».[30] Die Zeitungsberichte über die KZ-Baumeister-Aktion und die Relegierung von der Universität waren es, die die Verstoßung Hannes Heers durch seinen Vater auslösten und seiner Mutter Sorge bereiteten. Die Schlagzeilen schienen für sich zu sprechen: «Anzeige wegen Aufruhrs», «Sit-In artete in Krawalle aus», «Radikale wollten Rektorat stürmen», «SDS-Chef im Polizeigriff abgeführt».[31] Sie bedingten den eingangs zitierten Bannbrief, auf den Jahrzehnte beidseitigen Schweigens folgten. Hannes glaubte, den Vater als «alten Nazi» überführt zu haben. «Zufällig hatte ich als Student in Bonn in alten Papieren einen Zeitungsausschnitt gefunden. Darin wurde 1939 über seine Rede als Schützenkönig und Parteigenosse in meinem Geburtsort Wissen an der Sieg berichtet, wie er dem Führer für das schöne Deutschland dankt. Es gab einfache Erklärungen dafür, warum er Parteimitglied geworden ist. Er hat aber nie ein Wort dazu gesagt, auch nicht über seine Kriegsjahre.» Über Weltkrieg und Gefangenschaft, auch über seine Nähe zum Regime sprach der Vater nicht.[32] Er fragte auch nicht nach den politischen Ansichten des Sohns. So wie Hannes Heers Bild des Vaters auf einem vergilbten Zeitungsartikel beruhte, setzte sich das Bild Paul Heers von seinem Sohn aus Zeitungsberichten über Krawall an den Universitäten zusammen.[33] Es handelte sich um einen «sekundären Austausch» über die Medien, den der Sohn 1988 vergeblich mit seinem filmischen «Brief» an den Vater zu durchbrechen versuchte. Das Doku-Drama wurde im WDR-Fernsehen ausgestrahlt, doch eine private Verständigung blieb weiterhin aus.[34]

«Wir hätten kein Gespräch zustandegebracht», erinnerte sich Hannes zwei Jahrzehnte später. Und er weitete diesen Befund auf seine gesamte Generation und deren Auseinandersetzung mit den Eltern aus: «Zuerst standen wir vor eurer Mauer des Schweigens. Dann bekamen wir euren Hass zu spüren.» «Ihr nanntet uns ‹Chaoten›, ‹Radaubrüder›, habt geschrien ‹vergasen›, ‹an die Wand stellen›, ‹Arbeitsdienst›.» «Habt ihr so laut geschrien, weil wir euch erinnert haben, an diesen blutigen, verlorenen Teil eures Lebens?»[35] Hannes sah in den betagten Bürgern, die sich auf der Straße lautstark gegen Demonstranten erregten, die Mörder von gestern. Sie «hatten doch gelebt in einer Zeit, als gehandelt wurde, hatten mitgehandelt ... reale

Blutströme fließen lassen quer durch Europa.»[36] NSDAP-Mitglieder und Führer-Anhänger wie sein Vater waren für ihn «keine Mitläufer, sondern Täter».[37] «Auschwitz» begriff er als die Achillesferse dieser Generation. Über die Polizisten, die ihm schon 1966 bei einer Vertriebenendemonstration feindlich begegneten und seine Anti-Vertriebenen-Plakate beschlagnahmt hatten, schrieb er: «Vielleicht waren der Polizeikommissar und seine Helfer, die 1966 das Recht gegen ein Plakat durchsetzen wollten, 1941 via Auschwitz zum Osteinsatz gefahren, nach Józefów und Łomazy, nach Białystok und Riga … zu all den kleinen Auschwitzen, die sie mit ihren Polizeibataillonen veranstaltet hatten. Woher sonst all die Wut.»[38] Die wirklichen Eltern, der Vater, der ihn verstoßen hatte, verschmolzen mit den abstrakten Eltern: den Polizisten, Leitartiklern, Leserbriefschreibern, Politikern und Professoren der späten sechziger Jahre.

Das Ringen mit der NS-Belastung der abstrakten Väter sollte Heer lebenslang begleiten. An der Universität war er noch bis 1974 politisch aktiv. Bis 1970 war er im Bonner AStA, bis 1974 in den «Roten Zellen» und kommunistischen K-Gruppen. Kurzzeitig gelang es ihm und einigen SDS-Mitstreitern sogar, im Jahr 1969 den Dachverband Deutscher Studentenschaften (VDS) zu übernehmen und auf revolutionäre Linie zu bringen.[39] Danach wurde er, da ihm durch den Radikalenerlass eine Laufbahn als Lehrer versperrt war, Ausstellungs- und Filmemacher sowie Buchautor. Als Leiter der ersten, umstrittenen Wehrmachtsausstellung des Reemtsma-Instituts, die die Mitschuld von Soldaten an den NS-Massenverbrechen visuell eindrücklich belegte, galt er vielen Konservativen «als der große Verunglimpfer der Generation der Väter». Mit seinem eigenen Vater kam es nie zur Aussprache. Als Mittsechziger fragte sich Heer selbstkritisch, ob er in seiner Jugend ebenso ideologisch verblendet gewesen sei wie seinerzeit der Vater. «Wir waren fanatisch – wir waren eure Söhne», räsonnierte er. «Indem wir unsere Väter, unsere Familien, deren Moral und Religion, ‹die ganze alte Scheiße›, vom Hals geschafft und für ‹faschistisch›, ‹bürgerlich› und ‹reaktionär› erklärt hatten», hätten er und seine Mitstreiter sich dem Gespräch mit den Eltern entzogen. Er und die anderen hätten sich nicht der Aufgabe gestellt, «die faschistischen, bürgerlichen und reaktionären Strukturen in uns selber» zu bekämpfen.[40]

Inwieweit war der von Heer so nachdrücklich beschworene Generationenkonflikt um die nationalsozialistische Belastung der Eltern wirklich der Kern des westdeutschen Achtundsechzig? Nach gängiger Meinung der

Historiker war die moralische Empörung der Jungen «über ältere Generationen, über ihre Väter, ja ihre Großväter» der Kern und das nationale Spezifikum der westdeutschen Revolte: «Diese Konflikte reichten bis in die Familien hinein.» Die Wut auf ihre schweigenden Täter-Eltern habe die radikale Jugend zur Rebellion getrieben, einer Rebellion «gegen alles, wofür ihre Eltern standen: Nationalstolz, Nationalsozialismus, Geld, der Westen, Frieden, Stabilität, Recht und Demokratie».[41] Die in den vierziger Jahren Geborenen seien von ihren schweigenden Eltern entfremdet gewesen, und so habe sich «die Geburt einer Generation aus dem Geist der NS-Kritik» ereignet. Die Aktionen solcher wurzelloser «Kinder der Verdrängung» seien immer auch ein «moralischer Protest gegen die Schuld der Väter» gewesen. Denn «nirgendwo sonst war die Vätergeneration der ‹68er› politisch so kompromittiert und moralisch so schwach» wie in der Bundesrepublik.[42] Die Kälte der Eltern und das Vertuschen der NS-Vergangenheit hätten ursächlich zur Eskalation der Auseinandersetzung beigetragen: «Der damalige Radikalismus war das Ergebnis psychologischer Beschädigungen, die durch den intergenerationellen Transfer des psychologischen Erbes des Nationalsozialismus entstanden waren.»[43]

Die historische Literatur deutet den so beschworenen Vater-Sohn-Antagonismus häufig direkt in die Familien hinein. Der Unfrieden «zwischen den (Nazi-) Eltern und deren Kindern» habe «eine Generation der emotional frierenden Kinder» hervorgebracht, so Götz Aly. Ein «Mangel der Nestwärme» sei «das zentrale Problem der 15- bis 25-jährigen von 1968» gewesen. «Zum Crash kam es in den Familien, beim Abendessen», weiß Aly, und zwar «ungezählt» oft.[44] Solche Interpretationen beziehen sich gern zum einen auf Autobiographien von Achtundsechzigern, zum anderen auf literarische Quellen. Denn der persönliche Bruch studentischer Rebellen mit dem belasteten Vater, sei er Täter oder Mitläufer gewesen, ist ein klassisches Motiv der Erinnerungen von Achtundsechzigern: «Wir erfanden uns als Waisenkinder.»[45] Die seelischen Qualen dieser Auseinandersetzung schlugen sich seit den frühen siebziger Jahren im neuen Genre einer westdeutschen «Väterliteratur» nieder. Dort klagten überwiegend männliche, junge Autoren das Schweigen, die Schuld, aber auch den traumatischen Verlust ihrer Naziväter in Romanform an.[46] Allerdings wird dieses beliebte Deutungsmuster zuweilen auch kritisiert. Ulrike Jureit warnt, der genealogische Bruch sei von den Achtundsechzigern nur inszeniert worden. Die Gefühlsstarre der Eltern und der Auschwitz-Schock seien oft nicht Realität gewesen, sondern nachträgliche Konstrukte, die den Jüngeren eine heroische Generationsdeutung ermöglichten.[47] Was ist dran an der gängigen Formel vom Vater-Sohn-Konflikt um die braune Vergangenheit?

Zunächst gilt es, die Geburtsjahrgänge der um 1968 lebenden familiären Generationen zu präzisieren. In den meisten Familien lebten damals drei familiäre Generationen nebeneinander: Kinder, Eltern und Großeltern. Die junge Achtundsechziger-Generation war bis auf wenige Ausnahmen zwischen 1938 und 1948 geboren. Die studentenbewegten Bonner, die von Horst-Pierre Bothien in den Jahren 2005 und 2006 interviewt wurden, waren alle Jahrgang 1940 bis 1948; der Durchschnitt lag bei 1944.[48] Im West-Berliner SDS, der eine größere Kartei von Altmitgliedern hatte, gehörten über zwei Drittel der Mitglieder zur Geburtskohorte 1939–1945.[49] Damit bestätigen sich die Annahmen von Historikern wie Norbert Frei, Heinz Bude, Albrecht von Lucke und Ulrich Herbert, die stets einen Zeitraum zwischen den späten dreißiger Jahren und 1950 benannt haben.[50] Die Achtundsechziger zählten um 1968 mithin zwischen 20 und 30 Jahren.

Ihre Eltern waren damals meist zwischen 40 und 60 Jahre alt und gehörten ungefähr zu den Geburtskohorten 1908 bis 1928. Sie entsprechen damit in etwa der «mittleren Generation», deren Angehörige die Bonner Doktorandin Helga Merker 1967 und 1968 befragen ließ.[51] Damit waren die meisten etwas jünger als jene, die der historischen Forschung als wesentliche Trägergeneration des Nationalsozialismus gelten. Denn Historiker haben immer wieder überwiegend die Geburtsjahrgänge zwischen etwa 1900 und 1910 als Träger des Regimes identifiziert. Für diese Kohorte sind unterschiedliche Begriffe geprägt worden – «Kriegsjugendgeneration», «Generation der Sachlichkeit», «Generation des Unbedingten» oder «Jahrhundertgeneration». Übereinstimmend ist jedoch das Argument, diese Altersgruppe sei durch die Niederlage im Ersten Weltkrieg und die politischen Unruhen der Weimarer Ära radikalisiert worden und habe seit den dreißiger Jahren die relativ jungen Anhänger des Regimes gestellt, den Nationalsozialismus ideologisch mitgetragen und tatkräftig an den Massenverbrechen mitgewirkt.[52] Diese, nach Ansicht der Geschichtswissenschaft am stärksten nazifizierte Altersgruppe war um 1968 bereits zwischen 58 und 68 Jahre alt und stellte somit eher die Großeltern als die Eltern der jugendlichen Achtundsechziger. Es bleibt also festzuhalten, dass die Eltern der Achtundsechziger rein ihrem Alter nach nicht ganz ins Klischee der Tätergeneration passen.[53]

Wie erlebten die jungen Studenten nun ihre Eltern? Der harte Konflikt mit dem belasteten Vater, wie er zu Hannes Heers Lebensthema wurde, war eine Seltenheit. Von den 22 Bonner Aktivisten der Jahre 1966 bis 1968, die der Museumsmitarbeiter Horst-Pierre Bothien zu ihrer Lebensgeschichte befragte, berichteten nur zwei – Hannes Heer und Heidrun Lotz – von offenem Streit mit Nazi-Eltern. Immerhin zwölf weitere Interviewte stellten mindestens einen Elternteil als unpolitischen Mitläufer oder kleinen Nazi dar, ohne dass dies zu Auseinandersetzungen geführt hätte. Dagegen kamen vier Befragte aus sozialistischen, kommunistischen oder pazifistischen Elternhäusern. Weitere vier rückten ihre Familie in die Nähe des konservativen Widerstands.[54]

An dieser Bilanz wundert zunächst, wie stark die Sprösslinge des ja historisch relativ begrenzten Widerstandes gegen Hitler vertreten sind (8:14). Ein genauerer Blick ergibt allerdings, dass die zitierten vier Fälle konservativen «Widerstands» keineswegs eindeutig sind. Vielmehr übernahmen und verallgemeinerten die Befragten hier oftmals vage Erzählungen ihrer Eltern (mehr dazu weiter unten). Glaubwürdiger sind die vier Beispiele linker Anti-Nazi-Eltern. Sie deuten auf einen Trend hin, den die neuere Forschung auch für die italienische und breitere westdeutsche Studentenbewegung bestätigt hat. Gerade Studenten, die sich an der Uni früh und hervorgehoben politisch engagierten, kamen überproportional häufig aus radikal- oder sozialdemokratischen Elternhäusern, wo sie schon als Kinder Protest geatmet hatten. Nach Interviews mit zahlreichen SDS- und APO-Mitgliedern berichtete die Historikerin Anna von der Goltz 2013 über «mehrschichtige Erzählungen, die häufig positive familiäre Einflüsse bestätigten»: «Tatsächlich folgten viele Aktivisten der politischen Orientierung ihrer Eltern und nahmen gemeinsam mit älteren Familienmitgliedern an Demonstrationen teil.»[55] Auch in der italienischen Studentenbewegung überwogen die Kinder der Kommunisten, Sozialisten und Antifaschisten, und zwar sogar im Verhältnis zehn zu drei.[56]

So überrascht es nicht, dass sich selbst im kleinstädtischen Bonn, mit seinem katholischen Umfeld, ein Gutteil – vielleicht ein Fünftel – der studentischen Protagonisten aus dem linken Milieu rekrutierte. Der Schritt in die Politik war einfacher, wenn man, wie der Bonner SDSler Christoph Strawe, als Teenager «durch die Umgebung schon eine gewisse kritische Haltung» entwickelt hatte, weil Familienangehörige die Aufrüstung kritisierten und die Bewegung «Kampf dem Atomtod» befürworteten. Strawe kam bereits mit marxistischen Überzeugungen an die Universität.[57] Es mag auch befreiend gewirkt haben, wenn man auf das solidarische Verhalten der eigenen Eltern rechnen konnte. Judith Olek, geborene Ramm, verteilte am 28. Mai 1967 Flugblätter gegen den Schah und wurde daraufhin von Polizisten verhaftet und drangsaliert. Ihr Vater, ein lebenslanger Sozialdemokrat, der von den Nationalsozialisten kurzzeitig in Bergen-Belsen interniert worden war, erschien im Bonner Polizeipräsidium und «hat dann einen Riesenaufstand gemacht, und dann konnte ich nach Hause gehen». Er unterstützte sie auch dabei, sich von einem unabhängigen Arzt untersuchen zu lassen, um die ihr zugefügten Prellungen, Zerrungen und Blutergüsse attestieren zu lassen und später Strafanzeige zu stellen.[58] Mit Verwunderung registrierte Judith Olek «dieses Verbissene», diesen «regelrechten Hass auf die Nazis» bei anderen Studenten, etwa einer Freundin, deren Vater als Richter in der NS-Zeit schwer belastet war. «Die schämten sich … Wir hatten es nicht nötig, uns zu schämen. Wir konnten da besser mit umgehen … aus der Situation heraus, dass unsere Eltern da nicht mitgemacht haben.»[59]

Sowohl zahlreicher als auch typischer sind die Darstellungen jener 18 Interviewten, die konservative, unpolitische oder nationalsozialistische Väter und Mütter hatten. Ganze 16 von ihnen stritten sich mit ihren Eltern nicht über deren Rolle im Dritten Reich, sondern bewahrten die Familienharmonie. Mehr noch, sie beteiligten sich oft an der nachträglichen Rechtfertigung ihrer Eltern. Hier klaffen unser heutiges Verständnis vom zu erwartenden Gegensatz zwischen Achtundsechzigern und ihren Eltern und die Realität in den Familien auseinander. Bei seinen Interviews mit den Bonner Ex-Aktivisten bohrte der Stadtmuseums-Mitarbeiter Hans-Pierre Bothien immer wieder gezielt nach und stellte Fragen zu Auseinandersetzungen um die NS-Vergangenheit der Eltern.[60] Seine Ausbeute war mäßig; ja, viele wiesen seine Vermutung klar zurück. Rudolf Pörtner, im Sommer 1967 AStA-Vorsitzender in Bonn, behauptete, «dass das eigentlich in den Elternhäusern kein großes Thema war»: «Nach meiner Erinnerung hat jetzt Auseinandersetzung mit der Nazivergangenheit der Eltern überhaupt keine Rolle gespielt. Ich kann mich nicht daran erinnern, dass das in den Jahren 1967 und 1968 … also, dass Hannes Heers Vater ein besonders strammer Nazi gewesen ist … [aber ansonsten] Nee … Da hat man ab und an darüber geredet, aber nicht furchtbar intensiv. Obwohl mein Vater da, es ist ja sicher doch schwierig mit dem gewesen, weil er eben als Journalist tätig war, bei einer Nazizeitung da tätig war, und da dann sicherlich Artikel da geschrieben hat, die man heute nicht lesen möchte. Auf der anderen Seite hat er immer behauptet, er wäre dagegen gewesen. Und, weiß ich nicht, ob das dann alles so stimmte, und so gewesen ist. Ich habe es ihm mal geglaubt, aber so ganz genau weiß ich eben auch nicht. Trotzdem hat das bei uns zu Hause keine entscheidende Rolle gespielt.»[61] Ganz ähnlich reagierte der damalige Sozialreferent des AStA, Eckehart Ehrenberg, dessen Vater im Krieg gefallen war. Die Aufarbeitung des Nationalsozialismus habe für ihn damals «keinen Antrieb» dargestellt: «Nein, konkret nicht, das war eklig und wunderte mich auch nicht, aber … da hatte ich biographisch nichts mit zu tun. Ich habe meinen Vater nicht für einen Verbrecher gehalten. Ich weiß letztlich nicht, was er im Krieg gemacht hat, aber es gab keine Kunde darüber, dass er nun ein besonderer Verbrecher gewesen wäre, oder andere in der Familie, nicht. Und das ist ein Unterschied. Sagen wir mal, wenn Heer jetzt einen Onkel oder einen Vater hatte, der nun ein KZ-Arzt war … dann hat das eine andere Dimension.»[62]

Auf Bothiens Fragen hin konzedierte Ulrich Rosenbaum, 1968 Chefredakteur der Bonner Studentenzeitung *akut*, «dass auch meine Eltern eine Nazivergangenheit hatten. Meine Mutter war 36 Olympiateilnehmerin gewesen und natürlich Feuer und Flamme gewesen als junges Mädchen. Das hat aber für mich keine Rolle gespielt. Es ist nicht wie bei Hannes Heer gewesen, wo sozusagen der unbelehrbare Vater, der immer noch nicht begriffen hatte, dass wir in einer Demokratie gelandet waren, sozusagen als drohende Figur im Hintergrund gestanden hatte.» Erst nach dem Tod beider Eltern forschte Rosenbaum anhand von nachgelassenen Dokumenten und Archiven genauer nach. «Ich habe das, weil ich eine wohl behütete Kindheit hatte, immer bewusst bis nach deren Ableben zurückgestellt. So weiß ich heute, dass meine Mutter leitende BDM-Funktionärin im Generalgouvernement war und mein Vater bis April 1945 als Cheflektor des SS-eigenen Nordland-Verlages für die Produktion von Durchhalte-Literatur verantwortlich war sowie an der SS-Schulungsstätte Bernau (heute Weltkulturerbe) lehrte», schrieb er 2017.[63]

Ein weiterer *akut*-Redakteur, Hans Günter Jürgensmeier, rieb sich zwar am autoritären Stil seines Vaters, eines Lehrers, brachte dies aber nicht in Verbindung mit dessen Vergangenheit: «Ich war also fest davon überzeugt, dass das [Dritte Reich] eine ganz furchtbare Angelegenheit gewesen war, hatte mich aber insofern noch nicht weiter damit auseinandergesetzt, wie weit waren meine Eltern darein verstrickt. Meine Mutter sowieso nicht, die kam nun aus dem katholischen Rheinland, und die waren Widerständler, katholische Widerständler … Mein Vater, ich will nicht sagen, dass er irgendwo aktiv war. Die waren natürlich alle organisiert, NS-Lehrerbund, Arbeitsfront oder so, aber da hat er sich weiter nicht gerührt. Das war dann immer katholisch, was ich dann davon mitgekriegt habe.»[64] Auch Jürgen Aretz, der als liberalkonservativer Student die Bonner «Aktion 68» mitbegründete, ordnete seine Eltern als Katholiken ein, die der Weimarer Zentrumspartei nahestanden und die NSDAP ablehnten. Aretz wetterte gegen die «Pauschalverurteilung von moralischem Podest» durch «Studenten, die gar nicht an Fakten interessiert waren.» «Für manche war es die Auseinandersetzung mit dem eigenen Elternhaus, mit der Generation ihrer Väter. Ich … kann da nicht wirklich mitreden, weil ich dieses Problem zu Hause nicht gehabt habe. Aber ich weiß das zum Beispiel von Hannes Heer … Was mich auch moralisch erregt hat, war, dass viele in meiner Studentengeneration sich praktisch mit den Opfern des Nationalsozialismus identifiziert haben und daraus die moralische Legitimation abgeleitet haben, das Handeln und das Verhalten ihrer Vätergeneration, oder unserer Vätergeneration, zu be- oder verurteilen. Da habe ich eine völlig andere Mentalität.»[65]

Diese Beispiele belegen, dass man zu Lebzeiten der Eltern nicht genauer nachfragte – selbst da, wo Recherche relativ einfach gewesen wäre, wie im Falle des Journalistenvaters.[66] Die Darstellungen von Vater oder Mutter wurden hingenommen, solange man sich damit beruhigen konnte, dass diese keine «besonderen Verbrecher» gewesen waren. Hier bezogen sich die damaligen Studenten auf ein zeitgenössisch verbreitetes Denkmuster, das den tragisch verstrickten Mitläufer ohne eigene Schuld von den «wirklichen Verbrechern» abhob.[67] Wer nicht KZ-Aufseher gewesen war, wer nicht erkennbar Blut an den Händen hatte, für den galt die Unschuldsvermutung. Zudem fällt auf, dass zahlreiche Befragte ihre Familie von sich aus mit der Hannes Heers verglichen und dabei – unzutreffend – davon ausgingen, dass es sich bei Paul Heer um einen Haupttäter oder 150-Prozentigen gehandelt haben müsse.[68] Offensichtlich reagierten die Interviewten damit auf die vielen Medienberichte zu Hannes Heer. Sein vielstimmiges Presseecho hob immer wieder auf diesen Familienkonflikt ab, angefangen mit dem Fernsehfilm von 1988 und gefolgt von der umstrittenen Wehrmachtsausstellung, die von 1995 bis 2004 in Deutschland tourte.[69] So wurde das Zerwürfnis von Vater und Sohn Heer auf eine ganze Studentengeneration übertragen.

Bernhelm Booß, als Kopf des linksunabhängigen AStA 1967 ein Mitstreiter Heers, ging in seinem Interview ausführlich auf diese retrospektive Erfindung des Generationenkonflikts ein. «Mein Vater war auch Jurist, übrigens Nazi gewesen, und, tja, ich hatte eigentlich ... ein sehr enges und herzliches Verhältnis zu ihm ... Ich habe ihn zum Beispiel deswegen auch nie danach gefragt, in welchem Maß er an der Deportation der Juden nach Auschwitz beteiligt gewesen war. Ich kann mir das ausrechnen, dass er da relativ zentral dabei beteiligt war ... Er war nicht bei der Reichsbahndirektion Warschau, die für Auschwitz zuständig war, sondern er war etwas östlicher, aber ich bin völlig überzeugt davon, dass er also sehr viel darüber auch gewusst hat. Aber ich hab nie mit ihm darüber gesprochen, weil ich ihn persönlich als einen ... integren Menschen [sah], nicht. Ich hatte nie diesen Generationskonflikt. Ich persönlich glaube nicht, wenn das so dargestellt wird, dass diese Achtundsechziger von diesem Generationskonflikt geprägt seien. Das ist ein Punkt des Dissens zum Beispiel zwischen mir und Hannes Heer, der diesen Generationskonflikt sehr hochspielt ... Abgesehen von meiner eigenen Biographie glaube ich auch bei anderen, dass das nicht so zutrifft. Auch bei Hannes Heer ... Ich hab den Hannes Heer ja besucht in seinem Elternhaus, habe ihn ja gesehen mit seinem Vater. Das sind ja alles Nachrationalisierungen ... Ich will Ihnen sagen, wie es in Wirklichkeit aus meiner Sicht war. Die Leute in meiner Altersgruppe mussten sich damit auseinandersetzen, dass Eltern, die man persönlich hoch schätzte und an deren Integrität man letztendlich keinen Zweifel hatte, auch wenn die manche Dinge anders machten, dass die durch irgendeinen Systemfehler in die falsche Richtung gekommen ist [sic]. Das heißt, wir wurden damals durch diese Auseinandersetzung zu so einem Systemgedanken gepresst. Was macht aus zutiefst nachdenklichen und sympathischen Menschen – die waren nicht blöd, unsere Eltern, und die waren nicht unsympathisch – was macht aus intelligenten und sympathischen Leuten Bestien? Das war eine Frage, die man ja nicht den eigenen Eltern stellen konnte, sondern die man nur sozusagen der Literatur stellen konnte ... Und der Marxismus sagte eben, als Angebot, wir kennen einen Systemfehler ... das Privateigentum an den Hauptproduktionsmitteln.»[70]

Booß steckte in einem Dilemma, das für viele damals typisch war. Er rechnete sich aus, dass seinen Vater vermutlich eine Mitschuld traf – als Parteimitglied, Juristen im Verkehrsministerium und Soldaten im Ostkrieg. Aber er liebte seinen Vater. Daher verzichtete er darauf, Fragen zu stellen.

Anstelle des persönlichen Gesprächs über die Vergangenheit trat das Ausweichen in die Abstraktion. Der «Systemfehler» konnte theoretisch dingfest gemacht werden: Es war nicht Papa, es war der Kapitalismus.

Andere Studenten wandten vergleichbare Strategien mehr oder weniger bewusster, abstrahierender Umdeutung an, um sich der heiklen Konfrontation mit den Eltern zu entziehen. Man konnte beispielsweise den generellen «Mief der Adenauerära» von der Person der Eltern trennen, wie es Ulrich Rosenbaum tat. Man konnte zwischen «Rechtskonservativen» einerseits und Nazis andererseits unterscheiden und die Eltern dem ersteren Lager zuschlagen, wie es Wolfgang Breyer tat. Man konnte darauf bestehen, dass der Vater als Befehlsempfänger sowieso keinen Entscheidungsspielraum gehabt habe, wie der eher konservative Eberhard Crueger, dessen Vater Berufsoffizier war. Oder man konnte Widerstandserzählungen aus der weiteren Verwandtschaft heranziehen, in deren Kielwasser sich die Eltern reinwuschen. Dies war der Fall bei Wilfried von Bredow, 1967 Politologiestudent und Mitglied der Bonner Studentengewerkschaft. In der konservativen Junkerfamilie, aus der er stammte, bürgte ein entfernt verwandter Admiral von Bredow, der beim Röhmputsch 1934 ermordet worden war, für die «große Distanz» des gesamten Familienverbands gegenüber dem Nationalsozialismus.[71] Einzelne Bruchstücke angeblicher oder tatsächlicher Resistenz wurden als Belege angeführt. So waren für Maria Zabel, engagiert im Bonner RCDS, ihre Eltern «keine Parteimitglieder, auch nicht in der NS-Zeit, im Gegenteil: Mein Vater hat sehr viele davor bewahrt, nachher also bestraft zu werden.» Hans Günter Jürgensmeiers «Mutter erzählte immer wieder die Geschichte, wie mein Opa die Nazi-Adjutanten da weggeschickt hat vom Hof, die meiner Oma das Mutterkreuz geben wollten». Auch die Aussage der Mutter, dass die Juden in Endenich «ganz feine Leute» gewesen seien, die «Gott sei Dank früh genug abgehauen» seien, veranlasste Jürgensmeier zu dem Schluss: «Die hatte da gar nichts mit zu tun.»[72]

Offensichtlich kam es in den betroffenen Familien nicht zu einem echten Gespräch. Keiner der oben zitierten Aktivisten hatte mit den Eltern über den Nationalsozialismus in einem Sinne gesprochen, der über halbinformierende Anekdoten und Erzählungen der eigenen Leiden im Krieg hinausging. Das verwundert nicht weiter. In den fünfziger und sechziger Jahren waren die Kenntnisse der jungen Generation, wie auch der Fachwissenschaft, über die NS-Verbrechen noch gering. Es war daher schwierig, eine beidseitig informierte Unterredung zu führen. Außerdem waren die Achtundsechziger ein aktiver Teil bei der Herausbildung des Familiengedächtnisses vom Nationalsozialismus. In ihrer Rolle als Kinder ihrer Eltern waren sie emotional und normativ daran gebunden, bei der gemeinsamen Verfertigung immer wieder erzählter, selektiv konstruierter Geschichten über die Vergangenheit mitzuwirken, ohne den familiären Konsens aufzukündigen. Wie wir aus soziologischen Forschungen zur Tradierung des Nationalsozialismus in Mehrgenerationenfamilien wissen, privilegiert das Familiengedächtnis jene Erzählungen, die die Eltern nicht als Täter, sondern als Opfer oder gute Deutsche vorstellen. Idealerweise halten solche Geschichten genügend Leerstellen und Mehrdeutigkeiten vor, um die Lücken von der Fantasie der nachfolgenden Generationen ausmalen zu lassen, wobei oft auf medial vorgefertigte Skripte zurückgegriffen wird. Die Nachgeborenen sind dabei nicht passive Zuhörer, sondern beteiligen sich selbst an der Umdeutung des Erzählten. In einer Studie, die von 1997 bis 2000 mit 40 Dreigenerationenfamilien durchgeführt wurde, verschlossen sich die Kinder und Enkel sogar konsequent jenen Zeitzeugen-Geschichten, in denen der Vater oder Großvater sich klar als Täter outete. Die Jüngeren konnten und wollten die Verbrechen der eigenen Eltern nicht wahrnehmen, weil sie im privaten Umfeld der Familie unvorstellbar waren. Bezeichnenderweise sprach das mit der Studie betraute Team von einem «Problem der sogenannten 68er-Generation mit der NS-Vergangenheit und ihrem sorgsam kultivierten Mythos von der schweigenden Kriegsgeneration»: «Während ganz im Gegensatz zu landläufigen Vermutungen, die Zeitzeugengeneration würde die Vergangenheit ‹beschweigen›, die ehemaligen Wehrmachtsangehörigen und ‹Trümmerfrauen› meist spontan zusagten, waren es viel eher ihre Söhne und Töchter, die die Teilnahme verweigerten – oft mit dem Hinweis, ihre Eltern würden über dieses Thema nicht sprechen.»[73]

Es geht hier keineswegs darum, den Achtundsechzigern Unehrlichkeit vorzuwerfen. Vielmehr wurden sie in eine Situation hineingeboren, die die kritische Auseinandersetzung innerhalb der Familie geradezu unmöglich machte. Sie waren ihren Eltern emotional verbunden und von ihnen, zumal als Studenten, materiell abhängig. Nazis auszumachen in denselben Leuten, mit denen man «am Frühstückstisch» saß, «war auch gar nicht einfach auszuhalten … mit sich selber». In diese Formel packte es Hans Günter Jürgensmeier unter Verweis auf das Beispiel eines Klassenkameraden, der zufällig Hans Globkes Sohn war.[74] Und die wenigen Achtundsechziger, die mit den Eltern in einen Streit gerieten, bei dem die braune Vergangenheit mitspielte, bekamen die bitteren Auswirkungen zu spüren. So war es bei Hannes Heer und Heidrun Lotz.[75]

Die 25-jährige Psychologiestudentin Lotz war im Jahr 1968 im SDS organisiert und Vertreterin der Studenten im Fakultätsrat.[76] Sie hatte sich schon als Jugendliche mit dem Vater überworfen, weil die Eltern ihrer älteren Schwester verboten hatten, einen Arbeitslosen zu heiraten. Es kam hinzu, dass Heidrun, von einer Pfarrersfrau in der Nachbarwohnung beeinflusst, an Ostermärschen teilgenommen hatte und bei einer Stehparty für Offiziere daheim mit einem «Ostermarschzeichen auf dem Arsch» erschienen war: «Ich sollte eigentlich einen Offizier heiraten, das kam ja nicht in Frage.» Laut Heidrun war Vater Georg Lotz, Jahrgang 1906 und Berufsoffizier, «SA-Obersturmbannführer» gewesen. «Er hat auch gesagt, er war Nazi und bleibt Nazi.» Genaueres über seinen Entnazifizierungsstatus, seine anfänglichen Schwierigkeiten beim Wiedereinstieg als Offizier bei der Bundeswehr oder gar eine etwaige Verurteilung als NS-Täter fand die Tochter nie heraus. Das frühe Zerwürfnis hatte zur Folge, dass sie mit 17 von zu Hause auszog, ohne finanzielle Unterstützung der Eltern das Abitur nachholen und nebenher arbeiten und sparen musste. Obwohl sie den Kontakt zu den Eltern nach dem Abitur wieder aufnahm und nur wenige Ecken vom Elternhaus entfernt wohnte, war ein offenes Gespräch mit dem Vater erst «viel, viel später», in fortgeschrittenem Alter, möglich. Die Versöhnung führte bei Heidrun zu einer Neubewertung des Vaters. Er wurde nun vom Nazi zum beschädigten und unterdrückten Mitläufer: «Obwohl er eigentlich über diese Zeit reflektiert hat und … eine sehr kritische Position dazu hatte, wohl auch damals schon gehabt hatte … Mein Vater hatte eigentlich auch immer Schwierigkeiten, ist klar, er wurde auch überwacht … Er hatte es schwer gehabt mit mir als Tochter, hat trotzdem ganz gut gestanden zu mir … Und wenn Sie so wollen, war mein Vater auch ein traumatisierter Mensch, da schließt sich der Kreis wieder. Und erst als ich das verstanden hab, hab ich zu ihm gefunden.»[77] An dieser Darstellung fällt auf, dass die Schuld des Vaters auch nach Jahrzehnten noch im Halbwissen verdunkelt blieb. Der Konflikt entzündete sich ursächlich an der Einflussnahme auf die Partnerwahl der Töchter; die braune Vergangenheit trat hinzu. Und der Zwist mit dem Vater zwang Heidrun nicht nur in jahrelange Armut, sondern führte auch zur Sehnsucht nach emotionaler Versöhnung, die letztlich nur um den Preis der Verleugnung von (vermutlicher) Täterschaft erreicht werden konnte.

Heidrun Lotz
auf einer Demonstration
am 16. April 1968

Ähnlich dramatisch gestaltete sich das Zerwürfnis bei Hannes Heer. Auch hier war der Vater, Jahrgang 1912, vergleichsweise alt. Auch hier erfolgte eine späte Versöhnung, doch erst nach gegenseitigen Verletzungen und Phasen des Kontaktabbruchs, die auch das Verhältnis zur Mutter beschädigten und «bittere Wunden» hinterließen. Der Sohn wollte vor allem mehr über das «Familiengeheimnis» der väterlichen NSDAP-Mitgliedschaft erfahren; er wollte die Beweggründe «verstehen». Hannes verdächtigte seinen Vater nicht der Kriegsverbrechen oder fortdauernder rechtsextremer Neigungen, zumal Paul Heer «antisemitische Parolen oder aggressive Nazirelikte nie nach seiner Rückkehr aus der Gefangenschaft geäußert» hatte. Im Krieg war der Vater an der Kanalküste in Flandern eingesetzt, einem relativ «ruhigen Frontabschnitt» – «es schien mir ein harmloser Fall zu sein». «Er war nicht *der* Nazitäter, wie ich dann andere kennengelernt habe während meines Studiums.» Umso weniger konnte der Sohn verstehen, dass der Vater sich weigerte, zu seinem Parteieintritt in den frühen dreißiger Jahren Stellung zu nehmen. Zwei Jahre nach der «Vertreibung» kam es auf Drängen der Mutter und eines Onkels zu einem formellen Friedensschluss. Hannes bezog erneut sein Zimmer im Forsthaus. Aber als der Vater 1971, so berichtet der Sohn, «in einem Anfall, als er mal wieder einen Zeitungsbericht über mich in die Hand kriegte, meine rote Fahne und andere Revolutionsdevotionalien in der Heizung verbrannt hat», vertiefte sich «die zurückgebliebene Entfremdung» bis zur Sprachlosigkeit. Erst in der letzten Lebensphase des an Demenz erkrankten Vaters wurde Versöhnung möglich. Die wiederholte Frage des Vaters «Hast Du eine feste Stelle?» zündete bei Hannes die «plötzliche Erkenntnis», dass «unter diesem ganzen Kampf, seiner Abwehr, über die Vergangenheit zu reden … immer auch die Sorge des Vaters da war» um das Wohlergehen des Sohnes, der wegen seines politischen Engagements nicht hatte Lehrer werden können. Der Vater, so verstand Hannes jetzt, habe über Jahre hinweg «Vorhaltungen» von seinen Försterkollegen aushalten müssen, die ihn stets mit Presseberichten über den linken Sohn «beschämt» hätten.[78]

Von außen betrachtet fällt auf, dass Vater und Sohn den Bruch auf verschiedene Ursachen zurückführten. Wo Hannes Heer das verweigerte Gespräch über die NSDAP-Mitgliedschaft des Vaters verantwortlich machte, stieß sich Paul Heer vor allem an der Rolle des Sohns als kommunistischer Agitator.[79] Dieses Muster findet sich auch in anderen Familien der befragten Bonner. Die DDR und der Kommunismus waren ein rotes Tuch, und politische Reibereien mit den Eltern bezogen sich in der Regel darauf statt auf den Nationalsozialismus. So erinnerte sich etwa Dieter Gutschick daran, wie «der Kiesinger … von der Anerkennungspartei gesprochen hat … Da hab ich so eine Plakette gehabt, ich bin von der Anerkennungspartei. Da bin ich damit nach Hause gegangen, da gab es furchtbar Ärger. Er [der Vater] sagte, da kann ich mich hier im Hause nicht sehen lassen, das sind ja alles Beamte. Das kann man sich heute gar nicht mehr vorstellen, welche Enge da herrschte.»[80] Als Spross eines bürgerlichen Elternhauses war der Schritt zum Marxismus einfach «unmöglich».[81] Die Spannungen mit den Eltern waren in der Regel nicht Ursache, sondern Folge des politischen Engagements auf der Linken.

Der radikale Bruch mit dem Vater, wie ihn Heidrun Lotz und Hannes

Heer vollzogen, war eine schwierige, unbequeme und selten getroffene Wahl. Der neugierige Blick, den wir hier in die Familien der Bonner Aktivisten geworfen haben, zeigt: Streit, Beziehungsabbruch und emotionale Kälte waren rar. Beschweigen, Vertrauensvorschuss und selektives Erzählen wie Zuhören waren häufig. Vor der enormen Herausforderung, die eigenen Eltern als Täter oder Mitläufer zu entlarven, flüchteten die meisten Studenten in ein abstraktes Verständnis des Nationalsozialismus oder in die Übernahme apologetischer Familienmythen. Die konkreten Kenntnisse über die Geschichte des Dritten Reichs waren oft gering, wie damals nicht anders zu erwarten, und in Bibliotheken oder Archiven recherchiert wurde so gut wie nie. In dieser Hinsicht waren Achtundsechziger aller politischen Schattierungen vergleichbar. Allerdings waren die wenigen Fälle, in denen es zum Zerwürfnis mit den Eltern kam, auf der radikalen Linken angesiedelt. Zugleich rekrutierten sich gerade die linken Rebellen aber auch zu einem erheblichen Teil aus sozialistischen Elternhäusern. Ein Team von Historikern, das zwischen 2007 und 2011 zahlreiche SDS- und APO-Wortführer interviewte, befand: «Wie fest auch immer die Mär vom Generationskonflikt im Volksgedächtnis verankert sein mag, viele Aktivisten … erlebten in ihren eigenen Familien keine derartigen politischen Auseinandersetzungen.»[82]

Für die Achtundsechziger war es in jedem Falle einfacher, statt der persönlichen Väter die abstrakten Väter – Professoren, Politiker und Polizisten – als Nazis anzugreifen. Die Ohrfeige, mit der Beate Klarsfeld im November 1968 den amtierenden Bundeskanzler Kurt Georg Kiesinger bedachte, sollte die Schamesröte «in das abstoßende Gesicht der zehn Millionen Nazis» treiben. Rudi Dutschke notierte im April 1965 auf einer Reise gen Osten: «Zu viele Erinnerungen an die Beteiligung der Väter bei der Eroberung Polens.» Gudrun Ensslin soll bei einer West-Berliner SDS-Versammlung kurz nach Ohnesorgs Tod geschrien haben: «Sie werden uns alle umbringen … das ist die Generation von Auschwitz, mit der wir es zu tun haben – man kann mit Leuten, die Auschwitz gemacht haben, nicht diskutieren.» Der Vorwurf war abstrakt, denn Ensslin stammte, ebenso wie Ulrike Meinhof, aus einem liebevollen und vergleichsweise unbelasteten Elternhaus. Auch die Berliner Kommunarden der K1 brachen nicht mit den eigenen Eltern. Dieter Kunzelmann schwärmte von seiner Familie, «in der ich Liebe, Solidarität und Toleranz erfuhr». Fritz Teufel konnte sich im Gerichtssaal auf die Unterstützung seiner Mutter verlassen, und Rainer Langhans fand seinen Vater klasse. «Die bürgerlich-faschistische Familienhölle, das waren ... immer die anderen.»[83]

Für das überwiegend einträchtige Zusammenleben von jungen Erwachsenen und ihren Eltern in den sechziger und siebziger Jahren gibt es sozialwissenschaftliche Belege. Im Vergleich zu früheren Jahrzehnten waren die Beziehungen zwischen Eltern und Kindern damals ausgezeichnet. Soziologische Untersuchungen zeigen eine besonders hohe Übereinstimmung von Jung und Alt in Bezug auf Werte – zwischen 75 und 95 Prozent – für die fünfziger bis achtziger Jahre. Gegenseitige finanzielle, alltägliche und emotionale Hilfeleistungen sowie enge Kontakte zwischen Eltern und ihren erwachsenen Kindern waren die Regel. Offensichtlich überschätzen wir gern die Häufigkeit intergenerationeller Konflikte, weil sich die mediale Aufmerksamkeit stets auf spektakuläre Ausnahmefälle richtet.[84] Erwachsene Westdeutsche nahmen «bis zur Mitte der 70er Jahre eine immer freundlichere Haltung zu ihren Sprößlingen» ein. Während 1950 nur 24 Prozent einen «vorteilhaften» Eindruck von der jungen Generation hatten, waren es 1960 schon 44 und 1975 sogar 62 Prozent. Dabei stand im Vordergrund, dass Jung und Alt gemeinsam Konsumentscheidungen trafen und «Jugendliche von Erwachsenen zunehmend als Pioniere im Dschungel der Konsumgesellschaft» geschätzt wurden.[85]

Eine Jugendbefragung von 1965 ist aufschlussreich für das Verhältnis der Achtundsechziger-Kohorten zu ihren Eltern. Das Institut Emnid erforschte damals die Haltung von über 2000 15- bis 25-Jährigen zu ihren Eltern. Die meisten waren Lehrlinge, Schüler und schon im Arbeitsleben; nur zwei Prozent studierten. Der Befund war eindeutig: Man lebte zusammen, verbrachte viel Zeit miteinander und mochte sich zumeist. 89 Prozent der Jugendlichen lebten im Elternhaus. Die Eltern waren für 71 Prozent die engsten Vertrauenspersonen (1953 galt dies nur für 58 Prozent), hinter denen die Freunde weit abgeschlagen, mit nur 21 Prozent, rangierten. Mit dem Ausmaß elterlicher Anteilnahme und Einmischung waren 73 Prozent der jungen Leute ganz einverstanden, nur sechs Prozent fühlten sich bevormundet. In den seltenen Konflikten ging es meist darum, wann man nach Freizeitunternehmungen zu Hause sein müsse. Nur «sehr selten» stritt man sich um Kleidungsstile oder Geld. Von Götz Alys Generation «emotional frierender Kinder» fand sich keine Spur. Nur vier Prozent beklagten sich über desinteressierte oder lieblose Eltern. Ja, die Meinungsforscher betonten, dass die Jugend ihre Freizeit überwiegend «familienintensiv verbrachte»: «In der breiten Masse der arbeitenden Bevölkerung sorgt ... die wachsende Freizeit dafür, dass die Familien gemeinsam konsumieren, gemeinsame Unternehmungen in Freizeit und Urlaub durchführen. Das gemeinsame Fernsehgerät, das heute in zwei Dritteln der Haushalte steht, und das Familienauto, das in jedem zweiten Haushalt zu finden ist, erzwingen ... neue solidarische Verhaltensweisen.» Die Eltern dachten oft «ähnlich wie ihre Kinder», mochten dieselbe Musik, fuhren mit ihnen zum Camping und bemühten sich um einen partnerschaftlichen Stil, ja einen «jugendlich-burschikosen Ton».[86] Der langfristige Trend lief auf eine Entschärfung des familiären Verhältnisses hinaus. Studien der sechziger und siebziger Jahre belegen übereinstimmend, dass Kinder wie Eltern den Konsum und die Häuslichkeit liebten. Die Älteren wollten immer häufiger moderne, tolerante, jugendliche Eltern sein. Die Jungen brachten Vertrauen und Verständnis für ihre Eltern auf, selbst wenn sie in manchen Dingen anders dachten.[87]

Wenn sich die Wortführer der Protestbewegung in den späten sechziger Jahren kritisch über die Belastung der älteren Generation äußerten, sprachen sie in der Regel nur über die abstrakten Väter – wie Heinrich Lübke, Kurt Georg Kiesinger oder Hellmuth von Weber. Aber auch hier waren die Angriffe der Achtundsechziger höchst selektiv, wie das Beispiel der Bonner Universität zeigt. Nach braunen Verstrickungen jener Professoren, zu denen man ein engeres Verhältnis hatte oder die man als reformwillig einschätzte, wurde nicht gefragt. Anders war es bei Dekanen oder Rektoren, die sich bei Zusammenstößen mit Rebellen autoritär verhielten und die Polizei riefen. In solchen Fällen wurden auch kaum oder nicht Belastete als Nazis verunglimpft. Der Bonner Rektor und Theologe Wilhelm Schneemelcher wurde im Februar 1968 als «Nazifreund» hingestellt, obwohl er 1939 aus politischen Gründen aus der akademischen Karriere gedrängt worden war und erst nach Kriegsende habilitieren konnte. Der Dekan und Kunsthistoriker Heinrich Lützeler wurde als «braungefleckt» angegriffen. Er war während des Dritten Reichs aber sowohl wegen seiner Kleinwüchsigkeit als auch wegen seiner politischen Ansichten verfolgt worden, was 1940 in einem Lehrverbot gegipfelt hatte.[88]

Ebenso ungenau nahmen es die Rebellen mit der Vergangenheit anderer Professoren, mit denen sie es persönlich zu tun hatten. So begann Hannes Heer seine Promotion bei dem ebenso bekannten wie belasteten Germanisten Benno von Wiese. Dieser hatte im Dritten Reich rasch Karriere gemacht, war seit 1933 Parteimitglied, seit 1937 Blockwalter und seit 1936 Lektor von Alfred Rosenbergs Schrifttumskommission gewesen.[89] Auch bei Hans Thomae, dem Lehrstuhlinhaber am Psychologischen Institut und Leiter der Altersstudie, fragte niemand nach der NS-Vergangenheit, wie sich der Bolsa-Versuchsleiter Georg Rudinger erinnerte: «Achtundsechziger hin oder her, auch bei Thomae hat keiner in die Biographie geguckt.»[90] In den sechziger und siebziger Jahren galt Thomae unter Studenten und Assistenten als Liberaler, ja sogar als «liberal mit fortschrittlichen Ansätzen».[91] Zwar exponierte er sich politisch nie öffentlich. Er unterzeichnete beispielsweise nicht die Erklärungen, in der Bonner Professoren den Bundespräsidenten Lübke und den Universitätsrichter Hellmuth von Weber wegen ihrer NS-Verstrickung kritisierten. Aber bei den Wahlen zum Dekan der Philosophischen Fakultät im Sommer 1968 wurde er zum Wunschkandidaten der Studenten, die auf «unbequeme, weil demokratische Professoren» wie ihn hofften. Die Wortführer auf studentischer Seite waren Hannes Heer und Heidrun Lotz. Sie organisierten Sitzblockaden und eine gewaltsame Stürmung des Dekanats, um die Wahl eines liberalen Kandidaten zu erzwingen. Während des Wahlgangs splitterten die Fensterscheiben, die versammelten Professoren gerieten in Panik und flüchteten aus dem Fenster vor den Studenten. Die rabiaten Aktionen hatten die paradoxe Folge, dass Thomae zunächst unterlag, danach in Abwesenheit gewählt wurde und dann das Amt sofort wieder niederlegte. Mit dem Argument, den Studentenvertretern sei die Mitwirkung versagt worden, gelang es ihm, sich aus dem ihm unbequemen Amt herauszuwieseln. Der Sturm der «ganz linken Gruppen» auf das Sitzungszimmer habe ihn der «Sorge, ob ich Dekan werden müßte», endgültig enthoben, gestand er im Rückblick.[92]

Wie hier lavierte Hans Thomae zwischen den Fronten, ohne je nach seiner Vergangenheit gefragt zu werden. Er ließ den schwer belasteten, antisemitischen Psychologen Friedrich Sander noch bis Mitte der sechziger Jahre in Bonn Seminare halten, obwohl Sander schon im Jahre 1960 bundesweit aus allen Ehrenämtern des Fachs gedrängt worden war. Andererseits half Thomae seiner Studentin Heidrun Lotz aus der Bredouille, als ihr nach dem Dekanatssturm der Ausschluss vom Psychologiestudium drohte. Lotz berichtete, sie habe «eine sehr gute Diskussion mit dem Thomae gehabt», der sich dann bei der Fakultät für sie eingesetzt und das Verfahren abgebogen habe.[93] Unter Thomaes Leitung wurde das Psychologische Institut ab dem Jahr 1970 auch das einzige an der Universität Bonn, an dem es de facto eine Drittelparität gab. Das bedeutete, dass Professoren, Assistenten und Studenten je ein Drittel der Stimmen in einem «Institutsrat» stellten, der alle wichtigen Entscheidungen traf. Die zunehmende Radikalisierung der kommunistischen Studenten im Institutsrat überschritt allerdings im November 1974 Thomaes Schmerzgrenze, woraufhin er den Rat wieder auflöste.[94]

Unzweifelhaft verhielt sich Hans Thomae damals gegenüber der studentischen Revolte toleranter als viele seiner Kollegen. Aber wer in seine Biographie geschaut hätte, wäre fündig geworden. Der 1915 geborene Thomae hatte seit 1938 bei dem Philosophen und Nationalsozialisten Erich Rothacker studiert und promoviert. Im Jahr 1937 war Thomae Parteigenosse geworden und hatte damit vermutlich die erste ihm offenstehende Beitrittschance genutzt (zwischen Mai 1933 und April 1937 bestand eine Aufnahmesperre). Von 1941 bis 1943 war er im NS-Dozentenbund, der den nationalsozialistischen Geist an den Universitäten durchsetzte. Das Entnazifizierungsgericht ordnete ihn nach 1945 als Mitläufer ein.[95] Zwar hatte Thomae wegen seiner Magenblutungen nie als Soldat gedient, doch er diente dem Regime ideologisch. Mochte er auch rückblickend betonen, dass er «von Auschwitz zum ersten Mal 1946 gelesen» und in seinen Qualifikationsarbeiten «nicht das Sternchen hinter jüdische Autoren gesetzt» habe, seine Schriften sprechen eine eindeutige Sprache.[96] Im Jahr 1939 gab Thomae eine Zitatensammlung von «Gedanken großer Deutscher der Vergangenheit» unter dem Titel «Ruf des Lebens» heraus. Sie war als Besinnungslektüre für Leser gedacht, die in Zeiten des Krieges nach Bestätigung suchten. Eingangs betonte Thomae die «geschichtliche Notwendigkeit» des Nationalsozialismus und die «sieghafte Durchdringung alles nationalen und persönlichen Lebens durch unsere Weltanschauung». Als «erzieherisches» Ziel seines Werks gab er an, junge Menschen zum «selbständigen Nachdenken und fleißigen Arbeiten» an den nationalsozialistischen Grundsätzen anhalten zu wollen. Es folgten Leitsätze wie diese: «Leben ist Kampf»; «Krieg, Not und Leid sind die großen Erzieher der Menschheit»; «Rasse hebt eben einen Menschen über sich selbst hinaus». Der Staat wurde zur Krone des Volkstums erklärt, das antidemokratische Prinzip von Führer und Gefolge durch biologisch gegebene Ungleichheit gerechtfertigt und Religion zum Dienst am Deutschtum umfunktioniert. «Reinerhaltung des eigenen Charakters, Abstoßung des Fremden ist oberstes Lebensgesetz für Rasse und Volk», schrieb Thomae. Er feierte den Antisemitismus Treitschkes in den 1870er Jahren als willkommenes «Fanal», gegen das «die schon damals stark verjudete Presse aufheulend zu Felde gezogen war». Am häufigsten zitierte Hans Thomae ins völkische Schema passende Geistesgrößen wie Houston Stewart Chamberlain, Nietzsche, Fichte und den Turnvater Jahn. Aufklärer wie Kant oder Lessing, Juden wie Heinrich Heine, Marx oder Freud kamen nicht zu Wort. Das war mehr als ein Lippenbekenntnis; es war ein Erguss brauner Ideologie.[97] Spätere Publikationen Thomaes waren zumindest mehrdeutig. Eine Tornisterbroschüre aus dem Jahr 1941 führte die Soldaten in Grundgedanken Immanuel Kants ein und erwähnte dabei mehrfach zentral die Menschenwürde, den kategorischen Imperativ und das Erlebnis inneren Widerstands. Seine Habilitation von 1944 verzichtete auf völkisches Wortgeklingel.[98] Vermutlich hatten sich Thomaes Ansichten zwischen 1939 und 1944, als der Krieg so gut wie verloren war, gewandelt. Nach Kriegsende war offenbar eine weitere Konversion hin zur liberalen Demokratie erfolgt.

Im Katalog der Bonner Universitätsbibliothek war Hans Thomaes Buch von 1939 unauffindbar, und seine Parteimitgliedschaft war unbekannt. Rebellische Studenten hätten sich etwas anstrengen müssen, um seine Belastung zu belegen – doch sie versuchten es nicht einmal. Weil Thomae einer der diskussionsbereiten Ordinarien war, die sich eine liberale Reform der Universität vorstellen konnten, drückten die Achtundsechziger beide Augen zu. So wurde die Vergangenheit der abstrakten Väter als Waffe im politischen Kampf instrumentalisiert.

Erst im Nachhinein, in den siebziger und achtziger Jahren, begannen die Achtundsechziger, ihre Differenz zu den (abstrakten wie konkreten) Eltern zum Schlüsselmoment ihrer Lebensgeschichte aufzuwerten. «Anders als meine Eltern zu sein» und sich gegen deren autoritäre, dem Nationalsozialismus entlehnte Sitten aufzulehnen, gehörte nun zur Generationserzählung.[99] Das vielstimmige Narrativ vom sich an der Nazibelastung entzündenden Vater-Sohn-Konflikt baute auf einem jahrhundertealten literarischen Topos auf und wurde massenmedial verbreitet. Wie weiland Schillers Don Karlos gegen seinen tyrannischen Erzeuger rebellierte, bäumten sich die Achtundsechziger-Rebellen je später, desto mehr in stilisierten Lebensgeschichten gegen braune Väter auf.

Einige wenige solch «spätödipale Szenarien» standen am Anfang. Bernward Vespers autobiographischer Roman «Die Reise» rechnete mit dem Vater Will Vesper, einem bekannten NS-Dichter, ab. Auch die Familie Hannes

Heers wie des ehemaligen SDS-Vorsitzenden KD Wolffs wurden immer wieder in den Medien angeführt.[100] In mehreren zeitgenössischen Bestsellern wurde eine Gefühlskälte der belasteten Elterngeneration behauptet und spekulativ kollektivpsychologisch begründet. Zunächst machte Alexander und Margarete Mitscherlichs Diagnose von der «Unfähigkeit zu trauern» die Runde: Die ältere Generation sei durch den Verlust ihres Idols Hitler so traumatisiert, dass sie seelisch verkrüppelt und nur noch zu manischen Abwehrreaktionen fähig sei.[101] Danach wurden die Thesen von Wilhelm Reich ausgeschlachtet, der Faschismus und Gewaltverbrechen aus der Unterdrückung des Sexualtriebs in der bürgerlichen Familie hergeleitet hatte. Zahlreiche Theoretiker der Achtundsechziger-Generation, allen voran Klaus Theweleit, beschworen nun den Zusammenhang zwischen der Verklemmtheit zu Hause und der Nazischuld der Väter.[102] Reimut Reiche, Sexualwissenschaftler und Ex-SDS-Vorsitzender, behauptete ein «kollektives intergenerationelles Trauma der Generation der Studentenbewegung», das zurückgehe «auf das Schweigen unserer Eltern und vor allem auf die Art und Weise wie wir eingebunden wurden, eingebunden werden sollten in ihr großes Nachkriegs-Programm der Verleugnung ihrer wie auch immer beschaffenen Beteiligung an dem kollektiven deutschen nationalsozialistischen Verbrechen». Auf dieses Trauma hätten seine Altersgenossen mit einer unbewussten «Sexualisierung» des auf ihnen lastenden Problems reagiert: Anstatt sich mit der Schuld in der eigenen Familie auseinanderzusetzen, habe man sich von der sexuellen Repression und deren Keimzelle, der autoritären Kleinfamilie, zu befreien gesucht.[103]

Zeitgleich rollten der Väterliteratur erste und zweite Welle heran.[104] Das Schweigen der Eltern wurde zur dämonischen Macht, die die Leben der Achtundsechziger vergiftete. Ob in den siebziger und achtziger Jahren oder im neuen Millennium, der «verstörende Druck des Familiengeheimnisses» aus der Nazizeit gab nun den Motor zahlreicher Romane ab. Die Kinder und Enkel griffen die Tätergeneration an, aber sehnten sich auch nach Heilung und Versöhnung. Dabei waren die emotionale Kälte, die autoritäre Dressur und das eisige Schweigen typische, den Vätern zugeschriebene Motive.[105] Eine Zweitverwertung dieser populären Topoi findet seit der Jahrtausendwende in der «Kriegskinder»-Literatur statt, die sich an Leser wendet, die während des Zweiten Weltkriegs Kinder waren. Zufällig handelt es sich dabei großteils um dieselben Geburtsjahrgänge wie die Achtundsechziger, denn als «Kriegskinder» werden meist die zwischen 1930 und

1945 Geborenen angesprochen, als Achtundsechziger die zwischen 1938 und 1948 Geborenen. Das Kriegserlebnis habe große Teile dieser Altersgruppe im medizinischen Sinne traumatisiert, zumal die überforderten Nazieltern sie nicht hätten lieben können, argumentiert etwa der Verkaufsschlager von Sabine Bode, der inzwischen in 30. Auflage über die Ladentische geht. Weil die Eltern sich hinter einer Mauer des Schweigens versteckten, hätten die Kinder ihr eigenes Kriegsopfer-Trauma verdrängt und seien dabei lebenslang emotional beschädigt worden.[106] Diese vulgärpsychologischen, nur mit den Erinnerungen einzelner Zeitzeugen belegten Deutungen schreiben den Mythos der lieblosen, stummen Eltern und der hilflosen, leidenden Achtundsechziger-Kinder fort. Allerdings sind leicht unterschiedliche Akzente gesetzt. Im neueren Kriegskinder-Diskurs sind letztlich alle Opfer ihres Kriegstraumas, einschließlich der Nazieltern. Zudem werden Mütter und Töchter weit stärker beachtet als in den klassischen Konflikterzählungen der Achtundsechziger.[107] Die tätige Mitwirkung von Töchtern und Söhnen am Beschweigen des Nationalsozialismus wird jedoch weder in der Väter- noch in der Kriegskinderliteratur erwähnt.

Der Publikumserfolg dieser psychologisierenden Deutungen hat zur Folge, dass neuerdings immer mehr Historiker entsprechende Bücher vorlegen, in denen Schuld, Trauma und familiäres Schweigen die Hauptrolle beim Streit der politischen Generationen spielen. Auf dieser Welle surft etwa Thomas Kohut, der 2012 eine auf Interviews basierende «Psychobiographie» von 62 Bildungsbürgern der Geburtsjahrgänge 1900 bis 1926 präsentierte. Kohut liest in seine *oral history*-Quellen einen klassischen Streit zwischen Achtundsechzigern und ihren schweigenden Nazieltern hinein, ohne Alterskonstellationen zu beachten oder das Narrativ seiner Zeitzeugen anzuzweifeln.[108] Ähnlich verhält es sich mit dem ganz aus der Perspektive der Achtundsechziger geschriebenen, 2017 erschienenen «Familienroman einer Revolte» von Karin Wetterau oder mit dem 2009 verlegten «Utopia or Auschwitz» des Journalisten Hans Kundnani.[109] Aus wenigen Einzelfällen, die dem engeren Kreis neulinker Bildungsbürger entnommen sind, wird ein kollektivpsychologisches Argument auf Altersgruppen der Gesamtgesellschaft verallgemeinert. Zudem erfolgt die Auswertung autobiographischer Zeugnisse oft selektiv. Ein Beispiel dafür liefert Götz Aly, der die Bundestagsabgeordnete Christa Nickels als Kronzeugin für das angeblich «zentrale Problem» der westdeutschen Achtundsechziger, das der fehlenden Nestwärme, anführt. In einer Rede im Parlament erzählte

Cordt Schnibbens Vater auf dem Titel des *Spiegel* Nr. 16 vom 14. April 2014

Nickels 1997 von ihrem 1908 geborenen Vater, der – ihrer Mutter zufolge – nach dem Krieg «jede Nacht im Schlaf furchtbar von Feuer und Kindern geschrien» habe. Erst 1985 sei ihr «aufgefallen, dass mein Vater auf dem einzigen Foto, das es aus dieser Zeit von ihm gibt, eine Uniform trägt, die schwarz ist und auf der Totenköpfe sind. Damals war ich schon für die Grünen im Bundestag und habe es nicht gewagt, meinen Vater zu fragen; denn es fiel mir unendlich schwer.» Götz Aly geht nun wie selbstverständlich davon aus, dass dieses Nicht-Fragen und Nicht-Sprechen zu Liebesentzug, «massiven Spannungen» zwischen den familiären Generationen und «zerstörerischen Energien» der Jüngeren geführt habe. Er leitet die überschießende Radikalität der Linken, ja das «Desaster» 1968, aus den «familiengeschichtlichen Folgeschäden» des Nationalsozialismus und zweier Weltkriege ab.[110] Dabei unterschlägt Aly, dass Nickels gar nicht von Spannungen oder Kälte gesprochen hatte. Im Gegenteil: Sie betonte, ihr Vater habe Kinder geliebt und sie selbst habe ihren Vater «natürlich sehr geliebt». Nickels hatte selbst entschieden, die Vergangenheit zu beschweigen, um den Vater nicht zu verletzen: «Ich habe es nicht übers Herz gebracht, ich konnte das nicht.» Sie äußerte Verständnis für das Dilemma, das den Vater zum Täter gemacht habe: Er habe nicht die Kraft gehabt, sich dem Druck des Regimes zu entziehen.[111]

Schweigen musste also weder mit Gefühlskälte einhergehen noch die politische Radikalisierung der Kinder verursachen. Nicht alle Arten des Schweigens sind giftig – nur das einseitige, aggressive Schweigen nach gescheiterter Verständigung. Nicht zu reden konnte schlicht den Familienfrieden erhalten und ablenkend wirken, wie auch die Geschichte Cordt Schnibbens zeigt, die es bis zur Titelstory des *Spiegel* brachte. Schnibbens Vater war überzeugter Nazi, Antisemit und NS-Verbrecher, was dem Sohn erst nach dessen Tod klar wurde: «Ich habe nie hart genug nachgefragt … wir rechneten mit der Generation unserer Väter ab, ohne mit unseren Vätern zu reden … Da war auch die Scheu vor der Wahrheit … jedes Treffen war ein ritualisierter Austausch von nichts.»[112]

Wie hier wurde in den meisten Familien eine tiefere Verständigung über die präzise Rolle der Älteren im Dritten Reich entweder nie versucht oder in harmloses Territorium umgeleitet. An die Stelle des Mythos von gefühlskalten Eltern und revoltierenden Söhnen tritt ein Bild, in dem beidseitig hergestelltes, selektives Schweigen die Harmonie absicherte. Insofern sind Zweifel anzumelden an Jürgen Habermas' Einschätzung aus dem Jahr 1990: «Die 68er Generation war wohl in Deutschland wirklich die erste, die sich nicht gescheut hat, face to face Erklärungen zu fordern, von den Eltern, den Älteren überhaupt, in der Familie, vor dem Fernsehschirm usw.» Zwei Jahrzehnte zuvor, als die mediale Herstellung des Generationsmythos noch nicht angelaufen war, hatte Habermas die Lage noch realistischer gesehen. «Der Protest dieser Jugendlichen aus bürgerlichen Elternhäusern scheint nicht mehr, wie seit Generationen üblich, in erster Linie ein Protest gegen die elterliche Autorität zu sein. Diese Generation ist wahrscheinlich mit mehr psychologischem Verständnis, mit einer liberaleren Erziehung und unter einer permissiveren Einstellung groß geworden als alle vorausgegangenen», schrieb er im November 1967. Er vermutete damals überdies, korrekterweise, «dass die aktiven Mitglieder der linken Studentengruppen häufiger Eltern haben, die ihre kritische Einstellung teilen und fördern».[113]

Die Generationserzählung von den Achtundsechzigern als den Vorkämpfern gegen das braune Erbe der Väter wurde von Angehörigen dieser Altersgruppen begierig aufgegriffen. Denn erst durch diese nachholende Erzählhandlung konstituierten sie sich als eine politische Generation.[114] Wie das funktionierte, zeigt etwa ein Treffen der «APO-Opas», wie sich frühere SDS-Mitglieder ironisch selbst bezeichneten, aus dem Jahr 1985. In ihrem Kreis war immer wieder die Rede vom traumatischen Vaterkonflikt, der die Söhne zu Antifaschisten gemacht habe. «Es war ja ein Aufstand gegen die Nazi-Eltern», hieß es da. Der Motor der Bewegung sei die «existentielle Empörung über den Faschismus» gewesen, deren Wurzel die «lebensgeschichtlich sedimentierten Eindrücke» der Verdrängung gewesen seien.[115] Für jene, die zu den entsprechenden Geburtsjahrgängen gehörten, war der Beitritt zur Erzählgemeinschaft der Achtundsechziger attraktiv, weil er die eigene Biographie im Rahmen der bundesrepublikanischen Geschichte sinnhaft aufwertete. Man konnte sich im Rückblick als Teil einer Bewegung feiern, die den westdeutschen Staat demokratisiert und gegen den Widerstand der Eltern mit braunen Hinterlassenschaften aufgeräumt hatte. Vor dem düsteren Hintergrund einer ewiggestrigen älteren Generation hoben sich die jungen Antinazis um so vorteilhafter ab. Weil sich dieses Narrativ verkaufte, verbreitete es sich seit den späten siebziger Jahren mithilfe der Massenmedien schnell. Die Achtundsechziger wurden zur «Generation am Tropf des Feuilletons».[116] Dabei wurden zahlreiche Verzerrungen der Perspektive in Kauf genommen: Aus wenigen tausend Aktivisten wurden Hunderttausende. Die sozialistische Linke, die in der Minderheit gewesen war, dominierte die mediale Erinnerung. Wer die kommunistische Revolution propagiert hatte, wurde als Verfechter von Liberalisierung wiederentdeckt. Männer, nicht Frauen, stellten die Helden der Erzählung. Und natürlich wurden der Generationskonflikt und die nationalsozialistische Vergangenheit zum eigentlichen Antrieb der Bewegung stilisiert.

Dabei verhielt es sich anders und, wie immer, komplizierter. Die Mehrheit der jungen Leute, die um 1968 auf die Straße gingen, wollte mehr Demokratie. Sie traten gegen autoritäre Hierarchien an den Hochschulen und autoritäre Strukturen in der Politik an, wenn sie gegen Polizeiknüppel, die Notstandsgesetze oder die Schwäche parlamentarischer Opposition zur Zeit der Großen Koalition protestierten. Aber sie waren nicht primär durch die NS-Vergangenheit oder gar durch den Wunsch nach Entlarvung der Täter motiviert. Dass der Absturz in einen neuen Faschismus unmittelbar bevorstünde, war ein Argument, das sich politisch wirksam verwenden ließ, an das aber selbst die radikaleren Aktivisten nicht vollauf glaubten. «Nicht dass wir, dass ich die Angst gehabt hätten, dass so die Nazizeit direkt vor der Tür stehe. So sah es nicht aus», erinnerte sich etwa der Vorsitzende des linken Bonner AStA von 1967, Bernhelm Booß.[117] Die allgemeine Sorge um den Erhalt der Demokratie war zentral, das konkrete Wissen über den Nationalsozialismus und braune Kontinuitäten in der westdeutschen Gesellschaft und Politik jedoch begrenzt. Die Flucht in die Theorie enthob die Wortführer der Studentenbewegung der Notwendigkeit, sich mit den konkreten Belasteten näher zu beschäftigen. Die Suche nach dem «Systemfehler» (Booß), wie sie sich in den Faschismus- und Staatsmonopolkapitalismus-Theorien ihrer Vordenker niederschlug, ermöglichte eine fortwährende Verdrängung konkreter Schuld, ob in der eigenen Familie oder darüber hinaus. Ja, mehr noch: Die in der Neuen Linken populären sozioökonomischen und sozialpsychologischen Erklärungen des Nationalsozialismus ließen die Gesichter der Opfer verblassen und führten zu einer Unterschätzung des fortdauernden Antisemitismus. Unter dem Eindruck des Sechstagekriegs 1967 fand bei einigen Leitfiguren der Revolte eine «Opfer-Rochade» statt, bei der sich die verfolgten Studenten zu Juden stilisierten und die israelischen Juden zu Nazis.[118] Während sich die Jugend aufgrund ihrer historischen Unkenntnis gegenüber den Holocaust-Opfern unsensibel verhielt, setzte sie die NS-Vergangenheit flexibel als politische Waffe gegen die «abstrakten Väter» an den Hochschulen und in der Politik ein. Oft wurden dabei autoritäre Konservative als Nazis angegriffen und belastete Liberale verschont. Die eigenen Eltern aber, wie überhaupt alle Älteren, mit denen man persönlich verbunden war, konfrontierte man so gut wie nie mit Forderungen nach der Aufarbeitung eigener Verstrickung.[119] Der Vater-Sohn-Konflikt und der biographisch begründete Antifaschismus scheiden mithin als Triebkräfte von Achtundsechzig weitgehend aus.

4 Trau keinem über 60? Die Rolle der Alten

Vor dem Eingang des Hotels Löhndorf in der Stockenstraße hatte sich eine Traube älterer und alter Damen und Herren gebildet. Sie beobachteten fasziniert den schier unendlichen Protestzug, der vor ihren Augen Richtung Hofgarten vorbeizog. Ab und an setzten sich die Demonstranten mit ihren Fahnen und Transparenten auf den Asphalt, um nach einiger Zeit weiterzuziehen. Das sei ja wohl, was die mit Sit-in meinten, kommentierte einer der alten Herren. Die neben ihm stehende Zuschauerin störte sich an «diesem Heer von roten Fahnen – soll das ein Argument für die Freiheit sein?» Eine alte Dame bemerkte erstaunt, wie viele der Demonstranten doch reife Leute seien; das hätte sie so nicht erwartet. In der Tat marschierten viele nicht mehr junge Gewerkschafter und Sozialisten, Professoren und Akademiker, 400 evangelische Pfarrer und sogar ehemalige KZ-Insassen mit.

Es war der Nachmittag des 11. Mai 1968, und 50 000 Demonstranten jeden Alters waren in Autokolonnen, Sonderzügen und Schiffskonvois nach Bonn gereist, um gegen die Notstandsgesetze zu protestieren. Diese Gesetze, die in der Bundesrepublik die Verhängung des Ausnahmezustands für den Katastrophenfall (und damit das Regieren per Erlass) ermöglichen sollten, standen kurz vor der Verabschiedung im Bundestag. Doch weil um das Parlament eine Bannmeile gezogen war, marschierte man in den Hofgarten. Dort warnten als Hauptredner die Dichter Heinrich Böll und Erich Fried, zahlreiche Professoren und einige FDP-Politiker vor der Gefahr, die die Notstandsgesetze für die noch junge westdeutsche Demokratie bedeuten könnten.

Der Bonner Sternmarsch gegen die Notstandsgesetze war der Höhepunkt und das Ende der von manchen Radikalen damals erhofften politischen Revolution. Der Marsch verlief friedlich und ohne Zwischenfälle. Der Kontrast zu den zeitgleichen Zuständen in Frankreich war krass. Dort lieferten sich seit fünf Tagen Tausende von Pariser Studenten blutige Straßenschlachten mit der Polizei. Die Studenten hatten im Quartier Latin Barrikaden errichtet, die sie mit Pflastersteinen und Molotow-Cocktails vertei-

Notstandsdemonstration in Bonn am 11. Mai 1968

digten. Die drei großen Gewerkschaften hatten sich mit den studentischen Rebellen solidarisiert und zum Generalstreik aufgerufen: Die Regierung des Staatspräsidenten de Gaulle wackelte. In der Bundesrepublik blieb es dagegen ruhig. Hatte der Bonner *General-Anzeiger* vor dem Sternmarsch noch «den heißesten Samstag nach dem Krieg» prophezeit, wiegelte er nachher ab: Außer einem Sturm auf die Würstchenbuden sei nichts gewesen. Zwischen Polizei und Demonstranten kam es diesmal nicht zu gewalttätigen Auseinandersetzungen – anders als beim Schah-Besuch vor einem Jahr und den Osterunruhen vor einem Monat, nach dem Attentat auf Rudi Dutschke. Das Bonner Bürgertum atmete erleichtert auf.[1]

Anders war es bei den linken Studenten, die nach dem Sternmarsch zusehen mussten, wie die Energie im Lager der Notstandsgegner verpuffte. Während der Bundestag ab dem 15. Mai die Notstandsverfassung in zweiter und dritter Lesung diskutierte, um sie schließlich am 30. Mai zu verabschieden, bemühten sich Studenten in allen Universitätsstädten mit Vollversammlungen, Vorlesungsstreiks, Hörsaalbesetzungen und vereinzelten Hungerstreiks immer verzweifelter, die Bevölkerung gegen die Notstandsgesetze zu mobilisieren. Vergeblich: Die Streikaufrufe verhallten ungehört. Vor den

Betriebstoren im Ruhrgebiet verjagten Arbeiter die Studenten, die sie mit Flugblättern zum Protest überreden wollten. Für den damals 34-jährigen Stahlarbeiter Friedhelm Meier waren die Studenten, die ihn am Dortmunder Werkstor in Diskussionen verwickeln wollten, überheblich und sprachen eine unverständliche Sprache: »Ein Großteil hat die Flugblätter gar nicht angenommen … Also gelesen worden sind die nicht … Was die darin geschrieben haben, war nicht nachvollziehbar … die Proletarier, da haben wir erst mal den Begriff geklärt: Was ist ein Proletarier. Wir haben uns beleidigt gefühlt.» Mit ihrer Ablehnung der studentischen Bemühungen folgten die Arbeiter dem Deutschen Gewerkschaftsbund, der sich gegen den Generalstreik ausgesprochen hatte und damit die studentisch angeführte APO hatte abblitzen lassen.[2] Auch in Bonn waren die letzten Tage vor der Verabschiedung der Notstandsgesetze von fieberhafter Aktivität geprägt. Eine zweitägige Blockade des Vorlesungsbetriebs am 29. und 30. Mai wurde von vielen Professoren und Assistenten unterstützt. Die Lehrenden im Psychologischen Institut solidarisierten sich geschlossen mit den Studenten, verlegten ihre Seminare auf andere Tage und empfahlen, statt zu studieren «die in der Universität zur Übertragung gelangende Bundestagsdebatte genau zu verfolgen».[3]

Wie die zahlreichen Hochschullehrer und -assistenten, Gewerkschafter, Pfarrer und NS-Opfer im Marsch gegen die Notstandsgesetze zeigen, bestand die außerparlamentarische Opposition um 1968 nicht nur aus Studenten und jungen Leuten. Ältere und Alte spielten damals eine Rolle – aber welche, ist nahezu unbekannt. In der Mediendiskussion wie in der Forschung wird heute so gut wie ausschließlich die Jugend betrachtet. Während sich zahlreiche Veröffentlichungen Studenten oder jungen Bohemiens widmen, interessiert die Haltung der älteren Generationen kaum, sieht man von den Professoren und Politikern ab. Die jüngste Gesamtdarstellung zur deutschen Geschichte von Ulrich Herbert beschreibt die jungen Akteure der sechziger Jahre sehr differenziert nach Geschlecht, Grad politischer Radikalisierung, Bildungsgrad, Hochschulzugehörigkeit, politischer Haltung und musikalischer Subkultur. Die Alten werden dagegen holzschnittartig mit wenigen Sätzen abgehandelt. Sie stehen pauschal für Konservatismus, NS-Belastung, Autoritarismus, Primat des Wiederaufbaus, Sparsamkeit, sexuelle Tabus, Militarismus und Staatsorientierung, ohne dass dies im Einzelnen nachgewiesen wäre.[4] Zwar war die westdeutsche Gesellschaft der sechziger Jahre jünger als heute: Fast ein Drittel der Bevölkerung war unter

Studentenstreik gegen die Notstandsgesetze vor dem Bonner Psychologischen Institut am 30. Mai 1968

20 Jahre alt, während es im Jahr 2011 nur ein Fünftel war.[5] Auch mag man die hervorgehobene Rolle der Jugend als kulturelle Avantgarde anerkennen. Gleichwohl bleibt eine große Blindstelle. Die über 60-Jährigen, wie auch die mittlere Generation der 35- bis 59-Jährigen, waren mehr als eine Negativfolie, von der sich junge Rebellen vorteilhaft abheben lassen. Wie verhielten sich die Eltern- und Großelterngeneration zur Revolte, und inwieweit entsprachen sie tatsächlich dem damaligen Feindbild eines reformfeindlichen, antidemokratischen, braunen Establishments?

Zeitgenössische Umfragen zur Reaktion auf die studentischen Osterunruhen und die Notstandsdemonstrationen im April und Mai 1968 spiegeln allesamt ein deutliches Altersgefälle. Je älter die Befragten waren, um so häufiger sahen sie die Studentenproteste als «Unfug» statt als «ernsthafte politische Meinungsäußerung».[6] Allerdings gilt es genauer hinzuschauen. Die Unterschiede zwischen den Altersgruppen waren oft nur graduell.

Direkt nach den gewalttätigen Ausschreitungen zu Ostern 1968 wurde die West-Berliner Bevölkerung nach ihrer Meinung befragt. Dabei hielten 67 Prozent der über 50-Jährigen die Proteste der Studenten für unberechtigt, doch dasselbe galt für 63 Prozent der 30- bis 50-Jährigen und 46 Prozent der 16- bis 30-Jährigen. Der Grund war Gewaltanwendung durch Demonstranten, die von 95 Prozent der alten, 94 Prozent der mittleren und 86 Prozent der jungen Generation abgelehnt wurde. Dass die Polizei mit ihren Knüppeln «angemessen» oder sogar noch «zu weich» vorgegangen sei, meinten 87 Prozent der Alten, 83 Prozent der Älteren und immerhin 67 Prozent der Jungen.[7] Es gab mithin eine große Mehrheit quer durch alle Altersgruppen, die im Frühjahr 1968 gewalttätige Krawalle fürchtete. Trotzdem hatte auch die Polizei, die damals mit dem Slogan «Dein Freund und Helfer» auf Plakaten für sich warb, an Beliebtheit eingebüßt. Sie wurde nun mit Knüppeln statt freundlicher Ordnungsmacht assoziiert. In Bonn antworteten damals auf die Frage «Woran denken Sie zuerst, wenn Sie das Wort Polizei hören?» 20 Prozent der jungen und mittleren, aber auch zwölf Prozent der alten Befragten unmittelbar mit Hinweisen auf Wasserwerfer, Schlagstöcke und Fußtritte.[8]

Die Notstandsgesetze riefen nicht nur bei Jugendlichen Unbehagen hervor. Mitte 1968 war knapp ein Drittel aller Bundesbürger gegen ein solches Gesetz. Bei den über 59-Jährigen waren es 29 Prozent, bei den unter 30-Jährigen 36 Prozent – der Unterschied war also wenig ausgeprägt. *Für* die von der Regierung vorgeschlagene Notstandsverfassung waren 39 Prozent sowohl der jungen als auch der alten Befragten und sogar 55 Prozent der Studenten.[9] Im Vorfeld des Bonner Sternmarschs im Mai 1968 befragte die Lokalzeitung einige Händler und Kaufleute am Bonner Marktplatz und fand, dass Vorbehalte gegenüber den Notstandsgesetzen auch bei den Älteren weit verbreitet waren. Der 48-jährige Markthändler Max Lüneburg kritisierte die Gesetze als unnötig und die Regierung als machthungrig, aber wollte trotzdem nicht mitmarschieren: «Es hat ja doch keinen Zweck.» Ein 41-Jähriger war ebenfalls gegen die Gesetzänderung, wollte sich aber «fernhalten, da es doch zwecklos ist». Ein 59-jähriger Radio- und Fernsehhändler wollte sich kein Urteil über die geplante Notstandsverfassung erlauben, lehnte aber generell ab, an einer Demonstration teilzunehmen: «Ich habe das bei den Nazis nicht getan und werde das auch jetzt nicht tun.»[10] Die Altersgruppen unterschieden sich weniger in ihrer Haltung zum Notstandsgesetz als in ihrer emotionalen Einstellung zur Politik. Wo die Jungen frisch drauflos politischen Wandel erzwingen wollten, hielten sich die Alten ängstlich im Hintergrund und nahmen insbesondere Gewalt auf der Straße und kommunistische Tendenzen geradezu panisch auf. Deswegen verloren die studentischen Demonstrationen bei ihnen immer stärker an Sympathien, je mehr der SDS als Meinungsführer auftrat und (wie Ostern 1968 in Berlin und im Mai 1968 in Paris) Studenten gewalttätig wurden.

In den Sprechzimmern des Bonner Instituts äußerten viele der über 60-jährigen Teilnehmer der Bolsa harte Kritik an den aufsässigen Studenten. So schimpfte der pensionierte Angestellte Till Schumann, die «Studentenkrawalle» seien «durch Kommunisten oder Nationalisten aufgewiegelt». Es gebe einfach zu viele Akademiker, und «die denken nicht mehr ans Studieren, sondern ans Krawallmachen», meinte ein 70-jähriger Facharbeiter. Ein 77-jähriger Bauaufseher bezeichnete «die Studenten, wo es die Krawalle gibt», als «eine ganz undankbare Gesellschaft – leben vom Staat und wissen gar nicht, was sie wollen». Er hob den Gegensatz zu seiner Jugendzeit hervor, als er als 13-Jähriger schon 60 Wochenstunden auf dem Bau geschuftet habe.[11] Die Ablehnung der Proteste erfolgte aber nicht reflexhaft, sondern wurde durchaus begründet. Zwei typische Fälle waren Julius Heise und Friedrich Schmiedeknecht. Heise war ein 68-jähriger, verrenteter Angestellter, der religiös war, im Ersten Weltkrieg gedient und sich nach 1945 zeitweise lokalpolitisch für die CDU engagiert hatte. Er hatte als junger Mann die Revolution von 1918/19 in Berlin erlebt, wo er sich vor «rabiaten Matrosen» «dünne gemacht» hatte, und war als unbeteiligter Passant beim Kapp-Putsch in Merseburg 1920 drei in die Menge gerichteten Schüssen entkommen. Die «Studenten von heute» konnte Heise «zum großen Teil nicht verstehen»: «Wo gabs das früher mal, dass sie den Professor ausgepfiffen haben?» Obwohl er den «Aufwand beim Schah-Besuch» kritisierte und zu bedenken gab, die militarisierte Jugend zu seiner Zeit habe «lieber Soldat gespielt, das verwerfe ich auch», lehnte er die studentische Revolte vor allem aus Furcht vor politischer Instabilität ab. Seine Hauptsorge war, «dass die Währung stabil bleibt». Die Sanierung der Staatsfinanzen sei dringend, legte er dar, und eine erneute Inflationsphase würde die gesamte Bevölkerung politisch radikalisieren: «Drei Mal Geld zu verlieren» im Leben sei doch ein «bisschen viel». Um aber wirtschaftliche Disziplin zu erzwingen, sei die «Demokratie nicht ganz das Ideale» mit ihren langwierigen Kompromissen und Aushandlungen: Es gehöre ein «bisschen Autorität dazu». Die Jugend verstehe das nicht, ja er habe das Gefühl, «dass es sie nicht drückt, wenn es dem Staat schlecht geht».[12]

Dass eine Rebellion der Jugend das Risiko von Unregierbarkeit, Hyperinflation, ja sowjetischer Invasion in sich berge, machte auch dem Maurer Friedrich Schmiedeknecht zu schaffen. Mit seinen 60 Jahren arbeitete er noch auf Baustellen im Ruhrgebiet, war aber auch im Kolpingverein und als Betriebsrat und Kassierer seiner Gewerkschaft aktiv. Er sang im Kirchenchor und ging in den katholischen Gottesdienst. Die Politik verfolgte er genau; insbesondere machten ihm der Vietnamkrieg, der Prager Frühling und die «Rassenunruhen in Amerika» Sorge. «Der Russe rückt bei der nächsten Gelegenheit in der BRD ein», meinte er, und durch Vietnam könne «die ganze Welt wieder in Aufruhr» geraten. Der größte Einschnitt seiner Biographie war der Zweite Weltkrieg, der ihn «in allem zurückgeworfen» hatte, und die Vertreibung aus der Tschechei bei Kriegsende. Danach habe er «Tag und Nacht gearbeitet», um wieder auf einen grünen Zweig zu kommen. Er wollte im Wesentlichen «Ruhe und Frieden» im Land, befürchtete aber eine «Preisspirale» und «wieder einen endlosen Kampf um Lohn- und Preissteigerungen»: «Ich möchte nicht noch mal erleben, dass ich ein drittes Mal von vorn anfangen muss mit allem, was zum Hausstand gehört.»[13]

Mit ihrer Furcht vor Bürgerkrieg, drittem Weltkrieg und Hyperinflation standen diese beiden Pensionäre nicht allein. Die Altersgruppe der über 60-Jährigen war geprägt von der Erfahrung politischer Unruhen und katastrophaler Kriegsfolgen und bereit, für wirtschaftliche und politische Stabilität einen hohen Preis zu bezahlen. Meinungsumfragen belegen, dass sich Westdeutsche über 60 Jahre deutlich stärker «durch Russland bedroht» fühlten als die unter 30-Jährigen. Sie hatten auch öfter Angst vor einem neuen Krieg (41 Prozent, verglichen mit 33 Prozent der Jungen).[14] Der Vietnamkrieg beschäftigte die alte Generation besonders. Um 1965/66 meinten mehr Alte als Junge in der Bundesrepublik, dass die Amerikaner sich besser zurückziehen sollten.[15]

An der Haltung der Studenten machte den Alten vor allem die Hinwendung zur politischen Gewalt und zu neuen, aktionistischen Protestformen Sorge. Es sei ja falsch, «wenn das Volk so leiden muss» in Persien, und die Kritik am Schah sei berechtigt, argumentierte etwa der CDU-Wähler und Schreinermeister Herr Jäger. Aber «Steine und Knüppel» sowie «Morddrohungen» seien eben das falsche Mittel: «Das Volk will diese Demonstrationen nicht» und der Polizei als Ordnungsmacht «müssten sich alle unterwerfen». Er schlug «Podiumsdiskussionen» als geeignetere Aktionsform vor.[16] Ganz ähnlich sah es Albert Wiegner, der Gewerkschafter und SPD-Mitglied war. Man solle in der Politik seinen «Mann stehen, Flugblätter verteilen, Plakate ankleben bei Wahlen», auch «mal diskutieren» und «Kritik üben», aber eben «nicht ins Uferlose diskutieren». Es gelte immer anzuerkennen, dass die Demokratie die «beste Staatsform» sei, «auch wenn sie nicht immer korrekt praktiziert wird».[17] Die Studenten seien einfach zu ungeduldig und ihre Ziele zu utopisch, gab auch ein 75-jähriger Gärtner zu bedenken: «Sie leben in einem Wahn, sie müssten die Welt verbessern, aber übers Knie lässt sich nichts brechen ... Hoffentlich geht die ganze Sache nicht schief. Es sind viele Unruheelemente unter den Studenten, 1933 fing es auch so an.»[18]

Nicht wenige schränkten ihre Kritik an den Studentenprotesten mit der Bemerkung ein, ihre Altersgruppe hätte selbst große politische Fehler begangen. Beispielsweise argumentierte der Kaufmann Siegfried Dänhardt: «Die studentischen Rädelsführer gehören eingelocht, die beflecken die ganzen Studenten.» Aber er gab auch zu: «Meine Jugend und meine Generation haben es nicht richtig gemacht, sonst wären die Nazis nicht gekommen.» Man sei selbst zu «autoritätsgläubig» und «nationalistisch» aufgewachsen, stimmten zwei andere Rentner zu.[19] «Bloßes Gehorchen ist nicht das Richtige», meinte ein Ex-Landvermesser, der eine kritische, reformorientierte Jugend begrüßte, nicht aber «Auswüchse» wie die Berliner «Krawalljugend» und Rechts- oder Linksradikale.[20] Eine Minderheit von pensionierten Arbeitern aus dem Gewerkschaftsmilieu unterstützte ausdrücklich die Studentenproteste und verteidigte die berechtigten Anliegen der Demonstranten gegen vereinzelte Krawallmacher, die ihrer Meinung nach einen falschen Eindruck verursachten.[21]

Die Alten und die Jungen unterschieden sich nicht nur in ihrer Haltung zur Politik, sondern auch in ihrer Einstellung zum Konsum. Fast einhellig kritisierten die betagten Männer und Frauen eine als übersteigert empfundene Konsumorientierung sowohl der mittleren als auch der jungen Generation in ihrer Familie. «Die Tochter braucht mehr Geld für ihren Haushalt wie meine Frau», kritisierte der frühere Werkmeister Herr Erbss.[22] Wie er lobte Hermann Weider seine Frau für ihr sparsames Wirtschaften, aber beanstandete, seine Tochter und Enkelin seien «zu freigiebig» und hätten keine Kontrolle über Anschaffungen.[23] Sparsamkeit wurde von den Bolsianern außerordentlich geschätzt, ebenso wie Bescheidenheit und Selbstversorgung im Alltag. «Ich bin mit meiner Frau sehr zufrieden, sie dreht jeden

Pfennig um ... sie nimmt nie was für sich allein ... sie spart Rabattbücher ... Sie glauben nicht, was die sich freut, wenn sie mal 'n Handtuch billiger ergattert», erzählte ein Oberhausener Arbeiter.[24] Eine 1895 geborene Hausfrau lobte ihre Tochter dafür, dass sie sich alles selbst nähe. Sie berichtete, sie selbst koche mit Gemüse aus dem eigenen Garten und bekomme Fleisch von ihrer Schwester, die noch daheim schlachte.[25] Herr Bohe plackte sich täglich mehrere Stunden im Gemüsegarten, und Herr Suhle hielt Kaninchen und Hühner: «Die legen unsere Eier.»[26] Ein 70-jähriger pensionierter Schuster stand während der Brombeerzeit bei Morgengrauen auf, um Beeren zu sammeln: 15 Pfund am Tag, anderthalb Zentner die Saison.[27] Sogar die Benutzung von Konserven war vielen alten Menschen damals noch suspekt.[28]

Die Knappheit, mit der die alte Generation aufgewachsen war, und die mehrfachen wirtschaftlichen Einbrüche durch Krieg, Flucht und Geldentwertung hatten eine tiefsitzende Ethik der Sparsamkeit befestigt. Über die Anschaffung größerer Konsumgüter berichteten die Bolsianer in ihren Bonner Sitzungen so gut wie nie. Schon eher kam es vor, dass die Rentner ihren Kindern oder Enkeln zum Auto- oder Möbelkauf einen Zuschuss gaben oder (mehr oder weniger freiwillig) deren Schulden beglichen.[29] Tätigkeiten, die Massenkonsum voraussetzten, wie etwa Shoppen oder Schallplattenhören, kamen auf der Liste der beliebtesten Freizeittätigkeiten der Alten nicht einmal vor.[30] Das einzige große Konsumziel, auf das sich die alte und die mittlere Generation einigen konnten, war der Bau eines Eigenheims. Oft mauerten Vater und Sohn nach Feierabend gemeinsam, oder erwachsene Kinder und betagte Eltern legten ihr Erspartes für den Bau zusammen.[31] Das großteils in Eigenleistung erstellte Haus war ein Lebensziel der allermeisten über 60-jährigen Interviewten.[32] Das Mantra «Schaffen, Sparen, Selbstversorgen, Häuslebauen» beschrieb die Wirtschaftsethik der von 1890 bis 1910 Geborenen ziemlich genau.

Trotz der unterschiedlichen Haltung zum Massenkonsum hatten sich die Beziehungen zwischen Rentnern und ihren Kindern in Westdeutschland «wesentlich» verbessert, seitdem 1957 die «dynamische Rente» eingeführt worden war. Dieses Wahlgeschenk Adenauers hatte die Altersarmut mit einem Schlag merklich abgebaut. Während ein pensionierter Arbeiter im Jahr 1955 nur 38 Prozent eines durchschnittlichen Arbeitereinkommens zur Verfügung hatte, erhöhte sich dies ab 1957 auf eine «Standardrente» von 60 Prozent des Durchschnittslohns, die regelmäßig aktualisiert wurde (also an die steigenden Löhne gekoppelt war). Die materielle Unabhängigkeit der älteren Generation entschärfte das Verhältnis zwischen Jung und Alt in den Familien. Wie ein Ventil ließ die dynamische Rente den Druck aus den intergenerationellen Beziehungen ab. Die Stellung der finanziell abgesicherten Älteren wurde aufgewertet, innerfamiliäre Verteilungskämpfe wurden seltener. Die Richtung der materiellen Transfers kehrte sich um, sie liefen jetzt in der Regel von Alt nach Jung. Gleichzeitig schwächte sich der Zwang zur Unterbringung und Pflege hilfsbedürftiger Eltern mit dem Ausbau der Sozialleistungen langsam ab.[33] Typisch waren jetzt gegenseitige Hilfeleistungen, die je nach Alter und Geschlecht unterschiedlicher Natur waren. Die Söhne alter Eltern übernahmen Reparaturen, Gartenarbeit, renovierten die Wohnung oder schleppten schwere Taschen die Treppen hoch. Die Töchter wuschen Gardinen, putzten das Treppenhaus und die Fenster oder erledigten Einkäufe. «Die eigentliche Domäne elterlicher Hilfeleistungen» lag dagegen «im finanziellen Bereich», wie das Bolsa-Forschungsteam feststellte: «Die Möglichkeit, den Kindern beim Bau eines Hauses, bei größeren Anschaffungen zu helfen, ihnen eine Reise zu ermöglichen oder die Enkelkinder einzukleiden», verschaffe den Alten «ein befriedigendes Gefühl von Unabhängigkeit und Stärke».[34] Selbst schlechtgestellte Witwen sparten an Heizung und Essen, um «regelmäßige Geldgeschenke» an die Enkel zu geben «zu Weihnachten und Geburtstag, bei Besuchen, guten Zeugnissen, als Beitrag für eine Anschaffung». «Weil sich in diesem Punkt die Alten häufig leistungsfähiger fühlen als je zuvor in ihrem Leben», genossen sie es, «ihrer Zuneigung auf diese Weise Ausdruck» zu geben.[35]

Für den Erhalt guter Beziehungen zwischen Großeltern, Eltern und Enkeln waren neben der dynamischen Rente zwei Aspekte zentral: die Tradition von «Intimität auf Abstand» und das neue Nachkriegsmuster der «Intimität durch Schweigen». «Intimität auf Abstand» war ein jahrhundertealtes Beziehungsmuster, dessen Dominanz von zeitgenössischen westdeutschen Sozialwissenschaftlern für die fünfziger bis achtziger Jahre immer wieder bestätigt wurde.[36] Auf Abstand intim zu sein bedeutete, dass beide Generationen auf eine eigene Wohnung und Unabhängigkeit Wert legten, aber nahe beieinander lebten und sich regelmäßig im Alltag, finanziell und emotional gegenseitig halfen. Die zunehmende Verbreitung von Telefon und Auto machten es damals immer einfacher, räumliche Entfernung, häufige Kommunikation und gefühlsmäßige Nähe zu vereinbaren.

Auch die Bolsa-Teilnehmer unterhielten enge Kontakte zur nächsten Generation, suchten aber eine Distanz, «die Selbständigkeit zulässt und trotzdem innere Verbundenheit garantiert».[37] Bei 31 Prozent der Alten lebte mindestens eines der erwachsenen Kinder im selben Haus, allerdings meist in getrenntem Haushalt. In zwei Dritteln der Fälle wohnten die Kinder innerhalb eines Radius von 100 Kilometern.[38] Eine Wohngemeinschaft mit der nächsten Generation wurde von zwei Dritteln der Alten «nachdrücklich» abgelehnt, weil man unabhängig sein, nicht zur Last fallen und nicht von den Alltagssorgen der Kinder belastet werden wollte.[39] Gleichwohl sah man sich häufig. Zwei von drei Befragten kamen mit ihren Kindern mindestens zwei Mal die Woche zusammen; weitere 17 Prozent sahen sich ein Mal pro Woche. Im Regelfall hingen die Bolsianer emotional sehr an ihren Kindern, sogar mehr noch als an ihrem Ehepartner. Nur in zwei von 222 Fällen wurde «der Kontakt zum eigenen Kind ganz oder fast aufgegeben» und «von stark unzufrieden gefärbtem emotionalen Engagement begleitet».[40] Normalerweise ging eine Sendepause weniger auf Streit denn auf Unerreichbarkeit (Kinder ausgewandert, im Ostblock oder im Gefängnis) oder eine Ehescheidung zurück, nach der ein Vater seine Kinder nicht mehr gesehen hatte.[41]

Zur «Intimität auf Abstand» trat nach 1945 «Intimität durch Schweigen»: die Bewahrung der Harmonie durch das gemeinschaftliche Beschweigen des Nationalsozialismus. Die Distanzierung von der jüngsten Vergangenheit war notwendig, um die emotionale Nähe und das einvernehmliche Zusammenleben in der Familie nicht aufs Spiel zu setzen. An diese Spielregel hielten sich die alte, mittlere und junge Generation gleichermaßen. Sie spiegelte sich auch ungebrochen in der Befragungssituation der Bonner Längsschnittstudie wider. Denn die Gesprächsleitfäden der Bolsa übersprangen das Dritte Reich und den Zweiten Weltkrieg ganz gezielt. Die Interviewer erhoben zunächst detailliert die Kindheit, Jugend und das frühe Erwachsenenalter der Befragten. Dann hieß es im Gesprächsfaden für die Versuchsleiter wörtlich: «Jetzt wollen wir aber einmal die ganze Kriegszeit und die Zeit, die dazwischen lag, übergehen. Und setzen ein bei 1948. Wie war das damals bei der Währungsreform?»[42] Die Probanden wurden daher nicht gezielt auf ihre NS-Vergangenheit angesprochen. Gleichwohl brachen sich die Erinnerungen Bahn. Krieg und Gewalt, Verstrickung und Verbrechen, Rassismus und Antisemitismus sind auf den Tonbändern und in den Notizen der Versuchsleiter präsent, selbst wenn die Bonner Psychologen dies damals nicht weiter auswerteten.

Die Versuchsleiter am Lehrstuhl Thomae sahen in den alten Damen und Herren, die ihnen begegneten, keineswegs alte Nazis. «Ich kann mich auch nicht erinnern, dass wir über einen direkt gesagt hätten, das war aber ein Nazi gewesen», meinte die Explorateurin Ingrid Tismer-Puschner. Sie fühlte sogar «fast so eine Art von Mitleid … Meine Güte, was seid ihr da reingerannt!» mit vielen Befragten, die vom Dritten Reich «mehr so die Begeisterung, was haben wir da alles gemacht und was haben wir erlebt», vermittelten.[43] Übereinstimmend konnten sich auch die Psychologen Norbert Erlemeier und Georg Rudinger auf keinen einzigen «alten Nazi» in der Bolsa-Kohorte entsinnen. Obwohl ihm die Männer «immer Kriegserlebnisse» anvertraut hätten, berichtete Erlemeier, habe er sie als ebenso stark «von der harten Nachkriegszeit, von dem Wirtschaftswunder und von dem Aufschwung nach dem Krieg» geprägt erlebt. Sein Ansatz sei gewesen, den Interviewten «ohne Vorurteile» zu begegnen.[44] Die Doktorandin Helga Merker, die die Interviews mit Erwachsenen im Alter von Mitte 30 bis Ende 50 auswertete, bestätigte: «Man hat mit der Generation meiner Eltern, von denen viele an Hitler geglaubt haben, man hat Mitleid mit denen» gehabt. Ein mit ihrer Familie befreundeter Nachbar, Träger des goldenen Parteiabzeichens, hatte sich nach Kriegsende umgebracht. Dieses Erlebnis bewirkte, dass «ich diese Generation als Opfer gesehen hab: geglaubt, betrogen, Leben zu Ende – dieser Bogen, das war in meiner Nähe halt beobachtbar».[45] In den Äußerungen der jungen Versuchsleiter schwingt viel Verständnis für die Alten mit. Wenn diese sich im Gespräch öffneten, entstand ein persönliches Verhältnis, das einer Diskreditierung entgegenwirkte. Auch in dieser Situation persönlicher Nähe außerhalb der Familie galt: Nazis waren immer nur die anderen.

Die Nachwuchspsychologen hatten ihren vorsichtigen Umgang mit der alten Generation im Elternhaus eingeübt. Norbert Erlemeiers Vater war 1898 geboren und mithin im selben Alter wie die Bolsianer, die er im Wochenrhythmus vors Mikrofon bat. Doch «ich hätte sicherlich nicht so intensiv mit meinem Vater reden können wie mit den Bolsa-Teilnehmern … Also ich hab meinen Vater nie als Nazi erlebt, ich hab ihn eigentlich nur als sorgenden Vater erlebt.» Erlemeier senior war laut Angaben seines Sohnes «zwar in der Partei, aber kein aktiver Parteigenosse» und habe als «kleiner Beamter» schon «zumindest formell Parteigenosse sein» müssen. Da der Vater nie an der Front und zu Hause «immer präsent» gewesen sei, hielt es der Sohn nicht für «so dringlich», ihn «auszuquetschen»: «Ich hab meinen

Vater nie wegen seiner Vergangenheit angeklagt.» Obgleich der Vater zuweilen antisemitische Bemerkungen über ländliche Geldleiher machte – «so dieses Klischee, die Geldjuden, die haben also viele Höfe in den Ruin getrieben» –, war das Thema NS-Vergangenheit «tabuisiert, wie häufig in den Familien damals». Konflikt gab es nur, als eine Verwandte «heiraten musste».[46] Auch in der Familie seines Kollegen Georg Rudinger, dessen Eltern ein Jahrzehnt jünger waren, gab es Streit höchstens über Geld, aber nicht über den Nationalsozialismus. «Das Naziproblem bei meinem Vater war für mich keins, der war Soldat und ist im Krieg verwundet und … nur verheizt worden. Ob der jetzt die Nazis gewählt hatte damals oder nicht, ist mir auch egal.»[47] Wir können uns kein Urteil über die Väter der Bonner Versuchsleiter anmaßen. Aber es fällt doch auf, dass ihre Kinder wenig Geschmack an Entlarvung und Konfrontation entwickelten – eine Haltung, die sich in ihrer beruflichen Tätigkeit fortsetzte.

Denn naturgemäß fanden sich unter den Bonner Studienteilnehmern viele Belastete. Die Hälfte gehörte in etwa zu den Geburtsjahrgängen 1900 bis 1910, der sogenannten Trägergeneration des Dritten Reichs.[48] Schon bei der Rekrutierung der Versuchsteilnehmer, die hauptsächlich über Kontaktpersonen in Betrieben, Sozialämtern und Wohlfahrtsverbänden lief, wurden manche der männlichen Freiwilligen als belastet ankündigt. «Lehrer a. D., z.Zt. 131er (aha)», notierte eine Betriebskrankenschwester über einen Kandidaten. Sogenannte «131er» waren Beamte, die ihre Stellung vor oder nach 1945 verloren hatten – meist durch die Entnazifizierung – und ab 1951 bevorzugt wiedereingestellt wurden, unter Bezug auf den neu ergänzten Artikel 131 des Grundgesetzes.[49] Während mancher Begegnung wurde den Interviewern schnell deutlich, dass sie es mit Nazis zu tun hatten. So notierte Georg Rudinger über die Erzählungen eines Kandidaten knapp «Geschichte seiner Naziwerdung». Bei zwei anderen hieß es sachlich: «Zwangspensionierung … wegen NS Zugehörigkeit».[50] Ein weiterer Befragter, Martin Gärtner, schwelgte derart ausführlich in Heldengeschichten aus dem Zweiten Weltkrieg, dass sein junger Zuhörer «nur mit einer gewissen Überwindung» bei der Sache blieb. Der 1904 geborene Herr Gärtner trauerte seiner «exponierten Stellung während des 3. Reiches» nach und zitierte gern Hermann Göring.[51] Ein Ex-Facharbeiter «in der Anilin» (also bei BASF) gab an, zwischen 1942 und 1944 mehrmals beruflich für einige Wochen im Lager Auschwitz gewesen zu sein, wo er «manches gehört und gesehen» habe. Der Interviewer fragte nicht nach, ja er teilte ihm sogar drei Punkte auf einer Neuner-Skala für die Daseinstechnik «aktiver Widerstand» zu, weil er sich nicht zum Parteieintritt habe drängen lassen und nur selten den Hitlergruß verwandt habe.[52] Ein offensichtlicher Nazi war auch Wilhelm Odermann, der schon im ersten Gespräch zugab, er sei ja auch beim «1000-jährigen Reich» «dabei» gewesen, deswegen von den Amerikanern bis April 1946 interniert worden und volle fünf Jahre von seiner Lehrerstelle suspendiert gewesen. Taktvoll meinte der Versuchsleiter dazu: «Es waren ja damals viele Deutsche dabei, viele Idealisten … der Führer ist eben nur ein Verbrecher gewesen.» Daraufhin stellte Odermann klar: «Ein Verbrecher, das könne man nicht sagen. Er war Österreicher, Grenzländer, hatte kein Rückgrat, war nicht wirklich deutsch.» Odermann machte auch kein Hehl daraus, dass er Israelis, Afrikaner, generell Ausländer und Kommunisten ablehne sowie FDP-Anhänger sei, machte aber nur nebulöse Andeutungen über seine Rolle vor 1945.[53]

Allerdings war die relative Offenheit, mit der die Probanden Gärtner und Odermann ihre NS-Nähe ansprachen, selten. Normalerweise gestanden die Befragten erst nach einiger Zeit und mit gesenkter Stimme, «Pg» (Parteigenosse) gewesen zu sein. Denn das Sprechen über die eigene Mitwirkung im Nationalsozialismus war mit einem wirksamen Tabu belegt – obwohl der Anteil der Ex-Nazis hoch war. Eine statistische Auswertung aller Bolsa-Interviews zeigt, dass 22 Prozent der Männer ungefragt angaben, NSDAP-Mitglied gewesen zu sein. Nimmt man jene hinzu, die von sich aus andere Belastungsmomente anführten (wie etwa die Beteiligung an Kriegsverbrechen), steigt der Anteil der Belasteten auf 27 Prozent. Dazu passt, dass immerhin 17 Prozent aus freien Stücken schwere Nachteile erwähnten, die sie nach 1945 durch die Entnazifizierung erlitten hätten. Weitere drei Prozent gaben leichte Nachteile an. Weil mehr als die Hälfte der Interviewten sich in konsequentes Schweigen hüllten, können wir darauf schließen, dass der Anteil der Belasteten vermutlich noch weit höher lag. Nur 18 Prozent beteuerten, nie «Pg» gewesen zu sein. Knapp zwölf Prozent der Männer erzählten einigermaßen glaubhafte Geschichten von Gegnerschaft oder Verfolgung. Ein Vergleich der beiden Alterskohorten – der in den 1890er Jahren Geborenen und der jüngeren, nach 1900 Geborenen – ergibt keine signifikanten Unterschiede.[54]

Es wurde in den Bonner «Explorationen» also durchaus über Verstrickung im Nationalsozialismus gesprochen. Aber dies war mit Schwierigkeiten verbunden. Den Befragten schien häufig das Vokabular zu fehlen.

Der Redefluss stockte und die Bolsianer griffen zu abstrakten Formeln, wenn es galt, ihre Karriere im Dritten Reich und den Entnazifizierungsknick zu beschreiben. Beispielsweise antwortete Paul Wiecierzki, ein 1899 geborener Chemiearbeiter, etwas wolkig auf die Frage nach dem wichtigsten Ereignis in seinem Leben: «Was soll ich da sagen. Das ist schwer, noch ein Urteil zu fällen. Ereignisse haben sich von 1933 so überstürzt. Wir haben uns treiben lassen. Man konnte die Zukunft nicht überblicken. Jeder musste sehen, dass er durchkam. Es kam der Krieg, die Nachkriegszeit. Ich hab viel mitgemacht.» Auf die nächste Frage des Versuchsleiters: «Was war das hinderlichste Ereignis in ihrem Leben?» blieb es wieder nur bei Andeutungen: «Das, was ich Ihnen erzählt habe. War damals noch jung. Ist nur durch die politische Sache flöten gegangen.» Im Betrieb seien ihm, dem Parteigenossen, nach Kriegsende andere vorgezogen worden: «Was sind da heute für Leute oben, Kommunisten, die anderen hat man nach 45 alle rausgeschmissen.» Welche konkrete Funktion Wiecierzki übernommen hatte, wurde nicht deutlich.[55] Ebenso kryptisch äußerte sich ein pensionierter Eisenbahnarbeiter: «Mitgelaufen während des Krieges. Während des Krieges lief vieles schief … Hat mich total zurückgeworfen.»[56] Bei einem Lehrer, der vor dem Entnazifizierungsgericht immerhin als Hauptschuldiger (Gruppe 1) eingestuft worden war, klang das so: «Man schlidderte in die Sache hinein, ohne es zu wissen … Man zog sich einen Schwung Feinde zu. Als der Krieg zu Ende war, bekam man das aufs Brot geschmiert.»[57] Worte wie Nazi und Entnazifizierung fehlten in diesen halbinformierenden Erzählungen ebenso wie genaue Funktionen, Ränge und Taten. So druckste etwa die ledige Ex-Lehrerin Paula Mühlberger herum:

Mühlberger: «nun kam auch noch hinzu, wird vielleicht ein besonderes Thema sein.»
Versuchsleiter: «Ja.»
M: «Ja. Ähm. Die national – äh – sozialistische Zeit.»
V: «Ja.»
M: «Da war ich in der Partei drin.»
V: «Ja.»
M: «Und besonders in der Frauenschaft.»
V: «Ja.»
M: «Und, äh, was wollte ich nun noch jetzt sagen? Wo war ich doch gerade stehen geblieben? Ja, sehen Sie. Dann hatte ich den Haushalt für Vater und diese Arbeit gemacht, und das war ja dann schon zu Ende, nicht. Das war ja dann

schon zu Ende. 47. War es ja dann schon zu Ende … Da bin ich zwei Jahre außer Dienst gewesen.»

V: «Zwei Jahre nach.»

M: «Ja. Nach 45.»

V: «Nach 45.»

M: «Ja.»

V: «45.»

M: «Ja.»

V: «45 nach Kriegsende.»

M: «Bin außer Dienst gewesen.»

V: «Ach so.»

M: «Außer Dienst gewesen.» …

V: «Ja, wie haben Sie denn damals gelebt?»

M: «Ja, wir hatten das Haus vermietet, ich hab Stunden gegeben, nicht … Hatten viele Freunde, die wir dann immer wieder – auch Kollegen – die wir, weil wir nicht die einzigsten in der Stadt waren, die, äh, außer Dienst waren.»[58]

Die soziale Schande der Entnazifizierung, die nur mit dem Deckwort «außer Dienst» etikettiert werden konnte, wirkte für diese Probandin noch nach. Ähnlich war es für den Beamten Hermann Demmer, Jahrgang 1900. In den Vierzigern war er rasant aufgestiegen bis zum Leiter einer städtischen Behörde – «das war schon etwas, ich kann Ihnen sagen». Kaum hörbar flüsterte er dann: «Auch, ich war Pg. Ich bin '52 wieder reingekommen, da hab ich schon gesagt, der Ball ist weg.» Die Suspendierung bedeutete einen unwiderruflichen Dämpfer. Amtsleiter wurde er nie wieder. Bei seiner Pensionierung war er Oberinspektor: «Ich hab da die zehn Jahre rumgemacht, hab das Höchste erreicht, was ich erreichen konnte.»[59]

Von 96 Männern berichteten 19 über Schwierigkeiten mit der Entnazifizierung. Fast alle waren auf mehrere Jahre amtsenthoben und einige, wie ein Richter und ein Polizeikommandant, frühpensioniert worden. Zwar brachten es alle zur Wiedereinstellung, spätestens seit im Mai 1951 der Grundgesetzartikel 131 griff.[60] Aber die verlorenen Jahre und die Tatsache, dass man im Rang hinuntergestuft wurde, bedeuteten einen Prestigeverlust und klare Einbußen an der Rente. Dadurch entfaltete der Entnazifizierungsprozess, so lückenhaft er war, doch dauerhafte Wirkung.[61] Beispielsweise erinnerte sich der Elektriker Christian Nitsche, der sich vom Arbeiter zum technischen Angestellten hochgearbeitet hatte: «1947 wurden alle Pgs aus dem Betrieb entlassen. Einem Bekannten machte die Frau den

Vorwurf: ‹Wenn Du was taugen tätst, wärst Du nicht entlassen› – und der Mann war tüchtig! Meine Frau sagte das nicht, sondern: ‹Das müssen wir eben jetzt gemeinsam halten.› Man wurde dann neu eingestellt, als Arbeiter, aber alte Jahre im Werk zählten nicht.»[62] Der Lehrer Gustav Crauert, der erst 1954 in die Schule zurückkam, klagte noch als 68-Jähriger voller Bitterkeit: «Durch die Erfahrungen … fühlen wir uns gewissermaßen als ‹Deutsche zweiter Klasse›. Indem man nicht mehr voll als Beamter anerkannt worden ist, und dass man damit um seine Existenz ringen muss, das zehrt an einem … Man ist immer bestrebt gewesen, den Staat zu stützen … ich bin kein Kriegsgewinnler gewesen, sondern wir haben nur geopfert! Und dann gibt es Leute, die es geschickter angefasst oder die Nase besser gehabt haben als unsereiner, und die es jetzt zu einer guten pekuniären Grundlage gebracht haben … Wenn man auch sagt: Jawohl, ihr [Nazis] habt das verloren, aber Sie müssen sich … abfinden, dann tut das weh, sehr weh!»[63]

Ein kaufmännischer Angestellter, der seine leitende Stellung verspielt hatte, sagte über seinen beruflichen Wiedereinstieg: «Es war zwar primitiv, aber es fing doch wieder an.»[64] Ein weiterer vom Dienst suspendierter Lehrer hangelte sich mit elf verschiedenen, allesamt schlecht bezahlten Berufen – vom Holzfäller zum Lageristen und Postkartenmaler – fünf Jahre lang durch.[65] Ein dritter Lehrer, der sich in der Partei und SS exponiert hatte, arbeitete als Straßenkehrer, Friedhofskastellan und in der Zuckerrübenfabrik. «Was unten war, war damals oben; was oben, unten», sagte er über das Kriegsende. Er fand sich mit seiner gekürzten Rente ab, wie auch mit der sozialen Erniedrigung durch die Entnazifizierung: «Mir ist es egal … Ich bin ja da dickfellig … Sie können sagen, ich soll hier die Stube fegen, das wird sofort gemacht, nicht.» Er wagte es in der unmittelbaren Nachkriegszeit nicht, bei Vermietern und Nachbarn für seine Interessen einzutreten, weil er «als NSDAP-Mitglied wenig Rechte» gehabt und sich ungern in der Öffentlichkeit geäußert habe. Nur habe sich seine Frau doch «etwas zu Herzen genommen», dass er «aus dem Amte geflogen» sei.[66]

Durch die jahrelange Unfähigkeit, für ihre Familie den Ernährer darzustellen, büßten viele Betroffene in den Augen von Ehefrau und Bekannten an Achtung ein. So beschrieb Hermann Demmer die Jahre nach 1945, während derer er «nur vom Schwiegervater gelebt» und keinen Pfennig verdient habe, als demütigend.[67] Die Hausfrau Marie Voigt ließ sich 1952 von einem Polizisten scheiden, über den sie schimpfte: Er «ging sofort in die SA … Er verdiente nicht viel, hielt aber die anderen frei … Nach dem Umschwung hatte er Angst und verkroch sich.» Sie hätte einen «geschäftstüchtigeren» Mann heiraten sollen, beschwerte sie sich.[68] Noch öfter als die Ehefrau waren es die Kollegen und Schulfreunde, die nun die kalte Schulter zeigten. Der Lehrer Wilhelm Odermann bemerkte über seine Wiedereinstellung 1951: «Einige Kollegen haben getan, als ob sie mich nicht sähen.»[69] Der oben zitierte Göring-Fan, Martin Gärtner, klagte darüber, «viele Freunde» hätten sich nach 1945 «schlecht geäußert über mich», nur weil er Nazi und in der Waffen-SS gewesen sei. Beleidigt erklärte er: «Freunde in der Not, gehen 100 auf ein Lot … Mit solchen Leuten will ich nichts zu tun haben.» Er sei daher «scheu geworden» und unterhalte heuer nur noch «Gelegenheitsbekanntschaften».[70] Auch der zwangspensionierte Polizeikommandant empfand die «soziale Isolierung» in seiner Kleinstadt als «schmerzhaft».[71]

Langfristige Folgen hatte das Entnazifizierungs-Intermezzo also vor allem für diejenigen, die als Schuldirektoren, hohe Polizeibeamte oder Amtsleiter weithin wahrgenommene öffentliche Funktionen ausgeübt hatten. Es waren die vergleichsweise höhergestellten und gebildeteren Teilnehmer der Bolsa, die am meisten über die Entnazifizierung redeten. Die Mehrzahl der Probanden waren aber Arbeiter, Handwerker, Facharbeiter, kleine Angestellte, Bauern und Hausfrauen mit Volksschulbildung.[72] Sie mochten durchaus Nazis gewesen sein, aber sprachen in den Bonner Interviews seltener über ihre Vergangenheit. Das lag daran, dass es für sie leichter gewesen war, durch die vielen Löcher im Netz der Entnazifizierung zu schlüpfen. Zudem waren sie auch weniger daran gewöhnt, ihre Vergangenheit wortreich zu reflektieren. Je niedriger ihr Bildungsstatus war, desto seltener erzählten die Befragten von durch die Entnazifizierung erlittenen Nachteilen.[73]

Unabhängig von Bildungsgrad und sozialem Status wussten die Ex-Nazis sehr genau, dass braun getönte Äußerungen selbst unter Altersgenossen unerwünscht waren. Nur zwei der 118 Bolsa-Männer können als bekennende Ewiggestrige eingeordnet werden. Beide eckten mit ihren Ansichten an. Die Bonner Psychologen beschrieben Martin Gärtners «Fehlangepasstheit in der Gruppe» folgendermaßen: «Teilweise bemerkt er selbst, dass er bei politischen Fragen stark vorurteilsverhaftete Anschauungen vertritt; er äußert sie aber trotzdem, indem er … erst einmal angibt, dass seine Überzeugung zwar dem Nazi-Denken entlehnt erscheine, er sie aber gleichwohl hier vortragen möchte.»[74] Über Wilhelm Odermann, der sich brüstete, er sei «nicht mitgelaufen, bin vorneweg gelaufen», schrieb der Versuchsleiter, er sei «noch stark von Vorurteilen bestimmt – gegen Amerikaner, Juden, Nasser u. a.», aber «in der Gruppe hält er sich mehr zurück».[75] Für Belastete war es untypisch, in die Offensive zu gehen. Sie setzten auf eine Doppelstrategie: Entpolitisierung und Rückzug ins Private.

Die Belasteten wandten sich von der Politik ab und schwiegen. Viele waren gebrannte Kinder, die sich nie wieder für eine Partei engagieren wollten. Manche lehnten die politischen Verhältnisse in der Bundesrepublik ab, aber wussten, dass sie zu einer kleinen Minderheit gehörten. Hermann Demmer, der das Wort «Pg» nur flüstern konnte, wetterte laut gegen jede Art parteipolitisch motivierter Beförderung und beschwor vernehmlich: «Für mich ist keine Partei das Idol – keine, ob links oder rechts.» Obwohl er zur Wahl ging und für «meine feste Partei» stimmte, stellte er resigniert fest: «Man hat auf die Dinge keinen Einfluss, darum auch keine Politik. Bin mit manchen Maßnahmen nicht einverstanden, es ist zwecklos, sich gegen die Masse zu stellen.»[76] Ein 76-jähriger Diplomingenieur bekundete, er wähle nicht immer, weil ihm die Parteien nicht gefielen: «Nicht mal durch Wahl kann man Einfluss nehmen … Radaubrüder in Berlin haben mehr Einfluss als Wähler.» Der Ex-Polizeikommandant behauptete, jedes Interesse für Politik verloren zu haben, denn er «habe keinen Einfluss auf das Geschehen, weder im Privaten noch im Allgemeinen». Ein Stahlwerks-Arbeiter meinte: «Richtig genommen soll man wählen, sonst darf man später nicht schimpfen. Aber man wird es bald leid»; er sei eben «zu oft enttäuscht worden».[77] Ein früherer Journalist betonte ebenfalls die Wahlpflicht, aber kümmerte «sich grundsätzlich nicht um Politik»: «Wenn es brenzlig wird, werde ich es schon früh genug merken.»[78]

Auch jene, die – soweit erkennbar – im Nationalsozialismus keine aktive Rolle gespielt hatten, äußerten sich im Sinne einer passiv verstandenen Bürgerpflicht. Nüchtern stellte ein Beamter fest, «es habe sich schließlich immer wieder zum Guten ausgewirkt, dass er sich niemals politisch besonders betätigt habe.» «Ich bin dafür, dass man sich keine Gedanken machen soll», sagte ein pensionierter Werksprüfer; schließlich «haben [wir] ein gewähltes Parlament».[79] Man war zur Demokratie konvertiert, aber ohne Enthusiasmus. Das Bolsa-Team schloss aus den erhobenen Daten: «Die Aktivität der meisten ging über ein oberflächliches Bestreben nach Information und die Ausübung des Wahlrechts nicht hinaus.» Zwar seien die Männer im Durchschnitt politisch etwas interessierter als die Frauen, ihr Interesse könne «insgesamt aber auch nur als knapp mittelmäßig» bezeichnet werden. Selbst die eifrigsten Vereinsmeier, die in Gesangs-, Karnevals- und Schützenvereinen vorneweg marschierten, zeigten wenig kommunales oder politisches Engagement.[80] Allerdings gab es klare Unterschiede zwischen den Männern, die von der Entnazifizierung nach eigenen Angaben schwer getroffen worden waren, und jenen, die keine Nachteile erwähnten. Von den Entnazifizierungsgeschädigten engagierte sich kein Einziger irgendwo auf kommunaler oder politischer Ebene. Es blieb beim Urnengang oder der rein formellen Zugehörigkeit zu einer Organisation. Dagegen konnten immerhin sieben Prozent der anderen (deutlich weniger gebildeten) Gruppe auf eine regelmäßige Mitarbeit in kommunalen oder politischen Gruppen verweisen.[81]

Dem Rückzug aus Politik und Öffentlichkeit entsprach eine gesteigerte Aktivität im privaten Bereich. So führte eine NS-Belastung des Großvaters oft nicht zu Konflikt, sondern im Gegenteil zu größerer Nähe zwischen den familiären Generationen. Beispielsweise schrieb Karl-Georg Tismer über den Lehrer Gustav Crauert: «Herrn Cs. Leben ist in besonderer Weise auf seine Kinder und Enkel, aber auch auf seine Frau bezogen … Nach der Rückkehr aus dem Zweiten Weltkrieg … wurde [er] als ehemaliges Mitglied der NSDAP vom Schuldienst suspendiert. Dadurch sah er sich neben der sozialen Diskriminierung und dem äußeren Prestigeverlust erheblichen wirtschaftlichen Schwierigkeiten ausgesetzt, ein Zustand, der bis um das Jahr 1955 andauerte, aber auch danach ständig eine Rolle spielte. Auf diesem Hintergrund entwickelte sich bei ihm innerhalb der letzten zwanzig Jahre eine von Ressentiments und Vorurteilen gekennzeichnete Grundhaltung … Stabilisierend wirkt … die Identifikation mit den Kindern und Enkeln, d. h. das Erzielen von Genugtuung und Glück durch deren Erfolge.»[82] Ein Lohnbuchhalter, der seine beiden Parteieintritte – 1933 in die SPD, 1941 in die NSDAP – als seine größten Fehler bezeichnete, brachte es auf den Punkt: «Das war '45 das große Manko. Ich musste wieder von vorne anfangen … 1946 habe ich dann mit allem Schluss gemacht und lebe nur noch der Familie.»[83]

Bei aller familiären Nähe können wir doch davon ausgehen, dass zwischen den drei Generationen selten oder gar nicht über die Vergangenheit der Eltern im Dritten Reich gesprochen wurde. Der Wortschatz war begrenzt, und der Wunsch nach offener Aussprache kaum vorhanden. Aus den Familien der Bolsa-Studie ist kein einziger Fall überliefert, in dem die Alten über Gespräche zum Thema Nationalsozialismus berichteten. Ja, nur einer von 118 Männern erwähnte, dass er sich mit seinen Kindern gelegentlich über Politik unterhalte.[84] Kritik an der politischen Orientierung der Söhne oder Töchter wurde von den 222 Bolsianern nur ein einziges Mal geäußert. Und zwar verwickelte Wilhelm Odermann, der streitbare Nazi, sich mit seiner Tochter in zumindest politisch getönte Auseinandersetzungen. Über die 39-Jährige, die im selben Haus, aber in getrenntem Haushalt, lebte, erzählte er: «Sie hat ein Zimmer an einen jordanischen Studenten vermietet, und da bin ich dagegen. Der Mann ist zwar intelligent und so weit in Ordnung; er leitet auch die jordanische Studentengruppe in X. Aber letztlich ist er doch ein typischer Levantiner, und für diese Menschen habe ich nun einmal nichts übrig.» Hier stritten sich also Vater und Tochter über den Rassismus des Vaters. Allerdings ist nicht gesichert, ob sie jemals über die NS-Vergangenheit sprachen. Denn das Verhältnis zur Tochter war schon lange angespannt, seitdem der Vater die Partnerwahl der Tochter bekrittelt hatte. «Der Mann hat nichts getaugt», monierte er. Der Schwiegersohn habe getrunken, sei fremdgegangen und habe zu viel Geld ausgegeben. Die jahrelangen Auseinandersetzungen drehten sich daher wesentlich um Partnerwahl und Finanzen.[85] Dieses Muster war typisch. In den wenigen Bolsa-Familien, in denen das Verhältnis zwischen alten Eltern und ihren Kindern angespannt war, ging es um Partnerwahl, Heiratsalter und Berufswahl – mithin um den Grad der Selbständigkeit und den Zeitpunkt wichtiger Lebensentscheidungen der Jüngeren. Politischer Streit spielte keine Rolle.[86]

Missstimmungen konnten auch der Kluft zwischen Werthaltungen in der Enkel- und der Großelterngeneration geschuldet sein, aber sie führten nur selten zu offenem Streit. Immerhin 40 Prozent der Bolsianer äußerten ansatzweise Kritik am Verhalten ihrer Enkel, aber sie verzichteten meist auf Einmischung, um ihren erwachsenen Kindern nicht hineinzureden und den Frieden zu erhalten.[87] Wie sehr der Erziehungsstil von Großeltern und Eltern auseinanderklaffte, zeigt sich an einer Umfrage von 1971. Eine «antiautoritäre Erziehung» befürworteten damals ein knappes Drittel der unter 30-Jährigen, ein Fünftel der 30- bis 44-Jährigen, ein Siebtel der 45- bis 59-Jährigen, aber nur ein Zwölftel der Befragten ab 60.[88]

Viele in der mittleren Altersgruppe – also der Elterngeneration der Achtundsechziger – hielten die Großeltern für «intolerant» und aus der Zeit gefallen. Die 45-jährige Frau Seifert, in deren Haus drei Generationen zusammenlebten, fand es ein «großes Hindernis», dass «die Großeltern sehr starr sind».[89] Das Problem mit den über 60-Jährigen sei, überlegte ihr

Altersgenosse Herr Urban, dass «ihre früheste Jugend in der Kaiserzeit begonnen» habe und sie die damaligen «streng obrigkeitsstaatlichen, sehr traditionellen Vorstellungen» nie überwunden hätten. «Für die bedeutet der Umbruch jetzt im Grunde genommen das nachgeholte 1918», spekulierte er mit Bezug auf die Studentenunruhen.[90] «Weil sie eben aus einer völlig anderen Welt kommen», einer Welt voller «autoritären Praktiken», kämen die Alten nicht mehr mit, meinte auch ein 38-Jähriger.[91]

Während der Hochphase der westdeutschen Studentenproteste, zwischen Mai 1967 und August 1968, waren sechs Studentinnen im Köln-Bonner Raum ausgeschwärmt, um für die Doktorarbeit Helga Merkers 120 Erwachsene der Geburtsjahrgänge 1909 bis 1934 zu befragen. Die Interviewten waren nicht mit den Studienteilnehmern der Bolsa verwandt, aber saßen vor denselben Mikrofonen und beantworteten dieselben Fragen: Was hielten sie von der jetzigen Jugend, und wie unterschied sich ihre Jugend von der heutigen? Naturgemäß nahmen die Erwachsenen mittleren Alters häufig auf die sich gerade entfaltenden Studentenunruhen Bezug, aber sie beschrieben auch detailliert ihre eigene, vermittelnde Position zwischen den Alten und Jungen. Die meisten betonten ihr Verständnis für die unruhige Jugend und grenzten sich deutlich von den über 60-Jährigen ab. Ein Gutteil definierte sich selbst erstaunlich klar als Angehörige einer Generation, die wir heute als «Flakhelfer-», «skeptische» oder «Fünfundvierziger-Generation» verstehen. Dabei handelt es sich um diejenigen, die als Jugendliche vom Nationalsozialismus beeinflusst worden waren, aber bei Kriegsende noch jung genug waren, um eine aufrichtige politische Wende zur Demokratie zu vollziehen und damit in der Nachkriegsgesellschaft Karriere zu machen.[92] Von den 50 erhaltenen Gesprächen mit Männern mittleren Alters lassen sich 16, also ein Drittel, als Fünfundvierziger einordnen. Sie beschrieben ihre jugendliche Prägung unter dem NS-Regime (sei es in der Hitlerjugend oder an der Front) negativ, setzten sich offensiv vom Autoritarismus der Alten ab und begrüßten das Freiheitsstreben oder politische Engagement des Nachwuchses. Die befragten Frauen äußerten sich generell seltener über Politik, aber auch hier stellten sich fünf von 39 als Fünfundvierziger dar. Rechtsgerichtete mittleren Alters, die NS-nahe Werte verteidigten und die APO stark kritisierten, fanden sich mit vier Männern und vier Frauen unter den 89 überlieferten Antworten deutlich seltener.[93]

Der Fünfundvierziger-Gruppe war eigen, dass sie sich vom NS-Regime um ihre Jugend betrogen fühlte und ihre kindliche Begeisterung für Hitler und den Krieg zu bereuen gelernt hatte. Deswegen verteidigte sie tendenziell das Recht der studentischen Jugend auf Kritik, lehnte die Proteste aber an dem Punkt ab, wo sie in utopisches Denken und gewalttätige Aktionen umschlugen. Viel deutlicher als bei den Alten wurde das Erbe des Dritten Reichs verurteilt. Der 42-jährige Herr Russ beispielsweise verwarf die «verlogene Pfadfinderromantik», die «Blut- und Bodenliteratur», die «Weltabgeschlossenheit», die «Grundlagen des Rassismus», die «martialischen Leitbilder», das «Führen mit Befehlen» und den «Kadavergehorsam» der NS-Zeit. Vor diesem Hintergrund kritisierte er die Alten, weil bei ihnen jeder «Übermut der Jugend schon als Volksverhetzung ausgelegt» und «alles was anders ist als früher abgelehnt» werde. Die jetzigen Jugendproteste waren Herrn Russ als Ausdruck des Strebens nach individueller Freiheit und Kritik polizeilicher Übergriffe durchaus sympathisch.[94] Ähnlich dachte Herr Kaym: Den in Unfreiheit aufgewachsenen Großeltern erscheine es schon «abnorm», wenn die Jugend nur «ihre eigene Meinung vertreten» wolle. «Es ist für die breite Masse bestimmt schwer zu verstehen, dass, wenn auf den Dutschke ein Anschlag verübt wird, dass dann eine Stunde später Studentenmassen gegen das Springerhaus marschieren und demonstrieren ... Also kritisieren muss ich ja die Form, in der solche Aktionen laufen ... [aber] wenn die da keinen schädigen und kein Privateigentum angreifen, akzeptiere ich das ohne Weiteres, denn viele Gründe sind bestimmt berechtigt, nur die Form. Die Schuld ist bestimmt nicht nur bei den Studenten zu suchen ... ich bewundere eigentlich ihre Aktivität.»[95] Eine Sportlehrerin plädierte dafür, dass sich auch die alten Leute mit «der allgemeinen Protestwelle, die läuft» konstruktiver auseinandersetzen müssten: «Warum revoltiert denn im Augenblick die Jugend gegen diese Demokratie? Weil sie ihnen einfach zu starr ist, zu wenig Bewegung hat ... Es tut sich ja auch nichts, wenn man starr bleibt, nicht.» Sie erzählte von einem Sitzstreik ihrer Schülerinnen vorige Woche: «und zwar machte ich mit der Obersekunda die Technik des Rollsprungs ... und meine Schülerinnen setzten sich in die Halle und sagten: nee, wir machen nicht mehr mit! Schon wieder Hochsprung!» Was auf sie «im ersten Moment schockierend» wirkte, ließ sich nach einer Diskussion im Kompromiss lösen.[96] Diese relative Aufgeschlossenheit gegenüber den Jugendprotesten fand sich bei einem Teil – etwa einem Drittel – der Elterngeneration, während die meisten Mittdreißiger bis Mittfünfziger lavierten oder desinteressiert reagierten und eine kleine Minderheit harsche Ablehnung formulierte.

Die mittlere Generation kritisierte die Alten als zu autoritär und starr, aber die Jugend als zu ungeduldig und radikal. Sie nahm in vielfacher Hinsicht eine Übergangsposition zwischen den Altersgruppen der Achtundsechziger und ihrer von Wilhelminismus und Nationalsozialismus geprägten Großeltern ein. Daher wird verständlich, dass sich bald nach den Protesten der späten sechziger Jahre in vielen Bereichen reformerische Allianzen aus mittelalten und jugendlichen Erwachsenen bilden konnten, die für einen beschleunigten Abbau von Hierarchien und traditionellen Autoritäten sorgten.[97] Die alte Generation der über 60-Jährigen war zu solchen Kompromissen überwiegend nicht bereit. Sie hielt noch an der Vorkriegsethik der Knappheit fest und lehnte – bei aller politischen Kritik am Vietnamkrieg oder den Notstandsgesetzen – aus Angst vor politischer Instabilität die Revolte, mit ihren gewalttätigen oder ungewohnten Protestformen und utopischen Zielen, weit überwiegend ab. Viele der über 60-Jährigen waren zudem vergangenheitspolitisch belastet, doch die allerwenigsten bekannten sich nach wie vor zum Nationalsozialismus. Die Entnazifizierung der Nachkriegszeit war zwar auf wenige Jahre begrenzt gewesen, doch wirkte sie durch gesellschaftlichen Prestigeverlust, Karriereblockaden und gekürzte Renten noch bis in die Gegenwart nach. Ewiggestrige waren auch in der Großelterngeneration gesellschaftlich geächtet. Auf diese Situation reagierten fast alle Ex-Nazis mit Resignation und einer Wendung ins Private und Familiäre. Denn private Konflikte zwischen den drei Generationen waren eher selten und ihrer Natur nach unpolitisch. Wo es Streit gab, hatte dieser weniger mit der NS-Vergangenheit zu tun und mehr mit Partnerwahl, Heiratsalter und Berufsentscheidungen. Das gemeinschaftliche Beschweigen und Verzuckern der jüngsten Vergangenheit ging quer durch alle sozialen und Bildungsschichten.[98] Für das Schweigen sprachen funktionale wie emotionale Gründe. Allen drei familiären Altersgruppen lag daran, den Kontakt zu halten, die finanziellen Transfers von Alt nach Jung weiterfließen zu lassen, den anderen nicht zu verletzen und an seine Integrität zu glauben. «Intimität durch Schweigen» hielt die Beziehungen aufrecht, ohne sie zu vergiften.

Das Verhältnis zwischen den Generationen war mithin weit entspannter, als es der Achtundsechziger-Slogan «Trau keinem über 30» vermuten lässt. Diesen Spruch hielten im Jahr 1975 übrigens ganze 70 Prozent aller westdeutschen Jugendlichen – und sogar 89 Prozent derjenigen mit Hochschulbildung – für falsch.[99] Sie reagierten damit auf die vermittelnde Rolle der

Eltern zwischen Großeltern und Jugend, aber auch auf das breite Spektrum politischer Haltungen im Lager der Älteren. Es gilt, die plakative Engführung auf «die Alten» im Konflikt mit «der Jugend» zu überwinden. Zum einen waren um 1968 mindestens drei Generationen präsent, wobei die Erwachsenen mittleren Alters vielfach Brücken zwischen Alten und Jungen schlugen. Zum anderen gehörte eine Minderheit der über 60-Jährigen zum linken Milieu und trug die Proteste mit, insbesondere wo sie sich gegen die Notstandsgesetze und den Vietnamkrieg richteten. Die Mehrheit der Großelterngeneration nahm allerdings tatsächlich autoritäre und konsumkritische Haltungen ein. Bei vielen saß die Furcht vor Krieg, Inflation, Kommunismus und politischer Gewalt so tief, dass öffentliche Protestdemonstrationen jeder Art heftige Ablehnung hervorriefen.

5 Achtundsechzig war weiblich

Als Professor Dr. Dr. Kölbel am Donnerstag, 24. Juni 1971, in sein Seminar an der Bonner Pädagogischen Hochschule eilte, bemerkte er schon beim Eintreten die veränderte Atmosphäre. Die Seminargruppe schien etwas größer als sonst. Noch mehr Studentinnen als üblich hatten diesmal ihr Strickzeug dabei, was ihn wunderte. Sie ließen die Nadeln, es schien ihm fast schon demonstrativ, eifrig klappern. Ohne dies weiter zu beachten, begann Kölbel wie stets über sein Thema, die Mädchenerziehung, zu dozieren. Mädchen seien durch ihre emotionale Struktur für den «natürlichen Lebensbereich» der Familie prädestiniert, lehrte er. «So entspricht eine bevorzugte Ausbildung des weiblichen Geschlechts für das Haus- und Familienleben», las er vom Blatt ab, «noch weithin den Bedürfnissen unserer Gesellschaft.» Weibliche Geschlechtstugenden könnten sich erst in der Ehe entfalten, denn «eine Jungfrau, die die Macht des Mannes noch nicht erfahren hat, ist sozusagen ein Neutrum.» Hatte er da ein unruhiges Murren im Raum gehört? Kölbel schaute sich um, fuhr aber mit einer rhetorischen Frage fort: «Warum soll ein Mädchen in seinen besten Jahren, also im Alter von 19 bis 20 Jahren, ihre Zeit durch wissenschaftliches Arbeiten vertun, wenn sie in dieser Zeit am leichtesten Kinder gebären könnte?» Zum Erstaunen des Professors stand auf seine Frage hin eine langhaarige Studentin in der ersten Reihe auf und verteilte ein Flugblatt im Raum, das zur «Vorlesungskritik» aufforderte. Auf welche psychologischen, soziologischen oder pädagogischen Forschungsergebnisse er sich beziehe, wollte sie dann wissen. Eine andere Teilnehmerin sprang ihr bei: Er glorifiziere doch die Mutterschaft als Bestimmung der Frau, so wie das früher die Nazis getan hätten! Das Klappern der Stricknadeln war verstummt. Immer mehr Studentinnen forderten nun eine Diskussion. Kölbel fühlte sich überrumpelt. Er griff seine Aktentasche, verkündete, das Seminar sei zu Ende, und verließ den Raum. Zum ersten Mal hatten die Frauen im Bonner «Arbeitskreis Emanzipation» eine Lehrveranstaltung gesprengt.[1]

Dabei gab es den «Arbeitskreis Emanzipation», kurz AKE, schon seit einigen Jahren. Schon 1967 hatte sich ein Diskussionszirkel von einem halben Dutzend Studentinnen gebildet. Diese Frauen hatten sich ursprünglich in einer Schulungsgruppe des Bonner SDS über das Marx'sche «Kapital» getroffen. Dort «haben wir sehr schnell festgestellt, als Studentinnen, dass wir eben nicht so ernst genommen wurden, und salopp gesagt, dass wir nur gut waren fürs Kaffeekochen und Flugblätter-Tippen», erinnerte sich eine von ihnen, Florence Hervé. Das «Unbehagen» daran brachte die SDS-Frauen dazu, «uns als Studentinnen zusammenzusetzen». Nun traf man sich in Privatwohnungen und las gemeinsam Simone de Beauvoirs «Das andere Geschlecht». Das Buch war «ein Aha-Erlebnis» für Hervé: «Ich fühlte mich ernst genommen in meiner privaten, sehr komplizierten Situation» und verstand, dass «mein Unbehagen eigentlich gesellschaftlich bedingt war». Danach diskutierte die Frauenrunde August Bebels Klassiker «Die Frau und der Sozialismus» und Clara Zetkins Schriften zur Frauenfrage.[2] Im April 1969 beschloss man, der Theorie die politische Praxis folgen zu lassen, gab sich einen Namen und wählte einen Koordinierungsausschuss. Hervé erklärte damals: «Wir arbeiten an der Emanzipation der Frau, und wir wollen das nicht in Frontstellung zu den Männern tun, sondern zusammen mit ihnen oder doch mit den Fortschrittlicheren unter ihnen.» Sie sprach damals für etwa 30 Mitglieder, von denen ein Drittel Hausfrauen und Berufstätige, der Rest Studentinnen aller Fachrichtungen waren.[3]

Eine der ersten Aktionen des Arbeitskreises war ein Flugblatt, das den Bonner Studentinnen vorrechnete, wie schlecht es um ihre Karriereaussichten bestellt war. Frauen stellten an der Bonner Universität ein Viertel der Studenten, aber nur 11 Prozent der Assistenten und 0,6 Prozent der Professoren. Nur jede sechste Studentin schaffte es bis zum bestandenen Examen. Acht von zehn Professoren waren der Meinung, ihre Studentinnen hegten keine ernsthaften Studienabsichten und wollten «sowieso heiraten». Und habe eine Frau einmal geheiratet, so seien die wenigsten Ehemänner bereit, bei der Hausarbeit und Kinderbetreuung zu helfen. «Erwarten Sie nicht, dass sich die Verhältnisse von selbst ändern», appellierte das Flugblatt an seine Leserinnen. «Nur durch Demokratisierung der Universität kann eine Gleichstellung der Studentinnen … erreicht werden.»[4]

Allerdings erwies es sich als schwieriger als gedacht, die Solidarität der männlichen Kommilitonen zu gewinnen. Das erlebte der Arbeitskreis, als er seine Ziele in der Bonner Studentenzeitung vorzustellen suchte. Im November 1969 lud die (damals von einem konservativen AStA besetzte) *akut*-

Ausblick auf den Heer-Prozeß

PROSTITUTION unter'm PHALLUS GALGEN

100 000 DM WEG?

akut

Nachrichtenblatt der Bonner Studentenschaft

56

KRIEG-s FORSCHUNG IN DER UNI?

Sind unsere Wissenschaftler korrumpiert? Haben Militär, Großfinanz- und Industriemonopole die Finger in unseren Universitäten und Forschungsinstituten? Wird unter dem Deckmantel wissenschaftlicher Akribie der nächste Krieg

HANNES HEER GEFEUERT

Parlamentarischer STRIPTEASE

Ankündigung des Berichts über den Arbeitskreis Emanzipation in der Studentenzeitschrift *akut* am 7. November 1969

Redaktion zwei AKE-Mitstreiterinnen zum Interview ein. Neben Florence Hervé folgte die Psychologiestudentin Ursula-Regine Teiner der Einladung, nur um von den Redakteuren Gerd Langguth und Thomas G. Vetterlein mit der überraschten Bemerkung begrüßt zu werden, sie sähen ja gar nicht wie die erwarteten «alten Schachteln» und «Suffragetten» aus. Für den Bericht über den Arbeitskreis dachte sich die Redaktion etwas Besonderes aus. Als Umrahmung diente die Schlagzeile «Prostitution unter'm Phallus Galgen» und ein Foto einer nackten Frau, bäuchlings im Bett liegend mit einem schwarzen Kater auf den Beinen. Der Vorspann spottete süffisant, die Frauen wollten «nie mehr Prostitution unterm Phallus-Galgen: hinein in die zukunftsträchtigen technischen Positionen!» Auf der Titelseite wurde der Beitrag reißerisch angekündigt. «Oben ohne macht frei – Emanzipation heute», hieß es da neben einem Bild sieben barbusiger junger Frauen in einem Hamburger Gerichtssaal. Einen inhaltlichen Zusammenhang mit dem Artikel über den AKE konnte an den Haaren herbeiziehen, wer wollte.[5] Als die Arbeitskreis-Frauen «wirklich sehr verärgert» (Hervé) gegen die abenteuerlichen Schlagzeilen und die Sexbildchen protestierten, setzte die *akut* in der übernächsten Nummer noch einen drauf. Die «erfrischend unzüchtigen Karikaturen» seien doch wirksame Werbeträger für die Sache der Gleichberechtigung gewesen. Die «übersensible Reaktion» des AKE sei «ein typisches Beispiel für die Schizophrenie der linken Kritik» an der ins bürgerliche Lager übergegangenen Studentenzeitung. Den AKE-Sprecherinnen, die Richtigstellung verlangt hatten, wurden einige Spalten auf Seite 3 eingeräumt. Dort schrieben Teiner und Hervé, dass «die ausschließlich sexuelle Emanzipation lediglich als Ablenkung von der eigentlichen, allseitigen Emanzipation» überbetont werde, und dass der Arbeitskreis eben nicht zum Kampf gegen die Männer aufgerufen habe. Doch erneut illustrierte das Blatt ihre Ausführungen mit einem suggestiven Foto: Eine nackte junge Frau biss in den Arm eines Mannes. Unterzeile: «Aufgebrachte AKE-Mitarbeiterin lässt ihren Unmut über *akut*-Berichterstattung an *akut*-Redakteur Leopold Lama aus.»[6]

Die Studentinnen des AKE-Kreises waren nicht die Einzigen, die sich in Bonn um 1968 für die Gleichberechtigung der Geschlechter engagierten. Im Dezember 1967 hatte sich der «Montag-Club für politische und gesellschaftliche Kontakte» konstituiert. Im Vorstand waren «die attraktive SPD-Bundestagsabgeordnete Annemarie Renger und Hannelore Fuchs», wie der Bonner *General-Anzeiger* wusste. Die bis zu 400 Mitglieder des Clubs, neun Zehntel von ihnen weiblich, dachten gemäßigt feministisch. Ihre Ziele, die Überwindung von Rollenklischees und eine stärkere Vertretung von Frauen in der Politik, wollten sie auf dem Wege der Aufklärung und der parlamentarischen Reform erreichen – in enger Zusammenarbeit mit den Parteien, vor allem der SPD. Die Hauptinitiatorin Hannelore Fuchs war damals Ende 30, ausgebildete Journalistin, Hausfrau und Mutter. Sie sollte es später bis zur Frauenreferentin im Parteivorstand der SPD bringen. An jedem ersten Montag im Monat trafen sich nun im «Montag-Club» vor allem bildungsbürgerliche Frauen aus Parlament, Ministerien und Medien, um eingeladenen Referenten zuzuhören und Kontakte zu knüpfen. Vor den Bonner Damen sprachen SPD-Politiker wie Helmut Schmidt und Gerhard Jahn, Journalisten wie Rolf Zundel, Werner Höfer und Klaus Mehnert, Sozialpsychologen wie Walter Jaide, Ursula Lehr und Ingrid Tismer-Puschner. Die beiden Letzteren waren Mitglieder des Bonner Bolsa-Forschungsteams.[7] Der «Montag-Club» verstand sich als liberal und demokratisch und grenzte sich offensiv vom Kommunismus ab. Deswegen kam es im Mai 1970 zum offenen Konflikt mit Hervés «Arbeitskreis Emanzipation», der den Montagsfrauen vorwarf, einen «von oben verordneten Antikommunismus» zu verfolgen und damit Frauen gezielt «politisch unmündig zu halten». Denn die AKE-Frauen verstanden sich als Teil der Neuen Linken und wollten neben der feministischen auch die sozialistische Revolution.[8] Damit spiegelte sich die traditionelle Spaltung der deutschen Frauenbewegung in einen bürgerlichen und einen radikalen Flügel direkt im Bonner Lokalgeschehen der späten sechziger Jahre wider. Es war vor allem der radikale, sozialistische Flügel, der mit seinen gewagten privaten Experimenten und provokativen Aktionsformen in der Folge große gesellschaftliche Wirkung entfalten würde.

Der Arbeitskreis Emanzipation ist heute so gut wie vergessen, ebenso wie der reformerische Montag-Club. Als das Bonner Stadtmuseum zum 40. Jahrestag von 1968 eine Ausstellung mit Begleitprogramm und Katalog organisierte, wurden die beiden Frauengruppen nicht einmal erwähnt. Keine der Gründerinnen war von dem Museumsmitarbeiter aufgesucht worden, der mit Dutzenden damaliger Studenten Interviews geführt und die Ausstellung konzipiert hatte. Florence Hervé schrieb damals an das Stadtmuseum, sie hätte es «schade» gefunden, dass «ein Aspekt des Engagements nicht berücksichtigt wurde», zumal der Bonner Arbeitskreis doch «eine der ersten Gruppen der neuen Frauenbewegung, neben Berlin und Frankfurt», gewesen sei.[9] Die Erinnerung an das weibliche 1968 war längst in eine Nische abgedrängt worden und fand nur noch in den Publikationen der Universitäts-Gleichstellungsbeauftragten und der lokalen Frauenhistorie statt.[10]

Was für die Geschichte des weiblichen Achtundsechzig in Bonn gilt, gilt auch bundesweit. Der feministische Teil der Studentenproteste wird geringgeschätzt und als Nebenaspekt des politischen, männlichen Achtundsechzig betrachtet. Unsere Bücher über Achtundsechzig zeigen auf dem Umschlag junge Männer, allen voran Rudi Dutschke, Daniel Cohn-Bendit, Fritz Teufel und Rainer Langhans.[11] Auch die Talkshows und Zeitungsinterviews präsentieren fast ausschließlich männliche Veteranen, die die Geschichte ihrer eigenen Generation kommentieren. Wie die *akut*-Redakteure von damals drängen die Historiker von heute die Frauenbewegung an die Ränder ab. Dabei fällt besonders der Widerspruch zwischen der positiven Bewertung der Frauenbewegung und der fehlenden Beschäftigung mit ihr ins Auge. Es ist die Rede von der «unleugbaren Erfolgsbilanz», ja dem «säkularen Siegeszug der weiblichen Emanzipation» (Hans-Ulrich Wehler), der die Gesellschaft tiefgreifend verändert habe. Gleichwohl konzentrieren sich die Darstellungen der Epoche fast ausschließlich auf die APO, den SDS und die Kritik der Söhne an den Vätern. Beispielsweise räumt Ulrich Herberts Gesamtdarstellung der deutschen Geschichte im 20. Jahrhundert ein, dass von allen sozialen Bewegungen der Zeit die «wichtigste zweifellos die feministische Bewegung war», um sie in der Folge fast vollständig zu übergehen. Eckart Conzes Geschichte der Bundesrepublik widmet dem Thema ganze drei von fast 1000 Seiten.[12] Die Marginalisierung des weiblichen Achtundsechzig trifft auch auf Gesamteuropa, die USA und Mexiko zu. Überall wird die Revolte aus einer männlichen Perspektive betrachtet, die weibliche Schlüsselfiguren, das Private und den Kampf gegen das Patriarchat aus dem Geschehen herausdefiniert. Die internationalen Varianten von Achtundsechzig sind «Gruppenbilder ohne Damen».[13] Dass immerhin ein Viertel der SDS-Mitglieder weiblich war, wirkt deshalb auf heutige Betrachter überraschend.[14]

Warum fehlen die Frauen in unserem Bild von Achtundsechzig? Darauf gibt es mehrere Antworten. Eine lautet: weil sich die weibliche Revolte hauptsächlich in der privaten Sphäre zutrug. Eine andere: weil die neue Frauenbewegung oft auf Fragen der sexuellen Autonomie von Frauen, insbesondere der Abtreibung und Vergewaltigung, reduziert wurde. Eine dritte: weil viele der führenden Frauen nicht das Scheinwerferlicht suchten. Weithin bekannte Wortführerinnen traten erst spät hervor, so Alice Schwarzer mit ihrer Zeitschriftenaktion «Ich habe abgetrieben» aus dem Jahr 1971. Es gab neben Schwarzer damals kaum Journalistinnen, die das Protestgeschehen für die Medien aufbereiten konnten. Sogar die beiden SDS-Frauen, die im September 1968 auf einem Frankfurter SDS-Kongress den Kampf um Gleichberechtigung mit einer beherzten Rede und anschließenden Tomatenwürfen angekündigt hatten – Helke Sander und Sigrid Damm-Rüger –, blieben vergleichsweise unbekannt. Sigrid Damm-Rüger hielt sich mit medialen Auftritten so sehr zurück, dass ihre Tochter Dorothee erst am Tag ihrer Beerdigung von der «Bedeutung meiner Mutter für die neue Frauenbewegung» erfuhr: «Klar wurde mir das erst, als einige Frauen … einen Kranz mit Tomaten am Grab meiner Mutter niederlegten und den Wurf als Initialzündung der neuen Frauenbewegung bezeichneten.»[15] Die wenigen publikumswirksamen Aktionen – der Tomatenwurf, Alice Schwarzers Selbstbezichtigungsaktion, später die Demonstrationen gegen den Abtreibungsparagraphen 218 – waren nur die Spitze eines Eisbergs. Was vielen Zeitgenossen verborgen blieb, war die Breite des Wandels, waren die vieltausendfachen Konflikte im privaten Rahmen der Familien und Ehen, die sich seit 1968 wie ein Wildfeuer ausbreiteten.

Junge Frauen begannen damals mit zunehmendem Selbstbewusstsein,

Forderungen nach Gleichberechtigung und Selbstverwirklichung in ihr privates Umfeld zu tragen – und stießen auf Widerstände. Sie stellten alltägliche Fragen wie die, wer den Abwasch übernehme, wer das Kind beaufsichtige, wer die alten Eltern pflege und wessen Karriere Vorrang habe. Solch private Angelegenheiten wurden politisch, weil sie landauf, landab zu Grundsatzdiskussionen hochkochten und das Verhältnis zu Partnern, Müttern und Vätern belasteten und veränderten. Erst wenn wir dieses Dunkelfeld der familiären Privatheit ausleuchten, werden die Konturen des eigentlichen, langfristig wirksamen Achtundsechzig erkennbar.

Denn obgleich die politische Protestbewegung der (damals zu drei Vierteln männlichen) Studenten zeitweise die Medien beherrschte, blieb von ihren Zielen wenig. Der Feldzug gegen die Notstandsgesetze und für eine sozialistische Revolution versickerte nach der Verabschiedung der Notstandsverfassung im Mai 1968 und der Regierungsübernahme der sozialliberalen Koalition im Oktober 1969. Die außerparlamentarische Opposition und der SDS lösten sich auf. Die kommunistischen Kadergruppen, die in den siebziger Jahren die politische Kampagne gegen den Kapitalismus weiterführten, blieben zur Wirkungslosigkeit verurteilt, weil sie in der westdeutschen Bevölkerung keinen Zuspruch fanden.[16] Ganz anders war es mit der stillen Revolution der Frauen. Was mit Helke Sanders Rede und Sigrid Damm-Rügers Tomaten kurzfristig, wie von einem Blitz erleuchtet, ins öffentliche Bewusstsein gedrungen war, griff als unterirdischer Prozess von Anfang an über die Universität hinaus und rekrutierte in atemberaubendem Tempo Frauen aus allen Schichten und Regionen. Der Zulauf war enorm. Im Frankfurter Weiberrat beispielsweise ging «alles wahnsinnig schnell … der expandierte sehr schnell … Das war einfach so, dass wenn man zwei Tage einen Schnupfen hatte, hatte man das Gefühl, man ist nicht mehr auf der Höhe des Weltgeistes», erinnerte sich die Mitstreiterin Silvia Bovenschen.[17] Aus West-Berlin berichtete Sander im September 1968: «Wir haben einen so ungeheuren Zustrom, dass wir ihn kaum organisatorisch verkraften können.» Der Vormarsch der Frauen blieb in seiner Bedeutung unterschätzt, weil das Weibliche, das Private, von zeitgenössischen Kommentatoren aller Schattierungen nicht als politisch und gesellschaftsverändernd erkannt wurde. So hielt Helke Sander den Männern im SDS vor: «Als wir vor einem halben Jahr anfingen, reagierten die meisten Genossen mit Spott … Welche Bretter ihr vor den Köpfen habt, weil ihr nicht seht, dass sich ohne euer Dazutun plötzlich Leute organisieren, an die ihr überhaupt nie gedacht habt, und zwar in einer Zahl, die ihr für den Anbruch der Morgenröte halten würdet, wenn es sich um Arbeiter handeln würde.»[18]

Man könnte einwenden, dass die privaten Auseinandersetzungen um die Emanzipation der Frauen eben eine Sache der Selbstverständlichkeit seien – eine Art Hintergrundkulisse des «eigentlichen» Achtundsechzig. Dem ist nicht so, denn die Beschäftigung mit dem weiblichen Aktivismus wirft zahlreiche Fragen auf, die unsere Bewertung der Epoche radikal umstürzen können. So fragt sich etwa, ob wir die Revolte weiterhin als Generationskonflikt verstehen sollten. Standen in den familiären Auseinandersetzungen um weibliche Lebensentwürfe wirklich junge gegen alte Frauen, Töchter gegen ihre Mütter oder Schwiegermütter? Oder herrschte im Gegenteil eine generationsübergreifende weibliche Solidarität, in der Frauen gleich welchen Alters gegen die Ansprüche der patriarchalisch denkenden Männer anrannten? Ähnlich dringende Fragen stellen sich im Blick auf unser Verständnis der Achtundsechziger als einer politischen Generation. Gab es auch «Achtundsechzigerinnen», und was machte sie aus? Vielleicht müssen wir den Charakter von 1968 als historisches Ereignis anders begreifen, wenn wir das Private gleichgewichtig neben das Öffentliche stellen. Wie schwer wiegen die klassisch politischen Motive der Protestbewegung – der Protest gegen die fortdauernde NS-Belastung, die Kritik des Kapitalismus, der Konsumgesellschaft und des Imperialismus – neben dem Versuch der Frauen, die Geschlechterrollen, die Lebensläufe und die Familien zu verändern? Nicht zufällig ist das westdeutsche 1968 schon häufiger als «Lebensstilrevolution» gedeutet worden, neben der die fehlgezündete politische Revolte bis zur Bedeutungslosigkeit verblasst. Beispielsweise beschwört Norbert Freis Buch zum Schluss die bleibenden Errungenschaften der westdeutschen Protestbewegung mit folgenden Bildern: «Der ohne Begleitung seiner Partnerin den Kinderwagen schiebende Facharbeiter mit den etwas längeren Haaren auf dem schwäbischen Dorf war fortan sicherlich nicht die Regel, aber eine Möglichkeit, ebenso wie die junge Büroangestellte aus der hessischen Kleinstadt auf unbegleiteter Urlaubsreise in Spanien.» Was Frei hier als Wandel von «Gesicht und Mentalität der Republik» vorstellt, sind neue Arten des «doing gender» – also der Art und Weise, wie Frauen und Männer ihre Geschlechtsidentitäten im Alltag ausdrücken und miteinander verhandeln. Allerdings widmet sich Frei in seinem Buch den Auseinandersetzungen um Geschlechterrollen gar nicht, und denen um sexuelle Moral nur knapp.[19]

Drehen wir den Spieß einmal um und gehen von der Prämisse aus, dass die Frauengruppen langfristig wichtiger als die Männer im SDS waren. Helke Sander und Sigrid Damm-Rüger, und nicht Rudi Dutschke oder Daniel Cohn-Bendit, trugen dann das Banner des langen Marschs, der die Republik veränderte. Dieser lange Marsch fand weniger in den politischen Institutionen denn in den Einbauküchen der Republik statt. Florence Hervé, nicht Hannes Heer, führte die Bonner Protestbewegung an. Und es ist Gretchen anstelle von Rudi Dutschke, die für das Erbe des westdeutschen Achtundsechzig steht. Denn Gretchens Kampf um Gleichberechtigung war langfristig größere historische Wirksamkeit beschieden als Rudis Eintreten für eine antiautoritäre, sozialistische Gesellschaft.

Gretchen Dutschke-Klotz verstand sich selbst als Aktivistin und fand es «furchtbar», «dass mich so viele nur als ‹Frau von Rudi› gesehen haben» und sich «nur für Rudi interessierten». Von ihr stammte die Idee zur Bildung von Kommunen nach amerikanischem Muster, die später von Dieter Kunzelmann aufgegriffen wurde.[20] Sie versuchte auch durchaus bewusst, den «Kampf um eine bessere Gesellschaft bei uns zuhause», im Alltag der Familie Dutschke umzusetzen. Aber ihr avantgardistisches Wollen stieß an Grenzen, und diese Grenzen waren typisch. Gretchen sah sich selbst und ihre Ehe als Musterbeispiel der Frauenbewegung um 1968: «Wir Frauen versuchten, unseren Drang nach Unabhängigkeit zu leben, auch wenn wir unsere Freunde oder Männer und die Kinder nicht verlassen wollten. Es wühlte einiges an Widersprüchen auf, bei mir jedenfalls. Ich wollte selbständig sein, mein Leben und meine Identität nicht durch Rudi bestimmen lassen. … Offensichtlich begriff ich damals nicht, wie sehr er mein Verhalten nicht verstand.» Als Gretchen nach Rudis Tod seine Tagebücher las, war sie fassungslos. «Er erwähnt nicht einmal die Geburt seines ersten Kindes [im Januar 1968]. Ich finde das seltsam, denn für mich war es ja ein Lebensmeilenstein … Wenn Rudi seinen Tagesablauf beschreibt, dann kommt es einem vor, als hätte er allein gelebt … Rudi hatte Probleme mit unserem Leben … und meinte, dass zuviel Konzentration auf das Häusliche zum Reformismus statt zur Revolution führen würde. … Ich war nicht immer glücklich darüber, weil es bedeutete, dass ich für den Haushalt zuständig war … Es blieb ein Reibungspunkt zwischen uns … Er hörte sich meine Klagen an und erkannte, dass etwas nicht in Ordnung war. Er sah, dass ich für mich eine gewisse Unabhängigkeit wollte, aber es blieb ihm ein Rätsel, was es bedeutete und wie es zu erreichen wäre.»[21] Gretchen ärgerte sich über Rudis häufige Abwesenheit, seine Geringschätzung von Hausarbeit und «über die Überheblichkeit der Leute, die Rudi in unserer Wohnung besuchten und alles dreckig zurückließen.»[22] Es wurmte sie auch, dass Rudi seine Kinder zunächst nur «als schreiende Windelvollkacker» wahrnahm. Erst als sie sprechen lernten, wurden sie als Erziehungsobjekte für ihn interessant. «Immerhin wischte er die Scheiße ab und wickelte die Kinder ohne Murren … Problematisch war nur, dass er so selten da war.»[23]

Eine deutsche Durchschnittsfamilie waren die Dutschkes nicht, und die in Nordamerika aufgewachsene Gretchen Dutschke-Klotz war beileibe nicht typisch für westdeutsche Frauen ihres Alters. Zwischen Studentinnen und jungen Frauen aus den Unter- und Mittelschichten lagen damals Welten. Durchschnittliche junge Frauen bis Mitte 20 waren in den sechziger Jahren meist noch stark von ihren Eltern abhängig. Selbst die Volljährigen, also über 21-Jährigen, lebten noch zu 60 Prozent bei den Eltern. Erst mit der Heirat zogen die meisten – sieben von zehn – aus dem Elternhaus aus. Allerdings waren fast die Hälfte aller jungen Frauen mit 23 Jahren bereits verheiratet und weitere 14 Prozent verlobt. Die jungen Männer dagegen heirateten normalerweise erst mit Mitte bis Ende 20. Eine Altersüberlegenheit des Mannes in der Ehe wurde damals von beiden Geschlechtern ausdrücklich angestrebt. Die jungen Frauen, ob sie nun ungelernte Arbeiterinnen oder Studentinnen waren, bevorzugten zu 92 Prozent einen «reiferen» Partner, der in der Ehe die führende Rolle übernehmen könne. Diese Haltung ging auf traditionelle Normen zurück: Töchter wuchsen mit der Zielvorstellung auf, einen guten Ehemann zu finden und sich diesem anzupassen. Schon materiell wurden Mädchen auf das spätere Eheleben eingestimmt, indem Eltern und Verwandte zu Geburtstagen und Weihnachten Bettwäsche, Geschirr und anderen Hausrat schenkten. Noch im Jahr 1964 ging jede zweite Braut mit einer regelrechten Aussteuer in die Ehe, und in Umfragen fanden sich große Mehrheiten für die Ansicht, dass eine Aussteuerkiste für junge Frauen wichtiger sei als eine gute Berufsausbildung. So berichtete die 23-jährige, noch nicht verlobte Tochter eines Harburger Klempnermeisters: Sie habe über die Jahre zwölf Bettlaken, 18 Kopfkissen, 32 Handtücher, ein Silberbesteck für sechs und ein Edelstahlbesteck für 24 Personen zusammengetragen.[24]

Zwar hatte sich im öffentlichen Diskurs der sechziger Jahre schon eine gewisse Betonung von Partnerschaftlichkeit in der Ehe und Familie durchgesetzt. Unverbrämt patriarchalische Machtausübung galt als unmodern, die Verhandlung von Entscheidungen im Gespräch als angesagt. Es wurde öffentlich um eine verbesserte Mädchenbildung gerungen. Töchter wurden nun häufiger als zuvor auf eine Doppelrolle vorbereitet, die neben der Hausfrauen- auch eine Berufstätigkeit vorsah. Junge Frauen sollten ausgebildet werden und erwerbstätig sein, solange dies nicht mit der Familienrolle in Konflikt geriet.[25] Gerade die Teilzeitarbeit, die sich damals rasant ausbreitete, erweiterte die Handlungsspielräume vieler Frauen.[26] Aber in der Lebenspraxis war die traditionelle Geschlechterordnung noch kaum erschüttert. Selbst die jungen Leute dachten mehrheitlich patriarchalisch. Bei einer Befragung im Oktober 1964 waren sich 800 junge Hamburger des Geburtsjahrgangs 1941 weitgehend einig (zu 95 Prozent), dass «der Mann nach wie vor der Ernährer der Familie sein soll» und die Frau nur befristet und in Notsituationen hinzuverdienen solle, insbesondere in den ersten, kinderlosen Ehejahren. In Übereinstimmung damit arbeiteten 88 Prozent der kinderlosen jungen Frauen, dann noch 43 Prozent der Mütter mit einem Kind, aber nur 14 Prozent der Mütter mit zwei Kindern. Die Meinungsforscher stellten fest: «Die alte Redensart: ‹Die Frau gehört ins Haus› lebt in abgewandelter Form weiter: ‹Die Mutter gehört zu ihren Kindern›.» Die Norm veränderte sich nur langsam und zuerst bei den Gebildeten. Denn bemerkenswerterweise konnten sich nur die Studentinnen unter den Befragten, und zwar jede dritte, auch in der Ehe eine dauerhafte Berufstätigkeit vorstellen.[27]

Die Verantwortung für eine eigenständige Lebensplanung selbst zu übernehmen, war aber auch für studierende Frauen am Ende der sechziger Jahre noch ein ungewohntes und zu Selbstzweifeln einladendes Experiment. Die traditionelle Eheorientierung hatte die jungen Frauen ja aus der Verantwortung entlassen: Das Lebensglück hing von den Männern ab, nicht von einem selbst. «Liebe und ein guter Mann. Das hatte im Hintergrund aller Interessen auf verschwiegen selbstverständliche Art den höchsten Rang», erinnerte sich Elke Regehr, damals junge Künstlerin und im Berliner SDS. «Ich hatte in meiner ostpreußischen Familie ein Frauenbild mitbekommen, das ich nicht akzeptieren konnte. Man hatte die Dienende zu sein. Männer, die Liebe und die Familie mit Kindern sollten die Hauptsache für eine Frau sein. Ich fand die Einengung, die damit verknüpft war, unerträglich, aber der Gedanke an Heirat und Kind war noch lange als Standardziel im Hinterkopf.» Auch die Berliner Studentin Karin Adrian war «nicht so erzogen worden, dass eine Frau gleichberechtigt ist. Als positive Eigenschaft einer Frau galt die Anpassung.» Mit denselben verinnerlichten

Normen kämpfte Helke Sander, die «es einfach nicht anders kannte, als dass Frauen unterlegen sind».[28] Nicht zufällig wurde im Alltag, in den Medien und selbst in wissenschaftlichen Veröffentlichungen häufig von «Mädchen» gesprochen, wenn man sich auf unverheiratete Frauen bezog.[29]

Auf diese Weise für ein Leben als Ehefrau und Mutter gerüstet, fiel es Studentinnen um 1968 schwer, sich in der akademischen Öffentlichkeit eigenständig zu behaupten. Selbstbewusst aufzutreten hatte keine von ihnen gelernt, und Vorbilder waren rar. Die Doktorandin Elsa Rassbach erlebte «an der Universität zu dieser Zeit eine sehr einschüchternde Atmosphäre. Es gab nur sehr wenige Professorinnen. Es gab ständig einschüchternde Bemerkungen … Als ich in meinem ersten Jahr im philosophischen Seminar ein Referat über Kierkegaard halten sollte, hatte ich soviel Angst vor den Männern, dass ich am Ende nicht mehr hinging. Damals hätte ich es erst recht nicht gewagt, in einer politischen Vollversammlung an der FU zu sprechen, wo die großen Theoretiker des SDS debattierten.» Selbstzweifel plagten auch die Kunststudentin Sarah Haffner, «wenn ich im Audimax saß und diese Studenten ihre abstrakten Theorien und ihr ungeheures soziologisches Kauderwelsch von sich gaben». Trotz ihrer Kritik blieb sie stumm, denn «es saß so fest in einem drin, dass man sich als Frau unterzuordnen hat und bestimmte Dinge eigentlich gar nicht kann». Die Kommunardin Dagmar Seehuber urteilte hart über die generelle «Haltung bei Linken», «dass Frauen zwar dabeisitzen konnten, aber keine Beiträge von ihnen erwartet wurden». «Die Männer haben oft gelacht», sobald sich Frauen zu Wort meldeten, erbitterte sich Gretchen Dutschke-Klotz. Sie fand dies, wie auch die intellektuelle «Geheimsprache» der Redner «irgendwann nur noch unerträglich».[30] Von der Kölner Uni berichtete Beatrix Novy: »Überall gab es dieses gewaltige Gefälle, dass die Genossen immer sehr laut und sehr viel geredet haben, und die Frauen sehr wenig.»[31]

Das Unbehagen der Studentinnen an der theoretischen Sprache des SDS war weit verbreitet. Christel Bookhagen aus der Kommune 2 erfuhr diese «furchtbar geschraubte Sprache» als geradezu «beklemmend» und «viel zu abstrakt»: «Es machte mir Angst und war überhaupt nicht meine Wellenlänge.» «Unverständliches Zeug», meinte Elke Regehr, deren «großes Leiden» gleichwohl war, «dass ich mich nicht traute, zu reden», wenn «sich immer die gleichen ‹revolutionären Kader› stundenlang ausbreiteten».[32] Es sollte noch Jahre dauern, bis die Frauenbewegung die intellektuelle Sprache der Soziologen und Philosophen, aber auch die Alltagssprache rundheraus als im Kern patriarchalisch denunzierte und begann, dagegen ihre eigene Sprache zu entwickeln.[33] «Ein arrogantes Machtmittel vor allem gegen Frauen» sei der soziologische Jargon gewesen, urteilte Inga Buhmann später. Der SDS habe «repressive Kommunikationsstrukturen» kultiviert, pflichtete Mona Steffen, eine 25-jährige Frankfurter Soziologiestudentin, bei. Schon in ihrer berühmten Rede vom September 1968 hatte Helke Sander den Männern im SDS vorgeworfen, die weiblichen Stimmen zu unterdrücken: «Wir verlangen, dass unsere Problematik hier inhaltlich diskutiert wird, wir werden uns nicht mehr damit begnügen, dass den Frauen gestattet wird, auch mal ein Wort zu sagen, ... um dann zur Tagesordnung überzugehen.»[34]

Helke Sanders Rede wirkte schon damals wie ein Fanal und wird heute in fast allen Publikationen zur neuen deutschen Frauenbewegung eingangs als Schlüsselereignis referiert.[35] Schon weil Rednerinnen auf SDS-Delegiertenkonferenzen außerordentlich selten waren, erregte Sander Aufsehen. Aber erst der wohlgezielte Tomatenwurf, mit dem die schon seit 1964 in der Berliner Hochschulpolitik aktive Sigrid Damm-Rüger den SDS-Funktionär Hans-Jürgen Krahl bedachte, verschaffte der Rede Dramatik und Medienwirksamkeit. «Zwei Pfund Suppentomaten, ... das Pfund zu 70 Pfennig», holte die hochschwangere Damm-Rüger aus ihrem Einkaufsnetz «und schmiss sie nacheinander ..., zuerst in vollkommene Stille und dann in Tumult» methodisch Richtung Rednerpodium. «Sie wollte die Diskussion erzwingen und sagte dann laut in die wiedereröffnete Versammlung sinngemäß, dass es der SDS, wenn er zu dieser Diskussion nicht bereit sei, verdient habe, so behandelt zu werden, wie er seinerseits das Establishment behandle. Sie konnte sich sehr gut ausdrücken und war klar und selbstsicher und stand da, mit ihrem grünen Kleid und den roten Haaren und dem dicken Bauch, und sah wunderbar aus», so Helke Sander. Über das Spektakel berichtete die Tages- und Wochenpresse, allen voran *Der Spiegel*.[36] Und Ulrike Meinhof, Kolumnistin der in Studentenkreisen viel gelesenen Zeitschrift *konkret*, lieferte anderthalb Jahre vor ihrem Abtauchen in den terroristischen Untergrund einen flammenden Kommentar, der die Vorfälle als entscheidenden Durchbruch deutete. Sie forderte Frauen überall dazu auf, nun öffentlich «ganze Güterzüge von Tomaten» zu verfeuern, damit den Männern endlich «etwas dämmert»: «Die Frau, die die Tomaten warf, und die, die die Begründung dazu geliefert hatten, die redeten nicht aufgrund entlehnter, mühsam vermittelter Erfahrung, die sprachen und handelten, indem sie für unzählige Frauen sprachen, für sich selbst. Und es scherte sie einen Käse, ob das, was sie zu sagen hatten, das ganz große theoretische Niveau hatte, das sonst im SDS anzutreffen ist … Diese Frauen aus Berlin in Frankfurt wollen nicht mehr mitspielen, da ihnen die ganze Last der Erziehung der Kinder zufällt … Sie wollen sich nicht mehr dafür kränken lassen, dass sie um der Kindererziehung willen eine schlechte, gar keine oder eine abgebrochene Ausbildung haben oder ihren Beruf nicht ausüben können … Als die Männer darauf nicht eingehen wollten, kriegten sie Tomaten an den Kopf.»[37]

Ulrike Meinhof schlug sich nicht zufällig für die protestierenden SDS-Frauen in die Bresche. Frisch geschieden und Mutter fünfjähriger Zwillinge, steckte sie in derselben «privaten» Zwickmühle, die auch Helke Sander, Florence Hervé, Sarah Haffner und Karin Adrian bei ihrem politischen Engagement antrieb. Sie waren sämtlich Mütter kleiner Kinder, deren Väter ihnen trotz Studium die Hauptlast der Kinderbetreuung aufbürdeten. Die Entstehung der neuen Frauenbewegung, die ersten selbstorganisierten Gruppen und öffentlichen Aktionen waren untrennbar mit dieser familiären Situation verknüpft. Die frühen Flugblätter wandten sich direkt an junge Mütter, die am Studieren gehindert waren. Die Sprache der West-Berliner Handzettel war konkret und unmittelbar, mit Titeln wie: «An alle Frauen», «Wir sind neidisch und wir sind traurig gewesen» und «Erster Versuch, die richtigen Fragen zu finden». Die Bonner Flugblätter waren überschrieben «Flugblatt an Studentinnen: Warum studieren Sie?» sowie «Einmal im Jahr: Blumen zum Muttertag – und was sonst?».[38] Der Berliner «Aktionsrat zur Befreiung der Frauen», den Helke Sander und Marianne Herzog angestoßen hatten, begann zunächst mit der unmittelbar dringlichen Frage der Kinderbetreuung. Schon beim ersten Treffen beriet man die Gründung von fünf Kinderläden, «um das leidige Zeitproblem für die Frauen auf eine praktische Art anzugehen.»[39] Die Welle selbstverwalteter Kindergärten, die nun mit hoher Geschwindigkeit anrollte, nahm hier ihren Ausgang.

Die Anfänge der neuen Frauenbewegung waren deshalb so eng mit der Kinderfrage verbunden, weil es Ende der sechziger Jahre einen eklatanten Mangel an Kindertagesstätten gab. Nur für 30 Prozent der drei- bis sechsjährigen Kinder gab es Platz in einem Kindergarten, und für die Betreuung jüngerer Kinder außerhalb der Familie war überhaupt nicht gesorgt. Lange Wartelisten und überfüllte Kindergartengruppen waren die Regel. Auf eine

Erzieherin kamen 50 Kinder. Nicht zuletzt deshalb herrschten in den allermeisten Kindergärten ein Kommandoton und stark reglementierte Tagespläne vor. In Westdeutschland waren deutlich weniger Betreuungsplätze als in Nachbarländern wie Italien, Frankreich und Belgien vorhanden.[40] Zugleich heirateten die meisten Frauen noch mit Anfang bis Mitte 20 und bekamen ihr erstes Kind bald danach. Die Folge war, dass sich jungen Ehepaaren bei der ersten Schwangerschaft fast zwangsläufig die Frage stellte, wer von beiden das Kind beaufsichtigen und damit Beruf oder Studium vernachlässigen oder abbrechen solle. Meist wurde ohne große Diskussion entschieden, die Berufsziele der Frau preiszugeben. Denn selbst junge Leute empfanden es damals als selbstverständlich, dass die Ehefrau nur vorübergehend und zu Beginn einen Beruf ausüben solle, um den kostspieligen Haushaltsaufbau mitzutragen. In Meinungsumfragen sprachen sich nur 13 Prozent der westdeutschen 23-Jährigen für eine dauerhafte Berufstätigkeit verheirateter Frauen aus. Sobald die Kinder kamen, zogen sich also die Frauen aus dem Erwerbsleben zurück und konzentrierten sich auf die Kinderbetreuung, an der sich im Übrigen nur jeder fünfte junge Vater beteiligte.[41]

Studentinnen traf dieses Dilemma mit besonderer Härte, weil sie sich bei der Ankunft des ersten Kindes meist noch mitten in der Ausbildung befanden. Damals war etwa jeder neunte Student verheiratet; das traf auch auf die SDS-Mitglieder und politisch Aktiven zu. Von den weiblichen Studierenden waren sogar schon 15 Prozent verheiratet.[42] Die Bonner Chemiestudentin Judith Olek, geborene Ramm, war seit 1966 als Unabhängige im Studentenparlament. Aber mit der Eheschließung Ende 1968 musste sie die Politik aufgeben, um wenigstens ihren Studienabschluss zu retten und später Chemielehrerin werden zu können. «69 habe ich mein erstes Kind gekriegt, dann war's natürlich vorbei. … Den Abschluss hab ich, Diplom in Chemie, aber keine Promotion mehr.» Anfangs schleppte sie ihren kleinen Sohn mit in die Seminare. «Ich … hab den draußen ins Foyer gestellt in der Chemie … dann hat oft eine Sekretärin von Professoren während der Vorlesung … im Vorzimmer» auf das Baby aufgepasst. Später «bin ich eben nur noch, wenn er schlief, in die Uni», und ihr Mann half stundenweise aus. Auf diese Weise dauerte es bis zum Diplom weitere vier Jahre. Ein Krippenplatz war keine Option.[43] Denn 1970 standen für insgesamt 600 Kinder aus Bonner Studentenehen ganze 20 Plätze in der Universitäts-Kinderkrippe zur Verfügung. Auch die seit November 1969 in Bonn gegründeten Kinderläden, immerhin vier an der Zahl und teilweise vom AStA bezuschusst, waren nur ein Tropfen auf den heißen Stein.[44] Florence Hervé vom Arbeitskreis Emanzipation hatte damals zwei Kleinkinder und konnte sich nur zweimal die Woche einen Babysitter leisten, um «einfach ins Seminar zu rennen und wieder zurück». Ganz abgesehen von der Schwierigkeit, sich Zeit freizuschaufeln, erlebte sie auch, «dass Professoren und Studenten völlig dagegen waren, dass man als Mutter studiert». Als sie einen Schein in Psychologie machen wollte, ging sie zum Dozenten in die Sprechstunde. Dieser «hat mir einfach ganz klar gesagt: … Also ich bitte Sie, als Mutter von zwei Kindern, das schaffen Sie sowieso nicht … Sie können nicht an meinem Seminar teilnehmen.» Letztlich konnte Hervé nur deswegen Studium und Promotion abschließen, weil sie auf ein Fernstudium an einer französischen Universität umsattelte und für ihre Kinder, die durch den Vater die amerikanische Staatsbürgerschaft hatten, Plätze in einer Bonner amerikanischen Vorschule ergatterte.[45]

Auffällig viele feministische Aktivistinnen der ersten Stunde hatten einen transnationalen Hintergrund. Sie verglichen ihre Situation als junge Mütter in Westdeutschland mit der ihrer Herkunfts- oder früherer Gastländer. Ihnen erschien die Bundesrepublik rückständig, und sie brachten aus dem Ausland eine Vorstellung von besseren Verhältnissen mit. Die aus Frankreich stammende Florence Hervé fand die bundesrepublikanischen Zustände schlicht «bedrückend». «Die Kinderfeindlichkeit im Alltag oder gegenüber Frauen, die berufstätig sind bzw. studieren, die habe ich als sehr schlimm empfunden. Diese kleinen Diskriminierungen im Alltag, diese Verachtung …. man hätte am besten verstecken müssen, dass man Kinder hatte.» In der Straßenbahn, auf dem Markt, im Café, immer sei ihr bedeutet worden: «Ihr Platz ist nicht hier, ihr Platz als Mutter und Kind ist zu Hause!» Die Bonner Hofgartenwiese war für spielende Kinder, nicht aber für Hunde verboten, und der Vermieter schalt sie, weil ihre zwei Kinder zu viel in der Wohnung hin- und herliefen. Auch Helke Sander hatte bessere Kinderbetreuungsmöglichkeiten in Finnland kennengelernt und seit 1966 vergeblich versucht, die skandinavische Einrichtung der «Parktanten» nach West-Berlin zu verpflanzen (dabei handelte es sich um Frauen, die in öffentlichen Parkanlagen nach Schulschluss die Schulkinder beim Spielen beaufsichtigten). Solche Erfahrungen aus dem Ausland befeuerten den Veränderungswillen.[46]

Für Helke Sander, Studentin an der West-Berliner Filmakademie, war

Sarah Haffner mit ihrem Sohn David im Atelier, 1966

der Alltag mit ihrem kleinen Sohn «hart», denn «die Horte waren so schaurig, dass ich ihn da nicht hineinstecken wollte. Auch die Kindergärten waren vollkommen überfüllt, die Erzieherinnen ständig überfordert.» Bei ihrem Versuch, trotz Kind weiterzustudieren, erlebte auch die 26-jährige Berlinerin Hanna B. dauernde Zeitknappheit, schlimme Zustände in den von ihr besichtigten Kinderkrippen und häufige Streitigkeiten mit ihrem Ehemann. Obgleich dieser ihr Studium im Prinzip unterstützte, «hat es zwischen uns Differenzn gegeben, um Kleinigkeitn, nich», da er nicht beim Abwasch, beim Bezahlen der Rechnungen oder beim Einkaufen half.[47] Vielen Frauen erschien es da einsichtiger, das Studium gleich an den Nagel zu hängen. Wie das Studentenwerk 1967 konstatierte, würden viele Studentinnen trotz guter Erfolgsaussichten abbrechen, «weil keine Möglichkeit besteht, ihr Kind während der Vorlesungen, Seminare, Übungen und Praktika unterzubringen».[48] Sarah Haffner erzählte: «Von siebzehn bis zwanzig ging ich auf die Kunsthochschule, wurde dann allerdings schwanger, kriegte meinen Sohn und ging, wie es damals üblich war, von der Hochschule runter ... Mein Ex-Mann hingegen hat selbstverständlich sein Studium fortgesetzt.» Ihre Mitstudentin Karin Adrian ließ sich Mitte 1968 ein Semester lang beurlauben, «um das Baby versorgen zu können. Er war gar nicht auf die Idee gekommen, das auch zu machen.» Die Soziologiestudentin Frigga Haug, im Berliner SDS, gab die Fertigstellung ihrer Examensarbeit auf, «nachdem die Tochter gerade einige Wochen da war» und zog der Karriere des Ehemanns zuliebe nach Köln. «Bevor das Kind kam, dachte ich, das Studium wäre endlos, ich könne immer lernen und machen, was ich will … Und plötzlich war ich Hausfrau! Ich wohnte mit dem Baby auf dem Land in einer Villa, bis ich halb verrückt war, schon morgens Martini trank und ähnlich schreckliche Sachen machte … Am Ende wusste ich gar nicht mehr, warum ich morgens aufstehe … Damals empfand ich es wie lebendig begraben sein.»[49]

Gegen den eigenen Willen ins Dasein als Familienfrau gezwungen, erschien Ex-Studentinnen der Alltag als «Falle» (Haug), aus dem es wegen der Kinder keinen Ausweg zu geben schien. Obwohl Ende der sechziger Jahre schon acht oder neun von zehn Familien eine Waschmaschine und einen Kühlschrank besaßen, war Haushaltsarbeit nach wie vor zeitaufwändig, einsam, repetitiv – und Frauensache.[50] Selbst junge Paare verteilten die Aufgaben im Haushalt höchst ungleich, wie eine Hamburger Untersuchung ergab. In 93 Prozent der Fälle übernahmen die Frauen neun Zehntel oder mehr aller anfallenden Arbeiten. Die jungen Frauen kauften ein, bereiteten Essen vor, putzten, wuschen, bügelten, räumten auf, machten Betten und betreuten die Kinder. Wenn die Männer sich beteiligten, dann widmeten sie sich den weniger hausfraulich definierten Tätigkeiten wie Behördengängen und Mietzahlungen. Aber auch hier wurde nur jeder dritte Mann aktiv. Bei Studentenehepaaren sah es bereits etwas anders aus, da jeder dritte Student mindestens ein Viertel der Haushaltspflichten übernahm.[51] Doch die Ankunft eines Kindes veränderte diese Dynamik. «Man war einfach noch in der klassischen Frauenrolle gefangen, die man von zu Hause kannte», erinnerte sich Karin Adrian, die sich nach der Geburt ihrer Tochter zunächst auf das Beispiel ihres Elternhauses besann. «Es gab kein Alternativmodell, denn so wie meine Mutter waren ja die meisten Frauen. Folglich habe ich erst einmal die Muster übernommen und alles so gemacht, wie ich es von zuhause kannte. Ich habe gekocht, die Socken und Hemden gewaschen, die Hemden gebügelt und den Haushalt nachgemacht, als wenn ich mit Puppen spielte. Doch irgendwann fing es an, mich zu nerven.» Die Lösung schien ihr, in eine Kommune zu ziehen. Im Kollektiv bot sich die Gelegenheit, «anders zu leben», nicht so «isoliert und sehr abgeschlossen» wie die Eltern, um die «große Trennung» zwischen «öffentlich und privat» aufzuheben (so die Kölner Studentin Beatrix Novy). Aber damit waren die leidigen Probleme mit der Hausarbeit keineswegs aufgehoben. Bei den wöchentlichen Problembesprechungen in Wohngemeinschaften war «das Hauptthema ... überall, dass schon wieder nicht sauber gemacht worden war».[52] Aus der Wieland-Kommune berichtete Hedda Kuschel: «Zum Beispiel fiel mir auf, wie oft sich die Männer vor der Hausarbeit drückten. Stattdessen hatten sie ganz wichtige Termine und Besprechungen, und die meiste Arbeit mussten doch wieder die Frauen wegschaffen.»[53] Mit den Jahren begannen die Frauen sich zu wehren. «Endlose Diskussionen gab es in den jungen Familien, wie den ersten Wohngemeinschaften, über den Abwasch, das Putzen, Kochen, Einkaufen.»[54] Obwohl die Kommunen ursprünglich mit dem Ziel angetreten waren, Alternativen zur klassischen Geschlechterrollen-Verteilung der bürgerlichen Familie zu erproben, stieß die Praxis an Grenzen. Beim Kinder- und Küchendienst ließ sich erfolgreicher eine Geschlechterparität erreichen als beim Putzen und Rebellieren. Denn Putzen war weiblich konnotiert, Kopfarbeit und der öffentliche politische Auftritt dagegen männlich.

Zum Kernpersonal des Berliner SDS und Freundeskreis der Kommune 1 gehörte Susanne Schunter-Kleemann. Sie machte 1968 die Erfahrung, dass die Männer ihr Studium nicht ernst nahmen und sie für ihren Fleiß hänselten. «Nach dem Frühstück in der K1 zog ich ... ab und schrieb an meiner Diplomarbeit. Dafür erntete ich oft hämische Bemerkungen, wie: ‹Oh! Plomsuse muss wieder zur Arbeit gehen!› Fritz [Teufel] hatte mir diesen Spitznamen verpasst, als Abkürzung für Diplom-Susanne.» Dasselbe passierte Karin Adrian in ihrer Kommune: «Ich musste für die Zwischenprüfung pauken, und die Genossen sagten nur: ‹Ach du mit deinem scheißbürgerlichen Studium!›» Als die Kommune 2 wieder einmal eine politische Aktion plante und es darum ging, wer zu Hause bei den Kindern bleiben solle, sagte Eike Hemmer zu seiner Freundin und Mitkommunardin Christel Bookhagen: «Ist doch klar, meine politische Anwesenheit ist wichtiger als deine.» Christel war «ganz schön pikiert», aber fügte sich.[55] Sich eine weibliche Revolutionärin vorzustellen, fiel nicht nur den Männern im SDS schwer. Auch die Polizei setzte Frauen, die ihr bei Demonstrationen oder Happenings ins Netz gingen, oft schnell wieder auf freien Fuß.[56] Denn echte Revoluzzer hatten eben Männer zu sein. Zudem hatte eine politische Aktion in der öffentlichen Sphäre stattzufinden und sich an maskuline revolutionäre Subjekte zu richten. Der Berliner Aktionsrat zur Befreiung der

Frauen war zum Beispiel frustriert, wie «vollkommen fixiert auf den *männlichen* Arbeiter» die Männer in der Neuen Linken waren.[57] Ein Umsturz der Verhältnisse innerhalb der Familie, in der Sphäre des Haushalts und des Privaten, konnte nicht wirklich wichtig sein. Das in der Linken verbreitete Argumentationsmuster des «Hauptwiderspruchs» und «Nebenwiderspruchs» machte überdeutlich, wie selbstverständlich patriarchalisches Denken noch war. Es besagte, dass zuerst der Kapitalismus (der Hauptwiderspruch) revolutionär überwunden werden müsse, bevor Nebenschauplätze wie die Frauenfrage, die Kindererziehung oder die Emanzipation der Homosexuellen in Angriff genommen werden könnten. «Also so mit dem Gestus, das lassen wir 'raus, das machen wir alles nach der Revolution, wurde argumentiert, und es kam natürlich unter dieser Perspektive dazu, dass die ganze Kinderladenbewegung sehr schnell an den Rand gedrängt worden ist, … auch die Frauenbewegung», fasste es der Ex-Aktivist Lutz von Werder zusammen.[58] Die Veteranen des SDS neigten noch Jahrzehnte später dazu, die Frauenbewegung unter «Kulturelles» einzusortieren und als unpolitische Randerscheinung von Achtundsechzig zu begreifen, wie das Protokoll einer Diskussionsveranstaltung von 300 Ex-SDSlern aus dem Jahr 1985 zeigt. Sie stritten sich heftig darüber, wie man mit «diesem komischen Findelkind Frauenbewegung» umgehen sollte.[59]

Die radikalen Frauengruppen der Jahre nach 1967 rekrutierten sich anfänglich aus dem engeren Umfeld des SDS. Zahlreiche Aktivistinnen der ersten Stunde hatten im SDS gelernt, sich politisch zu engagieren. Dabei übernahmen sie auch dessen Protestformen wie die direkte Aktion und symbolische Provokation. Diese Formen wurden nun mit geschlechtsspezifischer Symbolik aus Haushalt, Kindererziehung und Frauenberufen aufgeladen. Sigrid Damm-Rüger warf Suppentomaten. Annette Schwarzenau schmierte bei einem gegen die Illustrierte *Stern* gerichteten «Go-In» Kacke aus vollen Kinderladen-Windeln an die Wände eines Pressehauses. Die Steglitzer «Kommune 99» organisierte eine Kinderdemonstration mit Luftballons und Kasperletheater. SDS-Frauen agitierten Kindergärtnerinnen zum Streik, wobei sie Flugblätter im Bilderbuch-Stil zeichneten. Sie unterstützten auch Krankenschwestern im «Haubenkampf» dabei, nicht länger Haube auf den Haaren tragen zu müssen.[60]

Bei aller Übereinstimmung von Männern und Frauen im SDS gab es jedoch Reibungsflächen. Weil die Frauen sich nicht ernstgenommen sahen, optierten sie früh für einen Geschlechter-Separatismus, tagten also unter

Ausschluss von Männern. Zudem kritisierten viele linke Frauen nachträglich den Druck, den die SDS-Männer im Namen der sexuellen Revolution auf sie ausgeübt hätten.[61] Und über die Ausrichtung der Kinderläden entwickelte sich ein handfester inhaltlicher Streit zwischen linken Männern und Frauen. Was die Frauen als praktisches Projekt begonnen hatten, um den Müttern mehr Zeit zu verschaffen, wurde von den Männern als ideologisches Projekt entdeckt – und ihnen aus der Hand gerissen. In West-Berlin stritten sich nun der «Aktionsrat zur Befreiung der Frauen» und der von Männern gegründete «Zentralrat der sozialistischen Kinderläden» um die wie Pilze aus dem Boden schießenden Kinderläden. Der Zentralrat begriff die Läden als eine historische Chance, den Nachwuchs zu neuen Menschen zu erziehen. Eine revolutionäre Erziehung sollte die Kleinen dazu befähigen, die Fesseln des Kapitalismus, der Leistungsgesellschaft und der bürgerlichen Familie zu sprengen.[62] Nach vielen zeitintensiven ideologischen Auseinandersetzungen setzte sich in der rasch wachsenden Kinderladenbewegung allerdings bald ein pragmatischeres Modell durch. Der seit Ende 1969 bestehende Kinderladen in Bonn-Dransdorf entschied sich beispielsweise nach anfänglichen Experimenten für einen strukturierten Tagesablauf mit zahlreichen Regeln, der sich nicht grundsätzlich von herkömmlichen Kindergärten unterschied.[63]

Das Verhältnis von entstehender Frauenbewegung und SDS war auch deshalb getrübt, weil die Frauen an der Dekonstruktion der verinnerlichten patriarchalischen Denkmuster von maskulinem Revolutionär und femininer Hilfskraft und Begleiterin arbeiteten. Sie kritisierten die Tatsache, «dass immer nur die Männer die großen Reden hielten und die Frauen die Flugblätter tippten».[64] «Das traditionell geringe Ansehen weiblichen Intellekts» schuf Sigrid Damm-Rüger zufolge eine «unüberhörbare männliche Dominanz»: «Es redeten, theoretisierten und entschieden die Männer, die weiblichen Mitglieder beschränkten sich im wesentlichen aufs Zuhören und Lernen.»[65] Langsam begann «ein großes Aufwachen», für Sarah Haffner etwa 1969 im West-Berliner Aktionsrat: «Wenn heute von uns damals als ‹Tippsen der Flugblätter› oder als ‹die Freundin von› gesprochen wird, dann muss ich sagen, dass diese Einordnungen nicht nur von Männern vorgenommen wurden. Die hatte man selbst im Kopf.» Neben dem Tippen waren viele andere Tätigkeiten weiblich konnotiert. Studentinnen nähten Fahnen, übersetzten Korrespondenz, dekorierten Kongresssäle, entwarfen Anstecker und Plakate.[66] Die Frauen versorgten die Revolutionäre auch zwischendurch mit Mahlzeiten. Der Bonner SDS «hatte ja in der Herwarthstraße da sein Quartier, und das war schon das Allerheiligste», erinnerte sich ein damaliger Student. Er war aber im SDS-Büro weniger gern gesehen als seine Frau, denn «meine Frau durfte öfter mal rein, die hat da ein bisschen Abendbrot reingereicht», während die Männer drinnen «die großen Schlachten» vorbereiteten.[67] Die meisten SDS-Frauen wurden als namenloses «Zubehör» wahrgenommen und «im wesentlichen betrachtet als der verlängerte Arm ihres Genossen». Selbst diejenigen, die wie Sigrid Fronius oder Susanne Schunter-Kleemann in akademischen oder SDS-Gremien saßen, qualifizierte man als «Bräute der Revolution» ab. Dagegen wehrte sich Letztere: «als wären wir nur die ‹Bräute› der Revoluzzer gewesen ... Tatsächlich waren wir selbst Akteurinnen und nicht etwa die Anhängsel von irgendwem.»[68]

Die hergebrachten Wahrnehmungsmuster infrage zu stellen war deshalb schwierig, weil sie sich in den zeitgenössischen Medien und Debatten überall reproduziert fanden.[69] Frauen waren damals am ehesten als asexuelle Mutter und Hausfrau oder als Sexobjekt vorstellbar, im Einklang mit dem traditionellen Kontrastpaar der Heiligen und der Hure. Das beste Beispiel ist die Anfang der siebziger Jahre extrem populäre Fernseh-Familienserie «Ein Herz und eine Seele» mit dem Patriarchen «Ekel Alfred». Die zwei weiblichen Hauptrollen waren das dümmliche Hausmütterchen Else und die sexy aufgemachte, aber unpolitische und unselbständige Tochter Rita, die ihrem linken Ehemann klaglos hinterherputzte.[70] Dieselbe Polarisierung der Frauenrollen findet sich auch in der Berichterstattung der späten sechziger Jahre über die Studentenbewegung. Uschi Obermaier, die attraktive Freundin des Berliner Kommunarden Rainer Langhans, wurde als Sexbombe medial vermarktet. Sie ließ sich oben ohne für den Titel der Illustrierten *Stern* ablichten und war durch ihr (durchaus untypisch) ungehemmtes Leben als «It-girl» der Rockmusikszene immer wieder für lüsterne Schlagzeilen gut. Als *Pin-Up* der Revolte vermittelte sie ein Bild der Achtundsechzigerin, das dem Anliegen der Feministinnen völlig zuwiderlief.[71] Für die Medien wie die SDS-Matadore waren Frauen als Sexualobjekte am interessantesten. Den Illustrierten fiel in ihren Beiträgen über die neue Frauenbewegung zunächst nichts Besseres ein, als sich über die «übernächtigten Bräute der Revolution» lustig zu machen und sich statt auf deren Ideen auf alles zu konzentrieren, was mit weiblichen Körpern und weiblicher Sexualität zu tun hatte. Selbst *Der Spiegel* spottete mehr über pillenschluckende, beischlafverweigernde, penisneidische «Lidschatten-Ge-

Dieter Kunzelmann, Susanne Schunter-Kleemann, Antje Krüger und Rainer Langhans von der Kommune 1, Berlin 1968 (von rechts nach links)

wächse» mit Tampons im Handtäschchen, als sich mit den Argumenten der Studentinnen auseinanderzusetzen.[72]

Um auf Dauer gegen solche Leitbilder anzukommen, brauchte die Frauenbewegung theoretische Munition. Die zentrale Rolle der Ideen zeigt sich etwa am Beispiel der Sowjetunion, wo sich ein feministischer Diskurs nie entwickeln konnte. Die jahrzehntelange volle Gleichberechtigung im Erwerbsleben allein konnte dort das ganze 20. Jahrhundert hindurch keinen grundlegenden Wandel der familiären Frauenrolle herbeiführen.[73] In Westdeutschland war die gemeinsame Verständigung über feministische Lektüre seit 1967 ein viel beschrittener Weg, auf dem sich emanzipationswillige Frauen von patriarchalischem Denken zu befreien suchten. Die Beschäftigung mit Theorie konnte die Augen derer öffnen, die die eigene Diskriminierung überhaupt noch nicht als solche erkannt hatten.[74] Doch zum einen waren entsprechende Texte noch dünn gesät. «Bücher über die Frauenbewegung, an die war damals überhaupt nicht zu denken, die konnte man ja noch Anfang der siebziger Jahre in einem kleinen Kasten mit sich herumtragen, um einen Büchertisch zu machen», erinnerte sich Sibylle Plogstedt vom SDS Berlin.[75] In vielen der neuen Frauengruppen waren nicht einmal Kenntnisse der ersten Frauenbewegung, die das Wahlrecht erkämpft hatte, vorhanden.[76] Zum anderen fehlten noch die Worte, um die eigene Lage zu beschreiben. «Wir hatten … keinen Begriff damals davon, was heute unter dem Begriff Sexismus verhandelt wird oder von dem Variantenreichtum dessen, was man Patriarchalismus nennen könnte», meinte Silvia Bovenschen vom Frankfurter Weiberrat. «Wir waren relativ schlecht ausgerüstet … Die bürgerliche Frauenbewegung war doch sehr verschüttet und vergessen … eine Theorie des Feminismus hatten wir nicht.»[77]

Auf der Suche nach Ideen und geschichtlichen Vorbildern spalteten sich die entstehenden Frauengruppen 1969 in zwei Flügel. Die einen setzten bei den Alltagsnöten der Frauen an, wie der West-Berliner Aktionsrat um Helke Sander. Kinderbetreuung, Hausarbeit, die herrschenden Erziehungsnormen und die Unterschätzung weiblichen Intellekts waren ihre Themen. Sie lasen neben den sozialistischen Klassikern auch Simone de Beauvoirs «Das andere Geschlecht», Doris Lessings «The Golden Notebook» oder Betty Friedans Abrechnung mit dem Hausfrauenleitbild, «Der Weiblichkeitswahn».[78] Dagegen fingen die sozialistischen Frauenlektüregruppen in Frankfurt und West-Berlin mit dem «Hauptwiderspruch» von Kapital und Arbeit an. Sie ackerten vor allem Marx, Engels, August Bebel und Clara Zetkin durch, um es den Männern in der Neuen Linken gleichzutun. Die Linientreue dieser Gruppen ging so weit, dass man anfangs das Wort «patriarchalisch» ablehnte und sich in den siebziger Jahren erst nach harten Kontroversen dazu durchrang, die Proteste gegen den Abtreibungsparagraphen 218 mitzutragen.[79] Die dogmatische Wende der «Schulungsfraktion» wurde von Mitstreiterinnen wie Bovenschen und Sander damals «als tiefer Verrat empfunden».[80]

Im Kern lag der Spaltung in eine «Schulungsfraktion» und eine «Mütterfraktion» die Frage zugrunde, ob sich die Frauengruppen als eigenständige Bewegung oder als Teil des männlichen Achtundsechzig verstanden. Verstellte der Kampf gegen den Kapitalismus letztlich den Blick auf die patriarchalischen Strukturen im privaten Umfeld und der eigenen Psyche?[81] Denn für viele Frauen war die feministische Bewusstwerdung das Tor zum Umsturz des Privatlebens und zur Selbstrevolutionierung, während die Männer sich weiterhin allein auf die Revolutionierung der großen Politik konzentrierten. Hier brach eine Kluft zwischen den Geschlechtern auf. Elke Regehr urteilte hart über ihre männlichen Mitstreiter: «Es war ja so einfach, man konnte alles dem Kapitalismus oder dem ‹System› anlasten. Man brauchte niemanden konkret anzuschauen und schon gar nicht sich selbst.» «Die Männer … schwangen revolutionäre Parolen und haben an sich selbst vorbeigeguckt», pflichtete Hedda Kuschel bei. Dagmar Seehuber sah die Kommune 1 sogar als eine Umgebung, in der der patriarchalische Charakter der Gesellschaft «verstärkt zum Ausdruck» kam: «Denn die Männer haben es weit von sich gewiesen, an sich selbst etwas ändern zu müssen.»[82] Wo es den männlichen Achtundsechzigern möglich war, gegen abstrakte Gegner zu rebellieren, mussten es die weiblichen Achtundsechziger mit konkreten Gegnern im eigenen Umfeld aufnehmen: Freunden, Ehemännern, Vätern.

Gerade weil die Männer ihre Erwartungen erst langsam an die neuen weiblichen Lebensentwürfe anpassten und das unterstützende Umfeld staatlicher Kinderbetreuungs- und Pflegeangebote noch unterentwickelt war, entstanden aus einer kompromisslosen Emanzipationshaltung der Frauen oft schmerzliche Beziehungs- und Familienkrisen. Nicht umsonst sprach die Soziologin Rosemarie Nave-Herz schon 1981 von den «Misserfolgserlebnissen» und den teils «hohen psychischen ‹Kosten› aller an der Frauenbewegung Beteiligten».[83] Viele Feministinnen erlebten Trennungen, Scheidungen und Schuldgefühle gegenüber Kindern und Partnern, die sich zumindest teilweise aus ihrem Streben nach der Revolutionierung traditioneller Geschlechterrollen entwickelt hatten. Diejenigen, die dem Primat der Selbstbestimmung folgten, fanden sich oft alleinerziehend oder alleinstehend wieder – etwa wenn sie ihrer Karriere den Vorrang gaben oder beruflich erfolgreicher waren als ihre Männer.[84] Nehmen wir zum Beispiel Regine Walter-Lehmann, in der Berliner Frauenbewegung und Neuen Linken der siebziger Jahre aktiv und später Redakteurin der *tageszeitung*. Seit ihrer Studienzeit war sie verheiratet mit Joachim Lehmann, dem sie noch hochschwanger seine Examensarbeit abgetippt hatte und der dann «das träge Objekt einer von Regine angeleiteten Umerziehungsoffensive in Sachen Kinder-, Küchen- und Putzdienst» wurde, wie er selber schrieb. Die gemeinsame Wohnung in Charlottenburg empfand Regine als «Gefängnis», insbesondere seit sie einen hochinteressanten, aber lau bezahlten Job als Dramaturgie-Assistentin am Theater gekündigt hatte. Das war auf Drängen ihres Ehemanns geschehen, der sich mit Kind und Geldverdienen überfordert fühlte, aber auch eifersüchtig auf Regines Karriere war. Die darauf folgende Krise hielt Regine in ihrem Tagebuch fest. «Dass ich so einen heißbegehrten und von mir heißgeliebten Job aufgegeben habe, werde ich mir mein ganzes Leben lang nicht verzeihen. Es nagt + nagt … Stattdessen habe ich wildgewordene Ehefrau gespielt und mir einen Seitensprung zugelegt. Typisch, leider. Und saudumm obendrein.» Danach begann Regine, halbtags in einem Frauenkollektiv-Buchladen zu arbeiten, allein zu verreisen und sich mit Auszugsplänen zu tragen. Obwohl sie ihren Mann liebte, fühlte sie sich in der Familie eingesperrt. «Es ist kaum zu fassen und macht sich doch sehr deutlich bemerkbar, wie sehr mich dieses Klein-Family-Life ankotzt … Tochter bringts auf den Punkt: sie formuliert provozierend konservativ ihre Wünsche. Mama, Pappa, Kind, alle zusammen! Natürlich spürt sie genau meine Fluchttendenz und ist aggressiv und ängstlich. Wenn das noch ein paar Jahre so weiter geht, bin ich nicht mehr vorhanden. Ich muss etwas neues, anderes machen!» Ohne ihr Zutun sei sie in diese «betuliche Ehefrauen-Perspektive» geraten: «So wollt ich das nie!» Gleichwohl wurde ihr «schon ganz erbärmlich zumute», wenn sie sich die Reaktion ihrer Tochter vorstellte. «Wenn die ausflippt, wenn ich sage, dass ich ausziehen will und sie das Schicksal der 4-Tage-Woche-Mama und 3-Tage-Woche-Pappa oder umgekehrt ihrer vielen Schülerladengenossinnen und -genossen nun auch teilen soll. Madonna!» In der Tat zog Regine dann für einige Jahre aus, wurde zur Dreitagesmutter und verwirklichte ihre beruflichen Ambitionen.[85]

Für das linksalternative Milieu in der Großstadt der siebziger Jahre war die Familie Walter-Lehmann nicht ungewöhnlich, wie schon Regines Hinweis auf die vielen Kinder getrennter Eltern im «Schülerladen» nahelegt. Regines Tochter hatte vorher einen Kinderladen besucht, in dem es «bald nur noch zwei Kinder [gab], deren Eltern sich nicht getrennt hatten».[86] Auch im Bericht über die Arbeit des von der Kommune 2 mitbegründeten Berliner Kinderladens hieß es 1969: «Ausnahmslos in allen am Kinderladen beteiligten Kleinfamilien gab es von Anfang an starke Spannungen zwischen den Ehepartnern. Im Laufe der Zusammenarbeit im Kinderladen ist eigentlich allen klargeworden, dass diese Ehen nicht mehr aufrechtzuerhalten sind.»[87] Die Geringschätzung der bürgerlichen Familie, die Erprobung neuer Rollen und der Wunsch nach sexueller Befreiung führten zu Belastungen, die viele Partnerschaften nicht aushielten. So scheiterte die Liebe der Kunststudentin Karin Adrian zum Vater ihrer Tochter im Elternkreis des «repressionsfreien Kinderladens» der Technischen Universität Berlin: «Um uns herum gingen reihenweise die Beziehungen zu Bruch … das Querbeet-Schlafen führte zu Eifersüchten, und ich glaube, jeder der Männer hat irgendwann einmal mit der Kindergärtnerin Freda geschlafen, so wie meiner auch, und ich hatte eine Stinkwut auf sie.»[88] Zeitgenössische Beobachter beschrieben die «Beziehungskisten» in der alternativen Szene der siebziger und frühen achtziger Jahre gern als «Krisenkarussell», «Beziehungsknast» oder schlicht «täglichen Kleinkrieg».[89] Genauso erlebte es Regines Ehemann Joachim, der im Minenfeld von Putzdienst, Wäschedienst, Geldverdienen und Selbstentfaltung herumirrte und die «bis in die frühen Morgenstunden sich hinziehenden Kontroversen am Küchentisch über weibliche und männliche Wahrnehmung, Denkungsart und Schreibweise» aussaß, ohne dass in seinen Augen «jemals eine Verständigung erreicht werden konnte».[90] Damals registrierte die Bevölkerungsstatistik eine Zunahme wilder Ehen und kurzfristiger Partnerschaften neben stark gestiegenen Scheidungszahlen. Ehewünsche waren in den Kontaktanzeigen-Spalten der linken Stadtmagazine verpönt. Lieber stellte man sich als sensibel und expressiv dar und betonte die Sehnsucht nach Autonomie und Abwehr gegenseitiger «Besitzansprüche».[91] Dass diese Tendenz nicht auf das alternative Milieu beschränkt blieb und auf breitere Gesellschaftsschichten durchschlug, machte der *Zeit* im Jahr 1977 Sorgen: «Eheberatungsstellen in der Bundesrepublik machen immer öfter die Erfahrung: Konflikte, die den Bund fürs Leben sprengen, entstehen aus dem Wunsch und Wollen der Frauen nach Selbständigkeit. Selbst junge Mütter mit Kleinkindern klemmen sich entschlossen den Nachwuchs unter den Arm und versuchen es auf eigene Faust. 72 Prozent der Ehescheidungen reichen nicht die Männer ein, sondern ihre ‹bessere Hälfte›.»[92]

Zusätzlich zur Trennung vom Mann stand emanzipationswilligen Frauen eine weitere, seltener gewählte Option zur Verfügung: die Trennung vom Kind. Große mediale Aufmerksamkeit begleitete Ulrike Meinhof und Gudrun Ensslin, die beim Abtauchen in den terroristischen Untergrund ihre Kinder verließen. Bekannt waren auch die beiden von der Kommune 2 kollektiv erzogenen Kleinkinder Nessim und Grischa, die von ihren Eltern dorthin abgeschoben worden waren (worauf sie «tief verstört» reagiert hatten).[93] Ähnliche Fluchten aus der Mutterrolle fanden auch abseits der medialen Öffentlichkeit statt. Die Krankenschwester Annette Schwarzenau, aktiv im Berliner SDS, hatte «diese Grundeinstellung, nicht mehr einen auf Ehefrau machen zu wollen» und verließ mit ihrem Mann auch ihren Sohn. «Das war schrecklich für mich und auch für ihn … Es war mir damals wichtiger, meine politischen Ansprüche zu realisieren, anstatt wie Millionen anderer Frauen ein Kind alleine großzuziehen … Der Preis dafür ist ein unglaublich schlechtes Gewissen, das ich sogar heute noch habe.» Das Streben nach Autonomie führte im Extremfall dazu, dass man sich hinterrücks gegenseitig die Verantwortung für den Nachwuchs aufnötigte. Hedda Kuschel beschrieb, wie sie 1968 ihren Ex-Mann in der ehemals gemeinsamen Wohnung besuchte: «Als ich zurückkam, weil ich die Kinder wiedersehen wollte, nutzte mein Mann meine Anwesenheit aus, um fluchtartig die Wohnung zu verlassen. Er hatte inzwischen gemerkt, dass ihn die Kinderbetreuung total überforderte. Dann hatte ich zunächst alle drei Kinder.»[94]

Die Schockwellen, die der Bruch mit der bürgerlichen Familie auslöste, konnten von Gruppen und Kommunen nur bedingt aufgefangen werden. Solidarität unter Frauen war um 1968 keineswegs gegeben, sondern wurde erst in den folgenden Jahrzehnten langsam als wünschenswert erkannt. Das war auch durch die Suche nach neuen weiblichen Leitbildern bedingt. Viele Aktivistinnen tasteten noch verunsichert nach der eigenen Identität als Frau und erfuhren Mitstreiterinnen als bedrohliche Konkurrentinnen und Masken «falscher» Varianten von Weiblichkeit. Unverstandener Selbstzweifel oder Selbsthass entlud sich manches Mal als Aggression gegen andere Frauen, wie Luisa Passerini am Beispiel der italienischen Achtundsechzigerinnen gezeigt hat.[95] Helke Sander erinnerte sich an viele Studentinnen, die «ununterbrochen ihren männlichen Kollegen zu erkennen gegeben [haben], dass sie mit uns nichts am Hut haben». Dagmar Seehuber hatte «oft sogar ein bisschen Sorge, in den Topf der Feministinnen geworfen zu werden».[96] Ein eindringliches Bonner Beispiel für diese zerrissene Haltung findet sich in der Psychologiestudentin und SDS-Aktivistin Heidrun Lotz. Obwohl Lotz denselben kommunistischen Überzeugungen nahestand wie der AKE, hielt sie Distanz zum Arbeitskreis. Im Rückblick beurteilte Lotz das Engagement der Frauen, «die ganz viel Kleinarbeit machen, und ganz viel Bewusstseinsarbeit», als «ganz entscheidend» für das westdeutsche Achtundsechzig. Trotzdem äußerte sie sich skeptisch über die damalige «Zeit der Feministinnen, wie immer man dazu stehen mag», und setzte sich im biographischen Interview offensiv von zwei selbstgewählten weiblichen Gegenfiguren ab. Die eine war eine namenlose Mitstudentin, die später zur Terroristin geworden sei. Die andere war die Bonner Radikalfeministin Karin Struck, die Lotz wie eine Hexe beschrieb: «'Ne rothaarige, 'ne ganz wilde Person», «ich hab sie nicht gemocht … sie war so 'ne Rednerin, ist immer auf den Tisch gestiegen». Strucks Buch «Die Mutter» über die Sehnsucht nach Mütterlichkeit mutete Lotz «fast nationalsozialistisch» an.[97]

Bei der Suche nach einem neuen Rollenbild half vielen auch die Abgrenzung von der eigenen Mutter. Die Mehrheit der jungen Frauen, die eine Hausfrau zur Mutter hatten, betonten, sie könnten nie so «schicksalsergeben» und «fremdbestimmt» leben wie diese. Nicht wenige Achtundsechzigerinnen erinnerten sich an ihre Mütter als «deprimierte» Hausfrauen, die «unter der Knute» des Ehemanns gestanden hätten.[98] «Wir wollten nicht mehr so sein wie unsere Mütter, die sich nur nach dem Mann gerichtet haben, die nur alles getan haben, damit der Ernährer der Familie immer zufrieden ist», hielt die Münsteraner Studentin Mechtild Düsing fest. «Das war ja das Horrorbild, die eigene Mutter!»[99] Während man sich deutlich vom Lebensstil der Mutter distanzierte, zeigte man doch Verständnis für sie. Mitleid, nicht Konfrontation, war der vorherrschende Modus. Selbst wenn die Mutter überzeugte Nationalsozialistin gewesen war, wie bei Frigga Haug, kam es nicht zum Streit. Frigga sah ihrer Mutter selbst offen antisemitische und rassistische Äußerungen nach, weil der Vater im Krieg gefallen war. «Wenn man eine Mutter hat, die ihre vier Kinder nur mühsam durchbringt, gibt es keinen solchen Ablösungskampf wie in geschlossenen Familien, wo auch ein Vater dabei ist. Ich fühlte mich eher als Beschützerin meiner Mutter.» In den Familien der damaligen Feministinnen bestätigt sich durchweg das schon bei den Söhnen angetroffene Muster des gemeinschaftlichen Beschweigens.[100] Und weil die Mütter seltener als die Väter als politisch Handelnde wahrgenommen wurden, konnte man sie leichter als Opfer des Regimes einordnen. Diese Tendenz ging Hand in Hand mit den zeitgenössischen Leitbildern der Trümmerfrauen und Kriegerwitwen, die ebenfalls die weiblichen Wesenszüge der Aufopferung und Entsagung betonten. Für das Selbstverständnis der Achtundsechzigerinnen war die NS-Belastung der Mütter deswegen weit weniger wichtig als für ihre männlichen Genossen.

Zwischen den weiblichen Generationen um 1968 tobte keineswegs der entfesselte Generationenkonflikt. Zwar taugten die Mütter ihren Töchtern kaum mehr als Vorbild, aber sie blieben doch Vertrauenspersonen und Gesprächspartnerinnen.[101] In einer Hamburger Umfrage nannte knapp ein Drittel der 23-jährigen Mädchen die Mutter als die engste Vertrauensperson, ein weiteres Fünftel beide Eltern. Das galt gleichermaßen für Studentinnen wie für Arbeiterinnen.[102] Vier von fünf jungen Leuten erlebten ihre

Mütter als «umgänglich» und «emotional positiv». «Im Gegensatz zum Vater war die Mutter bei den 23-Jährigen weniger gebietend, sehr viel emotionaler, gleichbleibender und umgänglicher ... Starrheit und Kühle werden den Müttern kaum zugeschrieben.» Gerade in Angestellten-, Beamten- und Akademikerfamilien wurden die Mütter als besonders liebevoll beschrieben.[103] Dies widerlegt heutige Stereotype von gefühlskalten Zuchtmeisterinnen, die ihren Nachwuchs – die spätere Achtundsechziger-Generation – mit überaus harter Hand erzogen hätten. Als «Hitlers willige Mütter» (Sabine Bode) wird diese Kohorte zuweilen dargestellt. Die Disziplinversessenheit und Lieblosigkeit der überforderten Mütter habe die vaterlosen Töchter der Kriegsgeneration lebenslang beschädigt, argumentieren mehrere Bestseller seit etwa 2004. Diese Geschichtsklitterung wird nur mit Einzelfällen anekdotisch belegt.[104]

Wie sah das Verhältnis von Müttern und Töchtern Ende der sechziger Jahre im Regelfall aus? Was dachten die Mütter und Großmütter von 1968 über die Lebensziele, Rollenvorstellungen und Erziehungspraktiken ihrer Töchter und Enkelinnen? Wo hörte ihre Toleranz auf, wenn die Jüngeren sich anders verhielten, als es traditionelle Geschlechternormen vorschrieben? Solche Fragen wurden im Sommer 1968 vielstimmig beantwortet, und zwar mithilfe eines Mutter-Tochter-Gespanns im Garten der Familie Merker zu Köln. Die Mutter von Helga Merker, der Bonner Doktorandin Hans Thomaes, hatte sich den Knöchel gebrochen und lag nun wochenlang im Liegestuhl, umrahmt von blühenden Pflanzen und dem klobigen Tonbandgerät. Sie tat ihrer Tochter den Gefallen, Dutzende von Tonband-Interviews abzuhören und in mühevoller Kleinarbeit handschriftlich zu transkribieren. Oben saß ihre Tochter Helga und tippte die Transkripte auf einer Reiseschreibmaschine ab. Die so entstandenen «Berge von schriftlichem Material» – etwa 4000 Seiten – kategorisierte Helga Merker im nächsten Schritt für ihre statistische Auswertung. Was für die Doktorandin damals «eine Sauarbeit» war, ist aus heutiger Perspektive ein Gewinn. Denn die überlieferten Gesprächsprotokolle bieten ungewöhnliche Einblicke in das Familienleben der mittleren Generation. Unter den Transkripten finden sich 39 von Frauen zwischen 35 und 56 Jahren, die fast sämtlich Kinder hatten, die rechnerisch zu den Achtundsechziger-Kohorten zählen. Diese Mütter kamen «vorzugsweise ... aus der sozialen Mittelschicht» und hatten etwa zur Hälfte Volksschul- und weiterführende Schulbildung.[105]

Die im Köln-Bonner Raum befragten Frauen mittleren Alters äußerten sich noch nicht zur Frauenbewegung; dafür hatten die Interviews zu früh (von Mai 1967 bis August 1968) stattgefunden. Aber sie erläuterten ausführlich ihr Verhältnis zu ihren heranwachsenden oder erwachsenen Töchtern. Viele Alltagsentscheidungen wurden gemeinsam verhandelt. Eine Mutter zweier Mädchen wollte diesen eine «Freundin» sein: «Ich lass meinen Kindern sehr, sehr viel zu. Ich will ja meine Mädchen behalten … Manchen Willen kriegen sie, wie wir früher nicht gehabt haben … Und was gehen die heute doch sehr viel tanzen, und sie kriegt sehr viel Geld in die Hände, was wir nicht gehabt haben.» Eine 41-Jährige verglich ihre Familie mit einem demokratischen Forum, in dem die Jugendlichen mitreden durften, während sie als Kind früher «kein Wort sagen» durfte. «Früher war dieses Führerprinzip … der Vater ist der Herr im Hause. Heute in der Demokratie sind es gleich mehrere, und die Jugendlichen … sind doch heute so erzogen, dass sie sich ohne Weiteres einmischen, und im Grunde genommen halte ich das auch nicht für schlecht.» Eine Mutter einer 25-jährigen Studentin der Pädagogischen Hochschule betonte, dass ihre Kinder aussuchen könnten, «was sie anziehen wollten», «während wir nur gehorchen mussten». Denn «die Sache mit ihrer persönlichen Freiheit» sei doch für Jugendliche sehr wichtig. Auch die jung verwitwete Frau Faust verglich ihren Erziehungsstil, der auf Selbständigkeit und Vertrauen setzte, mit der Strenge und Ferne ihrer Eltern. «Ich erziehe meine Kinder zur Selbständigkeit. Sie sollen schon frühzeitig lernen, mit den Problemen fertigzuwerden, bei denen wir früher den Rat der Eltern hinzuzogen.» Sie wollte, «dass ein enges und vertrauliches Verhältnis besteht … und dass ich mit den Kindern auch alles besprechen kann. Meine Eltern meinten, das ginge uns als Kinder noch nichts an.» Die 45-jährige Frau Seifert mahnte: «Ein Kind muss auch Freiheit haben … Entscheidungen überlasse ich meinen Kindern, ich gebe ihnen keine Befehle.»[106]

Übereinstimmend berichteten diese 35- bis 56-Jährigen, sie seien überaus streng erzogen wurden. Fast alle kritisierten ihre Eltern für ihre damalige Härte. «Wenn ich jetzt von meiner Jugend spreche, ich zum Beispiel durfte nicht viel, ich hatte nicht viel in meiner Jugend wie Arbeit. Meine Mutter, die hat mich ziemlich streng gehalten, ich durfte auch nicht ausgehen, wenn ich da an unsere Rita denke, die darf doch viel mehr als ich mit 18 durfte … sie geht ins Kino, sie geht mal zu Parties, was ich nicht gedurft habe,» meinte eine 44-Jährige. Als «erziehungsmäßig verängstigt» charakterisierte Frau Banse ihr eigenes Aufwachsen: «Unsere Zeit verlangte nur Gehorsam, nur keine Fehler machen, auf der Arbeitsstelle ja kein Widerwort, wohingegen die Jugend heute ja auch mal etwas sagen kann.» Während ihr klipp und klar vorgeschrieben worden sei, was sie anzuziehen hatte und wann sie zu Hause sein musste, gönne sie ihrer Tochter schon mal etwas Spaß: «Wenn heute meine Tochter anruft und sagt: Mutti, es ist so schön, ich komme später. Na ja, warum nicht? Ich bin da doch ein bisschen großzügig. Eben weil das auch von den anderen so gehandhabt wird.» Auch die 1925 geborene Frau Eichhorn stellte ihr Elternhaus als kompromisslos dar. Es herrschte der Vater, die Post und die Schränke wurden kontrolliert und Taschengeld war so unvorstellbar wie Widerworte. Es gab «bei Tisch nie ein Tischgespräch. Die Kinder mussten still sein … Wissen Sie, meine Eltern thronten und wir sitzen mit den Kindern … Wir mussten um alles fragen. Und es wurde uns dann erlaubt oder nicht erlaubt. Unsere Kinder sagen, ich gehe heute dahin oder ich mache das oder ich mache das … Wir sprechen mit den Kindern. Das ist der große Unterschied … Und die großen Kinder, die werden ja nicht als Kinder mehr betrachtet, sondern als gleichberechtigte Erwachsene.»[107] Viele erwähnten, dass ihre Mütter nie mit ihnen gespielt hätten und sich nicht mehr als nötig mit ihnen hätten abgeben können.[108] Als Helga Merker alle Interviews gelesen hatte, setzte sie sich vor ihre kleine Reiseschreibmaschine und tippte: «Viele … Probanden übten Kritik dran, dass ihre Eltern zu wenig Zeit für sie als Kinder gehabt hätten, dass gefühlsmäßig nicht selten ein großer Abstand zwischen ihnen und ihren Eltern bestand und man sich oft unverstanden gefühlt habe.»

Auch als Helga Merker die von den Befragten ausgefüllten Fragebögen statistisch auswertete, deutete das Ergebnis in dieselbe Richtung. Während die über 60-Jährigen strenge, kontrollierende Erziehungspraktiken und eine Dominanz der Eltern bevorzugten, sprachen sich die 35- bis 56-Jährigen eher für ein partnerschaftliches Verhältnis zum Kind aus. Die mittlere Generation lehnte es eher ab, den Eigensinn der Kinder zu brechen und aggressives Verhalten zu unterbinden, während die meisten über 60-Jährigen für autoritäres Eingreifen plädierten.[109] Das Gefälle zwischen den von den Altersgruppen bevorzugten und erfahrenen Erziehungsstilen war auffallend groß. Die Alten gaben an, selbst sehr streng erzogen worden zu sein und ihre Kinder relativ streng erzogen zu haben, während die mittlere Generation nur noch zu fünf Prozent die eigenen Kinder mit Strenge aufwachsen ließ.[110]

In ihrer Beurteilung der heutigen Jugend waren sich die mittlere und die alte Generation da besonders uneinig, wo es um das Sexualverhalten und die äußere Erscheinung von Mädchen ging. Die Großeltern der Achtundsechziger legten in dieser Hinsicht viel strengere Maßstäbe an als die Eltern.[111] Aber kurze Kleider, modische Frisuren, Rauchen, Trinken und auf Parties zu gehen waren eben Signale, mit denen junge Frauen der sechziger Jahre ihre Modernität behaupteten und sich zu neuen Lebensstilen bekannten. Fast alle Bonner und Kölner Mütter erzählten von entsprechenden Diskussionen. In ihren Familien wurden Kompromisse ausgehandelt, die Respektabilität und Sparsamkeit großschrieben, aber der Tochter in den so abgesteckten Grenzen ein gewisses Maß an Entscheidung ließen. Hier grenzten sich die Mütter offensiv von den Großmüttern ab. «Die Eltern mögen das noch verstehen, die können da noch mitkommen, wenn sie Miniröcke anziehen … aber ich glaube, die Großeltern kommen da doch wohl nicht mit … das war ja zu deren Zeit überhaupt nicht möglich», meinte eine 37-jährige Mutter zweier Kinder. «Was ich anders machen würde» als ihre Eltern seinerzeit, betonte Frau Fischer, «ich würde meinen Kindern also nie sagen, Du musst, Du musst! also in äußerlichen Dingen. Da würde ich die Zügel ein bisschen locker lassen, zum Beispiel was Kleidung anbelangt oder was heute ist mit Haarschnitt und allem.» Die Verkäuferin und Putzhilfe Frau Zabel hatte Verständnis für Mädchen mit Miniröcken: «Ja, also, muss doch sein, wir sind ja auch nach der Mode gegangen.» Auch lange Haare fand sie akzeptabel, solange sie nur «oft geschnitten werden». Sie beneidete die heutigen jungen Frauen, die herausgeputzt tanzen gingen, um ihre sorgenfreie Jugend, nicht zuletzt weil sie selbst als 19-Jährige von sowjetischen Soldaten vergewaltigt worden war. «Mein Jahrgang ist ja 25, wir haben ja eigentlich schon sehr viel durchgemacht … ich ja persönlich das mit den Russen und viele andere auch, also das möchte ich meinen Kindern ja nicht wünschen, auf keinen Fall … ich wäre gern tanzen gegangen, aber so … Also, ich hätte mich so gern feingemacht.» Die 49-jährige Frau Hahn behauptete: «Und wenn ich schöne Beine hätte, würde ich auch noch einen Minirock anziehen. Was gefällt, sollen die auch tragen.» Frau Rottorf erzählte wohlwollend von ihrer Tochter und deren Freundinnen: «Sie können sich nach ihrem Geschmack kleiden, nach der neuesten Mode. Wir durften doch nicht so, wie wir wollten, die Eltern waren strenger. Man hätte doch zum Beispiel in so einem kurzen Minirock nicht laufen dürfen.»[112]

Es gab durchaus Auseinandersetzungen darüber, ab welchem Alter welcher Grad von Freizügigkeit und Aufmachung erlaubt sei. Einzelne Mütter waren strenger als andere, so wie Frau Langer, deren 15-jährige Tochter noch kein Parfüm benutzen durfte. Aber zumeist wurde nicht verboten, sondern verhandelt. Frau Hirsch nähte ihren Töchtern selbst kurze Kleider und ließ sie bis zehn Uhr abends ausgehen, unter der Bedingung, dass sie sich «anständig zu benehmen» hatten und «nicht herumloddern» durften. Die 13-jährige Tochter von Frau Angermann durfte zwar nicht «die Lippen knallrot schminken» oder «dünne und hochhackige Absätze tragen». Trotzdem kam Frau Angermann ihrer Tochter «in vielen Dingen weiter entgegen als meine Mutter. Meine Mutter hätte einen Anfall gekriegt, wenn wir als 22-Jährige mit Nagellack aufgetaucht wären. Ich habe es meiner dann zugestanden, weil sie ankam und sagte: ich kann meine Fingernägel nicht formen, sie spielt Geige, alle Kinder können sich die Finger formen! Da sage ich: Na, dann nimm eben Nagellack. Also diese Austauschgeschäfte hätte meine Mutter nicht gemacht, die wäre stur gewesen.»[113] Tatsächlich fühlten sich damals nur wenige Jugendliche daheim rundweg bevormundet. Umfragen der sechziger Jahre belegen, dass aus ihrer Sicht hauptsächlich umstritten war, wie lange sie abends ausbleiben durften. Obwohl Eltern und Heranwachsende sich in Detailfragen uneinig waren, herrschte bereits eine Verhandlungskultur vor.[114]

Selbst wenn sich die Eltern der Achtundsechziger schon auf ihre Kinder zubewegten, äußerten sie sich zeitgleich oft empört über die «abstrakte» Jugend, die sie vom Hörensagen oder aus dem Fernsehen kannten. Die großstädtischen «Gammler» dienten vielen Müttern als Schreckbild schlechthin, wobei sie ihre eigenen Kinder von diesen positiv abhoben.[115] Die Köln-Bonnerinnen mittleren Alters äußerten sich mitunter auch sehr kritisch über Lehrmädchen oder Schülerinnen, denen sie nur kurz begegnet waren. Eine 56-Jährige schimpfte über die Auszubildenden in ihrem Geschäft: «Man weiß es von manchen Mädchen, die abends sechs, sieben Glas Bier trinken … die haben überhaupt keine Interessen, nur ausgehen, mit Jungs zusammenkommen, rauchen». Für eine ihr besser bekannte 20-Jährige und ihren Sohn machte sie allerdings Ausnahmen. Ebenso empörte sich Frau Anz darüber, «was da in den Beatkellern getrieben wird, im Fernsehen wird das dann manchmal gezeigt, das ist auch nicht zum Ansehen, man muss sich schämen, richtig schämen, wie die Mädchen sich da benehmen.» Allerdings fügte sie hinzu: «Nun sind sie ja Gott sei Dank nicht alle so», um dann das Beispiel ihrer überaus gut geratenen Tochter, einer Grundschullehrerin,

Hot pants bei der jungen, Minirock bei der mittleren Generation: in der Bonner Maximilianstraße, 1970

anzubringen.[116] Je enger der persönliche Kontakt war, desto toleranter zeigte man sich. Frauen, die selbst noch Kinder in ihren Zwanzigern hatten, sahen der Jugend sehr viel mehr nach als alleinstehende oder über 60-jährige Frauen. Betagte Männer mit wenig Kontakt zu Jugendlichen waren am stärksten vorurteilsbehaftet.[117]

Die Mütter der Achtundsechziger-Generation lebten mithin in einer Grauzone zwischen traditionellen und neuen Lebensstilen, wo es um Mode, Konsum und Erziehung ging. Doch inwieweit hielten sie noch am Hausfrauenideal fest? Wir wissen, dass in Familien mit mehreren um 1940 geborenen Kindern die Söhne im Alltag bevorzugt wurden, aber auch einen höheren schulischen Erwartungsdruck aushalten mussten. In drei Viertel aller Familien brauchten die Jungen deutlich weniger im Haushalt zu helfen als die Mädchen. Dieses Privileg fanden damals fast alle jungen Männer «natürlich», aber nur jede vierte junge Frau.[118] Die Mütter, die ihre Kinder derart ungleich behandelten, antworteten in der Bonner Erhebung durchaus widersprüchlich auf die Frage: «Sollte man Jungen anders erziehen als Mädchen?» Fast stereotyp wurde zunächst betont, dass man keinen Unterschied machen solle, um danach anzuführen, dass Mädchen doch auf die

Häuslichkeit und Jungen auf den beruflichen Wettbewerb vorbereitet werden sollten. So argumentierte Frau Russ: «Nein, ich glaube nicht, dass ich einen großen Unterschied machen würde … Ja, ich würde bei einem Jungen bestimmt mehr Wert darauf legen, dass er eben nach Möglichkeit einen guten Beruf erlernt. Ich meine, ein Mädchen kann immerhin auch durchs Leben kommen ohne Abitur.»[119] Ein Junge brauche mehr Taschengeld und könne später nach Hause kommen, so Frau Zabel, damit er mal eine Freundin ins Café einladen könne. Dagegen müsse ein Mädchen «schon mal abtrocknen helfen, weil sie es ja auch später braucht» (laut Frau Märker). Frau Gröpsch erwartete, «dass ein Mädchen sich mehr einkapselt, ein Junge kann schon ruhig freier sein» und «dass das Mädchen sauber und ordentlich ist, was [man] beim Jungen … schon eher durchlassen» könne.[120] Weit überwiegend betonten die befragten Mütter, junge Frauen müssten stärker zur Zurückhaltung, Sparsamkeit und Mithilfe im Haushalt angehalten werden. Trotzdem wollten sie ihre Töchter nicht mehr allein auf eine Zukunft in der Familie ausrichten. Als die Frauen mittleren Alters einen Einstellungsfragebogen zur Hausfrauenrolle beantworteten, verteidigten sie diese bereits sehr signifikant seltener als die über 60-Jährigen. Je jünger die befragten Frauen waren, desto weniger bejahten sie Thesen wie «Zu viele Frauen vergessen, dass der Platz der Mutter im Hause ist.»[121]

Für ihre Töchter strebten die 35- bis 56-Jährigen eine Berufsausbildung an, die das Hinzuverdienen auf Zeit ermöglichen, dem Mann aber nicht seine Rolle als Haupternährer streitig machen sollte. Typisch war Frau Anz' Darstellung: «Also, solange wie sie keine Kinder haben, bin ich dafür, dass sie arbeiten, aber sowie die Kinder da sind, sollte man nicht nur, um Geld zu verdienen, die Kinder anderen überlassen. Das wirkt sich doch später auf jeden Fall aus. Sonst, lernen soll ein Mädchen heute unbedingt einen Beruf, das muss sein. Der Mann, der kann heute verunglücken, mit den Autos, das ist so eine Gefahr und überhaupt, dann ist die Frau nicht abhängig, dann kann sie sich selbst wieder Geld verdienen.» Für den Notfall sei ein Beruf wichtig, betonte auch Frau Weser, die «es selber erlebt» hatte, «dass man oftmals den erlernten Beruf sehr dringend braucht». Gleichwohl schränkte sie ein, «wenn man es finanziell nicht verkraften kann … dass da wohl der Junge, was den Beruf betrifft, die bessere Ausbildung bekommt».[122] Für die Mütter der Achtundsechziger war Erwerbsarbeit eine die Familientätigkeit phasenweise ergänzende Zusatzrolle, die sie ihren Töchtern zugänglich machen wollten. In gewissen Grenzen begrüßten diese Mütter auch Halbtagsarbeit, lehnten aber eine Vollzeitstelle für Frauen mit Kindern ab. Das galt selbst für diejenigen, die selbst ganztags arbeiteten oder die Jahre der eigenen Berufstätigkeit im Rückblick als die schönsten ihres Lebens einschätzten.[123]

Es überrascht daher nicht, dass auch in den späten sechziger Jahren noch jede achte junge Frau darüber klagte, sie sei bei ihrer Berufswahl bevormundet worden.[124] Die Unterschiede zwischen Frauen verschiedener Altersgruppen waren damals enorm groß. Die vor 1910 geborenen Frauen hatten zur Zeit ihres Schulabschlusses selten einen klaren Berufswunsch gehabt (nur zu sieben Prozent). Sie entschieden fast ausschließlich zwischen wenigen, einander ähnlichen Berufen, die fast alle dem Sorge- und Haushaltsbereich angehörten und damit im Ruf standen, die Heiratschancen zu verbessern – wie Kindergärtnerin und Säuglingsschwester, Wäscherin und Büglerin, Hausschneiderin und Weißnäherin. Die nächste Altersgruppe, zwischen 1910 und 1930 geboren, hatte auch nur zu etwa zehn Prozent klare Vorstellungen von ihrem zukünftigen Beruf gehabt. Diese Frauen zogen aber immerhin schon ein größeres Spektrum von Berufen in Erwägung – wie etwa Lehrerin, Laborantin, Büroangestellte oder Verkäuferin. Dagegen war die Situation völlig anders für die nach 1938 geborenen Frauen, also die Altersgruppe der Achtundsechzigerinnen. Ihre Berufswahl war «in die Zukunftsplanung als selbstverständlich mit einbezogen, entweder als Übergangslösung bis zur Heirat oder aber sogar als Lebensaufgabe gesehen». Bei 43 Prozent hatte sich ein detaillierter Berufswunsch schon im letzten Schuljahr herauskristallisiert, und bei 60 Prozent hatten die Eltern ihnen völlig freie Wahl gelassen. Letzteres galt nur für zehn Prozent der damals über 50-jährigen Frauen.[125]

Viele junge Frauen der Achtundsechziger-Generation erlebten im Elternhaus Diskussionen über ihre Bildungs- und Berufswünsche, besonders wenn sie auf die höhere Schule strebten. Ihren Berichten zufolge musste zumeist die Skepsis des Vaters mithilfe der Mutter überwunden werden. So erzählte Dagmar Seehuber, eines von vier Kindern eines Schlossers: «Mein Vater stellte sich auf den Standpunkt, dass ich lieber einen Beruf lernen sollte, als auf die Realschule zu wechseln, da Mädchen später sowieso heiraten würden. Meine Mutter konnte ihm dann wenigstens die Einwilligung zum Besuch einer Mittelschule abringen.» Die gleiche Auseinandersetzung erlebte Frau Neuer, Jahrgang 1940 und eines von fünf Kindern eines Bauernehepaares mit eigenem Hof. «Besonders mein Vater ist davon ausgegangen, dass ich heirate und deshalb auch keine bessere Schulbildung brauche. Ich habe es durchgekämpft, also es war richtig ein Kampf. Mein Vater hat sogar gesagt, er hofft, dass ich durch die Prüfung falle.»[126] Auch die 1948 geborene Frau Kasten setzte den Besuch der Universität gegen ihren Vater durch, wobei ihr die Mutter beisprang. «Meine Mutter hatte nicht studiert, was sie immer sehr bedauerte … Mein Vater hatte vier Kinder … Bei mir meinte er, ich brauch nicht einen Beruf haben, sondern das könnte er sich vielleicht ersparen.»[127] In bildungsbürgerlichen, besser verdienenden Familien war der höhere Bildungsweg für die Töchter schon selbstverständlicher, aber auch hier bremste zuweilen der Vater. Karin Adrians «Vater war dagegen, dass ich freie Malerei studierte, also entschied ich mich für Kunstgeschichte, sozusagen als Kompromiss.» Adrian klagte allerdings, dass ihr Vater gebildete Frauen weiterhin als «Mannweiber» und «Blaustrümpfe» verunglimpft und «meine eigenständigen Gedanken … immer wieder abgeblockt» habe.[128]

Die Schützenhilfe der Mütter ging oft auf die ihnen selbst versagten Bildungschancen zurück. Eine Mitstreiterin des Frankfurter Weiberrats betonte, dass ihre Mutter, eine Hausfrau mit Volksschulabschluss, ihr «auf jeden Fall eine Schulbildung» zukommen lassen wollte. «Sie hat das immer sehr bedauert, dass sie das nicht hat machen können.»[129] Auch für die in Bonn befragten Mütter waren verpasste Chancen ein großes Thema. Gefragt, was sie anders machen würde als die eigenen Eltern, betonte die 1912 geborene Frau Krause: «Also, ich hätte meinen Kindern die Möglichkeit gegeben, eine längere Ausbildung zu haben, als ich es gehabt habe.» Sie empfand den Bildungsmangel lebenslang als «Lücke» und «ziemlich harte Nuss». Ihre Eltern hätten wohl die Möglichkeiten, nicht aber den Weitblick gehabt, sie zu fördern. «Eine ganz schlechte Jugend» habe sie gehabt, meinte auch Frau Gröpsch: «Einen Beruf, den ich gerne lernen wollte, den bekam ich nicht.» Sie habe stattdessen nur «den Haushalt gelernt».[130] «Das sagten die Eltern früher, ein Mädel braucht nicht zur höheren Schule … während ich mir gesagt habe, auch ein Mädel muss zur höheren Schule», schwor sich die 50-jährige Frau Weser.[131] Die 42-jährige Frau Esser genoss es, mit ihrer Tochter Rosi die Schulaufgaben zu machen, denn «ich lerne heute mit ihr. Man hätte das früher auch gerne getan. Aber es war eben nicht so, das gab es nicht.» Selbst eine Familienfrau brauche «eine gute Ausbildung … um den Kindern zu helfen», argumentierte Frau Gutsche: «Wenn Sie früher zu ihrer Mutter gesagt haben, ein Mädchen wird Studienrätin oder will studieren, da haben sie gesagt: Ein Mädchen studiert nicht, ein Mädchen heiratet mal. Ja, heute ist das 'ne Selbstverständlichkeit. Und genauso ist es, wenn heute ein Mädchen sagt: Die Ausbildung ist genauso wichtig. Ich steh auch auf dem Standpunkt.»[132] Die Bonner Psychologin Ursula Lehr führte in den sechziger Jahren 500 biographische Interviews mit Frauen über ihren Beruf. Sie fand heraus, dass 24 Prozent der Volksschulabsolventinnen und sogar 37 Prozent der Mittelschulabsolventinnen bedauerten, keine höhere Schule besucht zu haben.[133] Das Gefühl vieler Mütter, um ihre Bildung betrogen worden zu sein, traf um 1968 auf eine Gesellschaft, in der Mädchenbildung bereits vielfach politisch gefördert und öffentlich gefordert wurde. Durchschnittlich verdienende Familien konnten es sich nun leisten, mehrere Kinder bis zum Abitur oder sogar bis zum Universitätsabschluss zu bringen. Auf diese Weise mit gesellschaftlichem Rückenwind ausgestattet, konnten junge Frauen jetzt oft (aber nicht immer) auch trotz des konservativen Frauenbilds ihrer Väter und Großeltern eine Berufs- oder Hochschulausbildung aufnehmen.[134]

Weil die weibliche Jugend um 1968 schon häufiger auf eine längere Ausbildung und einen besseren Beruf zurückgreifen konnte, bot sich ihnen die Chance, das eigene Leben unabhängig von der Familie zu definieren. Das unterschied sie deutlich von den Müttern und Großmüttern. Die Zurückstellung eigener Bedürfnisse hinter das Familienwohl war ein dominantes Kennzeichen biographischer Interviews mit über 60-jährigen Frauen, wie das Team des Bonner psychologischen Instituts während der Laufzeit ihrer Altersstudie schnell entdeckte. In dem Katalog psychologischer «Daseinstechniken», den der Studienleiter Hans Thomae entwickelt hatte, fand dieses altruistische Verhalten zunächst keine Entsprechung. Eine eigene, zusätzliche Ausprägung musste erfunden werden, die das Bolsa-Team salopp die «Assisi-Kategorie» taufte – frei nach Franz von Assisi, der weiland aufgrund seiner Selbstentsagung und Nächstenliebe heiliggesprochen worden war.[135] Es waren die Versuchsleiterinnen der Bolsa, die auf diese Neuerung drängten. Die 29-jährige Ingrid Tismer-Puschner saß damals im wöchentlichen Rhythmus in den Räumen des Bonner Instituts alten Damen gegenüber, und sie erinnerte sich, wie «ich darum gekämpft hab, die sogenannte Assisi-Kategorie, Zurückstecken der eigenen Bedürfnisse zugunsten anderer», als neue Daseinstechnik anzuerkennen. Sie habe die Notwendigkeit einer solchen Ergänzung des Verhaltenskatalogs «sehr verteidigt», «weil ich da mit vielen Frauen so gesprochen hatte», die jeweils «in der familiären

Situation» uneigennützig gehandelt hatten. Tismer war beeindruckt von der «Bescheidenheit» der alten Damen vor ihrem Mikrofon: «Mir haben sehr viele, … die oft keine große Schulbildung hatten, … sehr imponiert», gerade weil sie sich selbst zurücknahmen und ihre begrenzten Lebenschancen «akzeptierten».[136]

Die Tendenz zur Selbstzurücknahme führte im Alltag der Großmüttergeneration oftmals zur Zurückhaltung in politischen Dingen. Wo die Ehemänner gern mit Freunden und Kollegen debattierten und sich eine Meinung leisteten, steckten die Ehefrauen zurück. Die alten Frauen hatten haushaltsbedingt weniger Freizeit als ihre verrenteten Männer. Sie lasen seltener Zeitung, interessierten sich weniger für die Nachrichten und gingen häufiger in die Kirche.[137] Als die 71-jährige Frau eines kleinen Beamten, Eugenie Theiler, in Bonn «exploriert» wurde, notierte die Psychologin Maria Renner: «Sie wirkte sehr bescheiden und zurückhaltend.» Für das Weltgeschehen oder Politik interessiere sie sich gar nicht: «Das überlasse ich alles lieber meinem Mann.» Hanna Hahnert, eine 1895 geborene Hausfrau, wollte sogar das Frauenwahlrecht rückgängig machen: «Ich würde das Wählen den Männern überlassen. Ich würde die Frauen ganz ausschließen … Politisch sind die doch nicht so geschult, dass die ein Urteil fällen können.» Insgesamt zeigten die über 60-jährigen Frauen ein deutlich geringeres politisches Interesse als die gleichaltrigen Männer.[138] Auch zwischen Frauen verschiedener Altersgruppen gab es in dieser Hinsicht ein großes Gefälle. Als ein Meinungsforschungsinstitut nach Zustimmung zu der Redewendung «Politik ist Männersache» fragte, bejahten diese ganze 43 Prozent der über 60-jährigen, aber nur 28 Prozent der unter 30-jährigen Frauen.[139] Die apolitische Haltung der Alten mochte sowohl in bewusster Selbstzurücknahme gegenüber dem Ehemann als auch in einem Mangel an Selbstbewusstsein begründet sein.

Je älter die Frauen waren, desto mehr neigten sie auch dazu, ihre Geschlechtsgenossinnen für schlechtes Benehmen in der Öffentlichkeit zu kritisieren. Das Altersgefälle einer Meinungsumfrage über Manieren von 1966 stieg mit dem Alter stereotyp an. Mehr als zwei Drittel der über 60-Jährigen missbilligten es, wenn Frauen in Shorts einkaufen gingen, sich im Auto eng an den Fahrer kuschelten oder rauchten. Dasselbe galt nur für jeweils 37 Prozent der 16- bis 29-Jährigen. Gegen Miniröcke waren 58 Prozent der Alten, aber nur 23 Prozent der Jungen. In all diesen Benimmfragen lagen die beiden mittleren Altersgruppen der 30- bis 44-Jährigen und 45–59-Jährigen rechnerisch ziemlich genau in der Mitte zwischen Großeltern- und Enkelgeneration.[140]

Die Eltern der Achtundsechziger waren in Lebensstilfragen mithin bei Weitem nicht so streng wie die Großeltern. Gleichwohl kritisierten viele junge Frauen ihre Mütter für ihre rituelle Bescheidenheit. Sie tadelten die Mütter für eine Zurückhaltung, die sie als Kriecherei und Entpersönlichung empfanden. Helke Sander vom Berliner Aktionsrat waren «unsere Mütter unheimlich … Frauen hatten was Unterwürfiges, das wir nicht mochten … Wir begannen diese Demut zu hassen.»[141] Dagmar Seehuber fand «meine Mutter politisch völlig desinteressiert»[142] und Karin Adrians «Mutter existierte als Persönlichkeit eigentlich gar nicht, weil sie alles gemacht hat, was mein Vater sagte.»[143] «Das Modell, das Männern alles aufgibt, ja, und dann nicht mehr kritisiert und überwiegend Ja sagt», beanstandete auch die 1953 geborene Theresia Weiner-Rat an ihrer Mutter.[144]

Die Entwicklung vom «Dasein für andere» hin zur Suche nach dem «eigenen Leben» war damals der Hauptunterschied zwischen den Lebensentwürfen von Müttern und Töchtern.[145] Der Stellenwert des Berufs in der Biographie verschob sich. Weibliche Lebensläufe begannen zu «verberuflichen», wurden also von den nach etwa 1940 geborenen Frauen selbst immer stärker anhand der Leitlinie beruflicher Stationen – Ausbildung, Karriere, Rente – gedeutet und erzählt. Zudem gab es nun immer mehr Frauen, die lebenslang und nicht nur phasenweise berufstätig waren.[146] Gerade für die Achtundsechzigerinnen ging diese Veränderung Hand in Hand mit der expliziten Abgrenzung vom Beispiel ihrer Mütter. Es «anders als die Mutter» machen zu wollen, bedeutete für sie eine Absage an Fremdbestimmung und Unterordnung. «Ich brauchte Vorbilder. Meine Mutter hatte mir keins sein können; so wie sie wollte ich nicht leben», begründete die 1939 geborene Erika Runge ihre Idee zu einem Buch mit lebensgeschichtlichen Interviews 17 deutscher Frauen, das sich allein zwischen 1969 und 1978 sensationelle 66 000 Mal verkaufte. Für ihr Buch wollte Runge «Beispiele gelungener Emanzipation sammeln», um anderen Frauen «Mut zu machen», den von der Mutter getretenen Pfad zu verlassen.[147]

Wie sehr diese Botschaft in der Tiefe der Gesellschaft ankam, belegen Gespräche, die die Sozialforscherin Christine Thon nach der Jahrtausendwende mit Großmüttern, Müttern und Töchtern aus westdeutschen Familien führte. Die Achtundsechzigerinnen unter ihren Befragten verglichen sich stets mit ihren Müttern. Zur Zeit ihres Schulabschlusses habe sie «schon für sich verinnerlicht … irgendwie berufstätig zu sein», betonte etwa Marlies Arndt, Jahrgang 1947. «Ich wusste auf jeden Fall, was ich nicht will … ich wollte nicht wie meine Mutter werden. Das war mir ziemlich klar, dass ich irgendwie nicht zuhause … sitze und … die Kinder hüte und auf einen Mann warte, dass er dann abends mal kommt.» Auch Monika Cadenberg, geboren 1949, qualifizierte ihre Mutter als «nur Mutter» ab und nahm sich vor: «Das machst du nie … diese Rolle … sie musste das alles machen und bekam nicht mal ein Dankeschön.» Die Hausfrau-Mutter diente dieser Generation als Summe traditioneller geschlechtsspezifischer Erwartungen, von denen es sich zu befreien galt.[148] Allerdings steckte in dieser Negativfolie ein Gutteil Übertreibung, denn der Gegensatz zwischen Müttern und Töchtern war in Wirklichkeit eher graduell. So verschwieg Monika Cadenberg, dass sie selbst mehr als zehn Jahre lang wegen ihrer Kinder pausiert hatte und ihre Stellenwechsel teilweise familiär bedingt gewesen waren. Ihre Mutter Grete Claussen hatte auch phasenweise gearbeitet, und zwar als Köchin, Rotkreuz-Schwester und in der Landwirtschaft. Sie hatte die eigene Berufstätigkeit aber heruntergespielt, um die Tüchtigkeit ihres Mannes nicht in Zweifel zu ziehen. Stets stellte sie ihren Beitrag nicht als Eigenleistung, sondern als Teil der Existenzsicherung des Familienkollektivs dar – eine Schutzdeutung, die von der Tochter für bare Münze genommen wurde. Bei Marlies Arndt sah es ähnlich aus. Während sie im Interview einen Kontrast zwischen dem Familiendasein ihrer Mutter und der eigenen Berufskarriere aufbaute, überging sie weitgehend, dass sie selbst Hausfrau gewesen war, als die Kinder noch klein waren. Und ihre Mutter Gertrud Aschauer war zeitweise als Buchhalterin und Filialleiterin eines Supermarkts tätig gewesen.[149]

Mithin hatte der Wandel hin zur Vereinbarkeit von Beruf und Familie schon eine Generation vor der Revolte begonnen. Allerdings hatten die Mütter der Achtundsechzigerinnen ihre Ansprüche nicht offensiv formuliert, sondern ihre beruflichen Spielräume nur vorsichtig erweitert, ohne den Rahmen der idealisierten Versorgerehe zu sprengen. Häufig bemühten sie sich auch, den Töchtern bestimmte Ressourcen der Emanzipation mit auf den Weg zu geben, etwa wenn sie partnerschaftliche Beziehungen in der Familie befürworteten oder auf eine bessere Schul- und Berufsausbildung der Töchter drangen.[150] Wie unsere Momentaufnahme des Jahres 1967/68 zeigt, schlossen die Mütter mit den Töchtern vielfach Kompromisse in Fragen der Kleidung und der Freizeitgestaltung und waren weit weniger streng, als sie es selbst als Heranwachsende erlebt hatten. Weil sie selbst unter der Beschneidung ihrer Bildungs- und Berufsoptionen gelitten hatten, wollten sie den Töchtern eine Doppelrolle in Familie und Beruf ermöglichen. Dabei hingen sie aber überwiegend noch dem von ihnen selbst gelebten Phasenmodell an, das bei der Geburt von Kindern den Ausstieg aus dem Erwerbsleben vorsah. Deswegen war die Generation der Mütter schon auf halbem Wege zur Gleichberechtigung.

Das weibliche Achtundsechzig wurde gestaltet von Frauen, die sich öffentlich deutlich von ihren Müttern abgrenzten, gleichzeitig aber privat Verständnis für ihre Mütter aufbrachten. Die Mütter wurden den jungen Frauen zum Symbol für ein aufgezwungenes Hausfrauendasein, für Selbstaufgabe und Entpersönlichung, für das Dominiertwerden durch autoritäre Väter, für die Zumutungen unbezahlter und nicht anerkannter Pflege- und Sorgearbeit – ohne dass das so konstruierte Bild den eigenen Müttern genau entsprochen hätte. Und während die Achtundsechzigerinnen bewusst den Gegensatz zu ihren Müttern kultivierten (wobei sie kaum je auf den Nationalsozialismus anspielten), hatten sie unbewusst mit ihrer Vorgängergeneration mehr gemein, als sie wahrhaben wollten. Denn auch in der Altersgruppe der um und nach 1940 Geborenen wurde das Phasenmodell gelebt und waren traditionelle weibliche Bescheidenheitsrituale noch tief verankert.

Nur weil fast alle der damals beteiligten Frauen ihre Rolle als Vorhut des historischen Wertewandels habituell bagatellisierten, blieb der weibliche Anteil am westdeutschen Achtundsechzig langfristig so blass. Wo die Männer eifrig am Mythos arbeiteten und hohe Medienpräsenz erreichten, relativierten die Frauen oft gezielt ihren Beitrag. Auf die Frage, ob sie sich selbst als Achtundsechzigerin sähen, antworteten Ex-Aktivistinnen gern abschlägig oder zweifelnd. Annette Schwarzenau betonte beispielsweise, sie sei «nie eine Feministin» gewesen; ihr sei «klar, dass ich durch meine mangelnden Theoriekenntnisse die 68er nicht repräsentiere».[151] SDSlerinnen verharmlosten die Revolte der Frauen als «Phänomen» einer «Angestelltenkultur» (Annemarie Tröger) und «eher ein Hobby als ein Arbeitsfeld» (Georgia Tornow).[152] In Frauenjahrbüchern wurden Beiträge einzelner Autorinnen häufig anonymisiert – geradezu ein Rezept, um den Aufstieg von Vorreiterinnen zu Stars zu verhindern.[153] Bei einer Podiumsdiskussion im Juni 1988 über den Anteil der Frauen an der Revolte legte Moderatorin Halina Bendkowski dar, dass zwar die Zeitungen den Feminismus als einziges wesentliches Ergebnis der Studentenrevolte verkauften, dass aber «die Protagonisten der Frauenbewegung die einzigen sind, die sich nicht so darüber freuen» könnten. Die Frauen auf dem Podium, allesamt Vorkämpferinnen der Bewegung, stimmten ihr zu. Silvia Bovenschen missbilligte «diese merkwürdige Erinnerungsakrobatik, die jetzt von uns abverlangt wird», und gestand «starke Fluchttendenzen» vor öffentlichen Auftritten. Sigrid Damm-Rüger, die die legendären Tomaten geworfen hatte, wandte sich «gegen die Mystifizierung des Tomatenwurfs und der Frauenbewegung in dieser Zeit». Sibylle Plogstedt bedauerte: «Es hat nie auch nur den Versuch eines Treffens von alten SDSlerinnen gegeben, wo wir unsere eigene Geschichte hätten aufarbeiten können.» Es hätten «weder die Medien im nachhinein ein Interesse an den Frauen entdeckt, noch haben die Frauen selber ihr Interesse noch einmal formuliert, ihre eigene Geschichte auch darstellen zu wollen.»[154]

Indem sie sich selbst zurücknahmen, nach erprobter weiblicher Assisi-Manier, verstärkten die Protagonistinnen der Frauenbewegung noch die Blindstellen des medialen Narrativs von Achtundsechzig. Sie überließen die Mythenbildung den Männern und wurden Zeuge dessen, dass männliche Anführer wie Dutschke als Prominente aufgebaut wurden und «die Frauen auf einmal verschwunden sind, obwohl sie kräftig mitgemischt haben». «Wir haben anderen bestimmt eine Orientierung gegeben. Aber wir haben uns sicherlich weniger eitel verhalten als manche Männer», meinte Susanne Schunter-Kleemann. Im Ergebnis stünden Frauen wie Sigrid Fronius und Sigrid Damm-Rüger «nicht einmal mehr in den Namensverzeichnissen» der Bücher über diese Zeit, obwohl sie bis 1967 an der Freien Universität Berlin bekannter gewesen seien als Dutschke.[155]

Der Tunnelblick der Massenmedien auf Leitfiguren wie Dutschke, Krahl und Cohn-Bendit bedingte, dass der feministische Aufbruch der späten sechziger Jahre von den Zeitgenossen wie von den Historikern unterschätzt blieb. Er wurde in Isolation betrachtet oder als unwesentliches Spaltprodukt der Rebellion verstanden. Immer wieder wird auch darum gestritten, ob die zweite Welle der deutschen Frauenbewegung schon 1968 ihren Ursprung nahm: ob die damaligen Frauengruppen wirklich wichtig genug gewesen seien, um die in den siebziger Jahren mächtig anschwellende, inhaltlich neue Schwerpunkte setzende feministische Bewegung inspiriert zu haben. Der Streit um den Ursprungsmythos Achtundsechzig erklärt sich nicht zuletzt aus den internen Rissen im feministischen Lager und der Tatsache, dass die frühen Frauengruppen noch theoretisch naiv und sozial vergleichsweise exklusiv waren.[156]

In der Tat justierte sich die westdeutsche Frauenbewegung seit 1971 neu. Internationalen Anregungen folgend, traten nun die körperliche und sexuelle Autonomie von Frauen und die Kampagne gegen das Verbot der Abtreibung in den Vordergrund. Diese Wendung garantierte zum einen starke Aufmerksamkeit in den Medien. Alice Schwarzer stieg seit der Zeitschriftenaktion «Ich habe abgetrieben» im Jahr 1971 zur Berühmtheit der westdeutschen Frauenbewegung auf. 1975 legte sie mit ihrem Buch zum «kleinen Unterschied» nach, das klare Worte zur sexuellen Ausbeutung und Nicht-Befriedigung von Frauen fand. Jetzt entwickelten auch die Medien ein intensives Interesse an der Frauenbewegung, wobei sie sich mehr auf Sexualität als auf die Forderungen der Feministinnen fokussierten. Die ersten größeren Artikel über Alice Schwarzer im *Spiegel* etwa informierten den Leser, dass sie mit 19 defloriert worden war, als Mädchen nicht masturbiert hatte und «Miss Hängetitt» sowie «Schwanzab-Schwarzer» genannt worden war. Um ihre Ziele ging es nur nebenbei. Titelgeschichten über die Bewegung waren dem Nachrichtenmagazin nackte Busen auf dem Cover und Überschriften wie «Große Erotische Mutter» und «Frauen lieben Frauen» wert. Berichte über die Suche nach dem vaginalen Orgasmus und Lesbierinnen verkauften sich eben weit besser als Streitgespräche über Leichtlohngruppen, Kinderbetreuung und Putzdienste.[157]

Zum anderen erlaubte die neue Konzentration der Frauenbewegung auf die Abtreibungskampagne einen zeitweisen Schulterschluss mit Frauengruppen und -verbänden jenseits der Neuen Linken. Unter dem Abtreibungsverbot litten Millionen von Frauen jeden Alters und jeder sozialen Herkunft. Reformerische und gemäßigte Frauen arbeiteten deshalb jetzt mit den Radikaleren zusammen. In Bonn beispielsweise organisierten der AKE, ein neues «Frauenforum» und ein dem Montag-Club nahestehender «Arbeitskreis Emanzipation und Gleichberechtigung Bad Godesberg» seit 1971 gemeinsam Aktionen gegen den Paragraphen 218.[158] Zur Mitte der siebziger Jahre lud der Montag-Club auch radikalere Referentinnen wie Jutta Menschik und Alice Schwarzer ein. Als Schwarzer für ihr Buch auf Lesereise ging, füllte sie auf Einladung des Montag-Club die Bonn-Bad Godesberger Stadthalle bis auf den letzten Platz. Die gemäßigte Hannelore Fuchs aus dem Montag-Club fand Schwarzers Betonung gerade der sexuellen Unterdrückung von Frauen zwar irgendwie «skandalös», aber «es machte auch

Mut». Fuchs kritisierte Schwarzer dafür, dass sie «alles kurz und klein schlage». Schwarzer wäre der von Fuchs geleitete Montag-Club wiederum zu sanft gewesen. Aber Mitte der siebziger Jahre arbeitete man trotz innerer Spannungen zusammen.[159] Erst jetzt entwickelten sich auch stabilere feministische Institutionen. In Bonn etwa gab es seit 1977 Frauenhaus-Initiativen, einen Frauenbuchladen, eine Frauenband und einen Frauenstammtisch, seit 1978 ein Frauencafé, seit 1979 eine Frauen-Theatergruppe, eine Lesbengruppe und dann das schließlich realisierte Frauenhaus.[160]

Waren also erst die siebziger Jahre, und nicht Achtundsechzig, der feministische Strukturbruch in der Geschichte der westdeutschen Gesellschaft, wie zuweilen behauptet wird? Waren die Achtundsechzigerinnen nur der «uneigentliche Beginn» einer Frauenbewegung, die erst 1971 ihr «eigentliches» Thema fand? Zwar erreichte die Bewegung erst in den siebziger Jahren eine riesige gesellschaftliche Reichweite und ein breites Medienecho. Ihre Theorien wurden differenzierter, ihre Gruppierungen vielfältiger, ihre Aktionen und Institutionen multiplizierten sich. Aber die zentralen Inhalte der neuen Frauenbewegung waren schon um 1968 formuliert worden: der utopische Veränderungswillen, die Ausweitung des Politischen um das Private, die Konstitution von Frauen als politische Akteure. Auch die provokativen Protestformen, die informellen, separatistischen Frauengruppen und die Kinderläden, die später überall Nachahmung fanden, gehen auf Achtundsechzig zurück.[161] Es gibt keinen Grund, die sogenannte zweite Welle der Frauenbewegung in Deutschland erst mit dem Jahr 1971 beginnen zu lassen.

Das weibliche Achtundsechzig brachte etwas qualitativ Neues in die Revolte ein: die Revolutionierung der Geschlechterrollen und die Freisetzung weiblicher Entscheidungsspielräume im Privaten. Die Anliegen der männlichen Rebellen – der Kampf gegen Autoritarismus, Faschismus, Kapitalismus, Imperialismus und das Streben nach mehr Partizipation von unten – und ihre Protestformen deckten sich teils mit denen der Frauen. Aber während die männlich definierte Seite der Revolte langfristig ins Leere lief, gewann das weibliche Achtundsechzig an Fahrt und Durchschlagskraft, indem es die Selbstwahrnehmung und die Lebensentwürfe von Frauen in allen Schichten der Gesellschaft veränderte. Diese Tiefen- und Breitenwirkung war begründet im beschleunigten Wandel der Geschlechterrollen. Programmatische und in ihrer Radikalität oft schmerzhafte Experimente, die die bürgerliche Familie und die Versorgerehe sprengen sollten, führten mit der Zeit zu Lernprozessen und allmählichen Veränderungen im Familienalltag. Es gab einen weiblichen Marsch durch die Institutionen Ehe, Familie und Betrieb, hin zu einer weniger geschlechtsspezifischen Aufgabenteilung. Zwar war dieser nicht voraussetzungslos. Er baute auf den Teilerfolgen vorheriger Generationen und jahrzehntelangen Trends der verstärkten Erwerbstätigkeit und verbesserten Bildung von Frauen auf. Aber die Vorhut der Achtundsechzigerinnen beschleunigte und radikalisierte die bislang angestoßenen Entwicklungen, weil Frauen nun den Schritt an die Öffentlichkeit wagten und sich mit Theorie bewaffneten. Feministische Ideen wurden zum Rückenwind der Bewegung.

Die zornigen jungen Frauen, die um 1968 innerhalb wie außerhalb des SDS, in Berlin, Frankfurt, Bonn und anderswo die Unterdrückung von Frauen ansprachen, gehören zur politischen Generation der Achtundsechziger und Achtundsechzigerinnen. Sie sprachen nachträglich weit weniger als die Männer über ihre generationelle Selbstdefinition, und die Medien jubelten sie nie zur Generation hoch. Trotzdem waren sie die Gründerinnen der neuen westdeutschen Frauenbewegung, die sich in den siebziger Jahren dann sozial erweiterte und inhaltlich veränderte.

Deswegen müssen wir auch die Entstehung von politischen Generationen anders definieren als bisher. Bislang werden politische Generationen als maskulin, elitär und hochgebildet gedacht – gleich, ob die Achtundsechziger von Fünfundvierzigern, «Dreiunddreißigern» oder «Wilhelminern» abgegrenzt werden. Die generationsstiftende Erfahrung wird üblicherweise auf gemeinsame Aktionen in der politischen Öffentlichkeit zurückgeführt, entsteht aber erst nachträglich durch das medial vermittelte Reden über die entsprechenden Erfahrungen – eine gemeinsame Arbeit am Mythos, eine kollektive Verfertigung einer Sinngebung abertausender Biographien.[162] Im Mediendiskurs verengt sich der Blick auf wiedererkennbare Idole und Muster, die allesamt männlich konnotiert sind: der Revolutionär, der Vater-Sohn-Konflikt, der Nazi und der Antinazi, der Vordenker, der Achtundsechziger. Der Blick auf die Frauen legt dagegen ein andersartiges Generationskonzept nahe, bei dem lebensverändernde Erfahrungen unmittelbar generationsstiftend werden. Diese Erfahrungen können auch in der Privatsphäre angesiedelt und müssen nicht auf die gebildete Oberschicht begrenzt sein. Die Erfahrung der langen sechziger Jahre steht dann im Mittelpunkt statt der Rede darüber; der mediale Diskurs wird unwichtiger. So hat kürzlich Eva-Maria Silies argumentiert, dass die Erfahrung der «Pille» eine «stille» und trotzdem prägende Generationserfahrung war, die einen «Großteil der jungen Frauen der sechziger und siebziger Jahre und damit einen im Vergleich wesentlich größeren Anteil der Kohorte» als die von uns herkömmlich als Achtundsechziger begriffenen Männer vereinte.[163] Aber nicht nur die «Pille», auch die vielen privaten Kämpfe um ein gleichberechtigteres Leben machten die Achtundsechzigerinnen zum Teil einer politischen Generation. Weil das Private politisch wurde, waren die Achtundsechziger die erste politische Generation der deutschen Geschichte, die Männer *und* Frauen umfasste. Die Männer wurden Achtundsechziger, indem sie sich durch Einschreibung in mediale Debatten einen Generationsmythos bastelten. Die Frauen wurden Achtundsechzigerinnen, indem sie sich selbst und das Land veränderten.

6 Wer zweimal mit derselben pennt: Varianten sexueller Befreiung

An einem schwül-regnerischen Mittwochnachmittag im April 1968 servierte die Konditorin Frau Müller Apfelkuchen mit Sahne und silberne Kaffeekännchen für eine große Runde alter Damen und Herren. Zwischen den Gummibäumen, Tüllgardinen und antikisierenden Wandgemälden der Konditorei Müller fühlten sich die älteren Herrschaften sichtlich wohl. Gerade waren sie aus den Räumen des Psychologischen Instituts entlassen worden, das gleich gegenüber dem Café lag. Als die Bolsa-Teilnehmer begannen, sich ihrem Kuchen zu widmen, kam ein Schuljunge mit seinen Freunden herein, um sich süße Schweinsohren an der Theke zu kaufen. Der siebenjährige Holger wohnte um die Ecke; sein Schulweg führte an der Konditorei vorbei. Nun machte er brave Konversation mit der Konditorin, die ihn bat, doch seine Mutter ganz herzlich zu grüßen. Keine zehn Jahre später würde in den Räumen der inzwischen geschlossenen Konditorei ein «Dr. Müllers Sexshop» der Marke Beate Uhse eröffnen, und der Abiturient Holger würde mit seinen Freunden auf dem Heimweg witzeln: Was war bloß in die Müllers gefahren, auf ihre alten Tage?[1]

Einige der betagten Damen auf der Sitzbank hatten das Gespräch mit den Schuljungen aufmerksam beobachtet. Die Kinder seien doch sehr höflich und respektvoll aufgetreten, sagte die 72-jährige Frau Tänzer anerkennend. Sie fände «die allgemeine Jugend» ganz nett, ja «eigentlich hundertprozentig», nur «nicht dieses Gammlerzeugs». Auf dieses Stichwort hin belebte sich die Kaffeerunde. Alle Anwesenden hatten sich gerade einer Reihe psychologischer Tests unterziehen müssen, zu denen auch Fragebögen über Erziehungsstile und die heutige Jugend gehört hatten. Jetzt hatte jeder etwas beizusteuern. «Wir haben früher gar nicht das gesehen, was die heute zu sehen bekommen ... im Kino ... im Fernsehen ... auf der Straße ... Früher hätten Sie doch nie ein junges Paar gesehen, das sich auf offener Straße küsste», betonte Frau Eugel. Sie bemitleidete die jungen Leute um die fehlende Geborgenheit: «Reklame zum Beispiel ... es stürzt ja ständig auf sie ein.» Eine 74-jährige Heimbewohnerin, Frau Mutschmann, erregte sich: «Wenn ich bei uns in den Park gucke, die schämen sich vor keinem … Es bleibt nicht immer beim Sport zwischen Jungen und Mädchen, auf deutsch gesagt, das ist ja furchtbar heute.» Jetzt mischten sich auch die Herren ein. Herr Stapel, ein auf die 80 zugehender Facharbeiter, schaute hinter dem Sportteil seiner *BILD*-Zeitung hervor: Früher habe wirklich niemand auf der Straße «rumgetüddelt». «Das hat es früher nicht gegeben, dass ganz junge Pärchen und Mädchen umarmt am hellichten Tag durch die Straßen gehen», bestätigte auch Herr Konstantin, der es bis zum Oberbauaufseher gebracht hatte. Das Fernsehen verderbe doch die Jugend durch «die Filme und die geschlechtliche Aufklärung». Und die Illustrierten erst recht, wetterte der Verwaltungsangestellte August Brackenbusch: «Was die anbieten, das geht alles auf Sex hinaus. Und die Jugend sind doch keine Eisblöcke, die sagen sich, es muss so sein.» Es gebe sogar «einen Verlag, der Bilder von nackten Menschen verschickt – die bieten das Gemeinste an.» Neben ihm saß der pensionierte Schuster Herr Weider und pflichtete ihm bei. «Heute sind sie uffgeweckt, uffgeklärt, von 16 aufwärts, aber sie kennen nicht alle die Folgen», dröhnte er. «Bei uns früher wurde das gar nicht erwähnt», und die Mädchen waren «all bis oben zugeknöpft». Aber seinem Nebenmann raunte er neidisch zu: «Jugend lebt heut gegen uns im Schlaraffenland … die hat viel mehr vom Leben wie wir.»[2]

Während die alten Damen und Herren in gediegenem Ambiente dem Apfelkuchen zusprachen, beschäftigten sich die jungen Mitarbeiter im Psychologischen Institut, nur wenige Meter entfernt, an ihren Schreibtischen mit den zuvor geführten Interviews. Die Explorateurin Frau Tismer-Puschner schrieb eine handschriftliche Charakteristik von Frau Mutschmann, der «schon ein gewisser Ruf vorweg» geeilt war. Das Bolsa-Team war «ein wenig auf ihr Erscheinen gespannt» gewesen, weil die Dame mit einem Verleumdungsprozess ihr Altersheim in Aufregung versetzt und in zwei Fronten gespalten habe. «Es kam ein kleines, schmächtiges, zierliches, einfach gekleidetes Frauchen», beschrieb die junge Diplompsychologin ihre Gesprächspartnerin. Sie trug «sorgfältig gepflegte, altmodische Kleidung mit altem Familienschmuck – das Haar war zu einem winzigen Knötchen gesteckt, darauf saß sehr korrekt, aber damenhaft, ein kleines Sommerhütchen». Die alte Dame sei sofort auf den Prozess und die damit verbundene Belastung zu sprechen gekommen, habe aber gebeten, «das Band abzustellen, damit es niemand sonst hören könne». Eine Heimfreundin von

Inneneinrichtung der Konditorei Müller um 1960

ihr sei abends auf dem Heimflur «angefallen» worden, habe den Angreifer aber nicht sehen können. Es sei aber ganz gewiss «die Jüdin aus dem unteren Stock» gewesen. «Diese ‹schwarzlockige› Dame, die sich immer ‹ganz doll herrichte›, besuche immer ihren Zimmernachbarn und bleibe oft bis in der Früh. ‹Das gehört sich doch nicht›, vor allem, ‹die Geräusche, die man da höre›», empörte sie sich. Da das Paar nicht verehelicht sei, könne man so etwas «wirklich nicht … mit ansehen!» Die ledige Frau Mutschmann wusste ansonsten «eine ganze Reihe von Verehrern aufzuzählen – mit einem Tanzstundenherrn stehe sie auch jetzt noch in Verbindung, er verehre sie auch jetzt noch und schicke ihr kleine Geschenke», worauf sie sichtlich stolz war. Sie habe nur deshalb nie geheiratet, weil sie sich nicht habe entscheiden können.[3]

Im Büro nebenan saß Frau Tismer-Puschners Kollege Manfred Schreiner am Tonbandgerät und spulte immer wieder vor und zurück, um eine wortgetreue Abschrift seines Gesprächs mit August Brackenbusch anzufertigen. Der Endsechziger war bei der Schilderung seiner Lebensgeschichte so emotional geworden, dass jedes Mitschreiben unmöglich gewesen war. Der plötzliche Gefühlsausbruch seines Probanden hatte auch Herrn Schreiner erschüttert. Nur deshalb verwandte er nun den Nachmittag dazu, ein seitenlanges Transkript zu erstellen, obwohl dies eigentlich für die Fragestellungen der Bolsa nicht unmittelbar notwendig war. Herr Brackenbusch war in seiner Jugend in ein katholisches Kloster eingetreten, das er jedoch wieder verließ, weil er kein lebenslanges Keuschheitsgelübde ablegen wollte. Er arbeitete danach in verschiedenen Behörden und fand schließlich über eine Annonce eine Braut. Die Ehe erwies sich als ein Fiasko, das für beide in Krankheit und Trennung endete («Schon am ersten Tag Knall in der Ehe – konnte sie in der Hochzeitsnacht nicht geschlechtlich befriedigen. Sie hat hysterisch geschrien, verlangte geschlechtlich zu viel»). Auf Herrn Schreiners Frage, ob ihm in seinem Leben etwas besonders hinderlich gewesen sei, sagte Herr Brackenbusch dann:

«Das könnte ich sagen, aber darüber möchte ich nicht sprechen. Das sind so intime Dinge … darüber schäme ich mich … Darauf bin ich vor allem in diesen letzten Jahren angesprochen worden. Eine Mieterin hat mir deswegen solche Schwierigkeiten gemacht, dass ich ihr gekündigt habe. Es war nicht mehr mitzumachen, überall in der Nachbarschaft wird gesagt und vermutet, ich könnte ein 175er sein. Das hat mich so dabeigekriegt. Deswegen bin ich in allem zurückhaltend geworden, dass ich mich an nichts mehr beteilige. Ich fühle mich als Mensch zweiter Klasse … Es ist ganz schrecklich, ganz furchtbar. Ich spüre am eigenen Leib, wie man angesehen wird. Von der Frau meines Sohnes bekomme ich das gesagt … Ich habe das immer in mich hineingefressen, nur dass ich im Beichtstuhl darüber sprechen konnte. Ich bin der festen Überzeugung, dass manche Menschen noch leben könnten, wenn es diesen Paragraphen [175] nicht gäbe. Ich kann das nicht jedem erzählen, ich muss das alles mit mir tragen, höre aber, dass man sagt, ich wäre 175er. Deshalb [habe ich] mich endgültig entschlossen, mich um keinen mehr zu kümmern. Jetzt sitz ich dauernd alleine.

Ich bin pervers, hat mir ein Arzt gesagt. Der sagte mir, ich solle mir ein Mädchen anlachen … Großvater und Großmutter waren Vetter und Cousine, ich bin der Leidtragende, dass ich geschlechtlich nicht so veranlagt bin, wie ich sein müsste … Es ist gut, dass ich religiös erzogen bin, sonst hätte ich es nicht ertragen. Der Beichtvater sagt, tragen Sie das Kreuz in Geduld. Warum bin ich so veranlagt, ich kann doch nichts dafür. Habe mein Leben lang dieses Kreuz getragen. Mein Körper ist mir eine Last. Ich verachte meinen Körper. Ich bin froh, wenn es vorbei ist. Wenn ich die Religion nicht gehabt hätte, dann hätte ich schon Schluss gemacht.»[4]

Weder das Wort «schwul» noch das Wort «homosexuell» waren an diesem Nachmittag gefallen, doch Interviewer und Interviewter wussten genau, worum es ging. In der Gesamtcharakteristik, die der 27-jährige Versuchsleiter nachher über Herrn Brackenbusch verfasste, schwang Mitleid mit. Herr Schreiner schilderte seinen Schützling als «stark deprimiert», einsam, schwerhörig und von Herzschmerzen geplagt. Sein Leben sei ihm «nur eine Enttäuschung gewesen» durch sein «Leid und Kreuz, Homosexualität» und seine gescheiterte Ehe. Sein «einziger Halt» sei die katholische Religion. Aus der Gesellschaft fühle er sich verstoßen: «Er glaubt, die Nachbarschaft rede über ihn, dass er homosexuell sei. Ein Vorwurf, gegen den er sich nicht verteidigen könne.»[5]

Das Forschungsdesign der Bolsa-Studie sparte alles aus, was mit Sexualität zu tun hatte. In den Gesprächsleitfäden, Fragebögen und Kodierungsanleitungen wurde das Thema konsequent übergangen.[6] Trotzdem brachen sich die privaten Erzählungen Bahn – und faszinierten die jungen Diplompsychologen, die der Sexualmoral der Studienteilnehmer so manche handschriftliche Seite widmeten. An den Mittwochnachmittagen des Jahres 1967/68 wurden die Bolsianer aufgefordert, über ihre Haltung zur Jugend zu berichten. Und fast jeder von ihnen fasste dies als Aufforderung auf, über den Zeitpunkt der sexuellen Aufklärung und die ersten Beziehungen zu sprechen. Die meisten alten Damen und Herren griffen dabei zunächst auf solch stereotype Beobachtungen zurück, wie sie zum Apfelkuchen im Café Müller vorgetragen wurden. In der Gruppe versicherten sie sich gegenseitig, wie empörend ein Zuviel von Nacktheit in den Medien und auf der Straße sei. Sie fühlten sich von der Zurschaustellung von Zärtlichkeiten in der Öffentlichkeit schockiert. Fast schon gebetsmühlenartig forderten sie Respektabilität im Auftreten ein, was Kleidung, körperliche Haltung und Frisur betraf. Doch im Sprechzimmer, allein mit dem Versuchsleiter, verhielten sich die Rentner anders als beim Kaffeekränzchen. Hier wurde im Laufe stundenlanger Unterhaltungen Privates preisgegeben, das bei allem Festhalten an einer strengen Sexualmoral auch das persönliche Leid und die familiären Konflikte hinter der Fassade erkennen ließ. So betonte man, wie Frau Mutschmann und Herr Brackenbusch, dass Sexualität nur in der Ehe vorstellbar und für deren Erfüllung unabdingbar sei – ohne damit unbedingt glücklich geworden zu sein. Manche unterstrichen, wie Herr Weider, dass die Jugend heute viel zu früh aufgeklärt werde. Zugleich klang jedoch an, wie schwierig es gewesen war, ohne entsprechendes Vorwissen mit den ersten Begegnungen zurechtzukommen. Auch vom Kummer über das Heiraten-«Müssen» der Kinder und Enkel war oft die Rede.

Der Frühling und Sommer 1968 ist in die Geschichtsbücher eingegangen als die Zeit des Attentats auf Rudi Dutschke, der dadurch ausgelösten Osterunruhen und der zunehmenden Radikalisierung der Neuen Linken an den Hochschulen. Dieselbe Zeit ist immer wieder auch als Initialzündung der «sexuellen Revolution» beschrieben worden. Klassisch ist dabei die «Zäsurbehauptung», wonach die fünfziger Jahre muffig und verklemmt waren und erst die späten sechziger mit ihrem wilden Hedonismus frischen Wind, Toleranz und Befreiung mit sich brachten. Vorehelicher Sex, Ehebruch, Schwulsein, Pornofilme, Illustrierten-Nackedeis, die «Pille», häufiger Partnerwechsel: All dies sei nun plötzlich erlaubt und sogar «hip» gewesen. Der Angriff der Achtundsechziger auf die bürgerliche Moral habe die siebziger Jahre zur Hochphase einer sexuellen Befreiung werden lassen, in deren Verlauf traditionelle Werte wie Religion, Ehe und Familie unwiederbringlich zerbröckelt seien. Innerhalb weniger Jahre entkriminalisierten die westdeutschen Gesetzgeber und Gerichte Homosexualität und Abtreibung, erleichterten die Ehescheidung und gaben es auf, den kommerziellen Vertrieb von Pornografie und Verhütungsmitteln einschränken zu wollen. Und während die einen über den Verlust von Sitte und Anstand klagten, jubelten die anderen über Lustgewinn und Liberalisierung.[7] Allerdings ist sich die historische Forschung uneins über die Zusammenhänge zwischen Achtundsechzig und der sexuellen Revolution. Wie sich die Ideen der Achtundsechziger auf die gelebte Sexualität in der Breite der Gesellschaft auswirkten, ist alles andere als klar. Außerdem fragt sich, ob der damalige Generationskonflikt gerade vom Streit über Sitte und Anstand befeuert wurde. Am Bonner Beispiel lässt sich die Haltung dreier Generationen – junger Studenten, ihrer Eltern und Großeltern – zur Sexualität vergleichen.

Noch im Juli 1968 waren Sex und Politik für die Bonner Studenten zwei klar getrennte Anliegen. Als die Universität Bonn am 10. Juli ihr 150. Jubiläum feierte, fand die Politik im ersten Stock des Hauptgebäudes statt und das Petting im Erdgeschoss. Treppaufwärts lieferten sich Polizisten und Demonstranten, angeführt von Hannes Heer, Schlägereien. Der SDS versuchte mit einer Sitzblockade, den vom Rektor zum Festakt geladenen griechischen Ehrengästen den Eintritt zu verwehren, und rannte danach mit einem Rammbock gegen die Türen zum Festsaal an. Gerichtet gegen die Gäste aus der griechischen Militärdiktatur, skandierten dabei 30 bis 40 Aktive:

Tanz zum Beat
beim Uni-Sommerfest
am 10. Juli 1968

«Faschistenschweine groß und klein geben sich ein Stelldichein». Konservative Studenten antworteten mit dem Sprechchor «SDS raus». Zeitgleich brummten treppabwärts, wo für drei Mark Eintritt die studentische Fete stattfand, die Bässe. Der Student H. Lindner berichtete im Auftrag der Uni-Nachrichtenstelle: «21.10 Die ersten Rammstöße gegen die Türen, während im Hintergrund der Beat hämmert.... 21.34 Massiver Polizeieinsatz beginnt... 21.44 Einige Schritte weiter stampft oder dreht man sich im Tanz, ‹If I were a rich man›... 22.20 Das Licht ist rosa gefärbt, der Beat schwebt überall im Raum, drückende Hitze herrscht, die Fenster hat man verschlossen, wohl in der Furcht, die Polizei könnte einige Demonstranten hinauswerfen.... 23.30 (letzte dienstliche Notiz) Viele dunkle Gänge, es wird überall bös gefummelt! Begeistertes Stampfen... die Revolution, die wenige Meter von hier entfernt tagte, ist längst vergessen... es lebe der Beat!»[8]

Das «böse Fummeln», von dem der studentische Berichterstatter hier schrieb, war damals als «Petting» bekannt und eine «weitverbreitete sexuelle Erfahrung» für junge Männer und Frauen. Das folgerten die Sexualwissenschaftler Hans Giese und Gunter Schmidt im Jahr 1968 aus einer Befragung von 3666 Studierenden an zwölf Hochschulen, Bonn eingeschlossen. Mit dem Petting begann man typischerweise zwischen dem 15. und 21. Lebensjahr; im Alter von 25 Jahren hatten rund 70 Prozent aller Studierenden Petting-Erfahrungen. Regelrechten Geschlechtsverkehr hatte dagegen nur etwa die Hälfte der Studenten gehabt. In Bonn galt das für 63 Prozent der Männer und 52 Prozent der Frauen.[9] Vieles sprach damals für Zurückhaltung – nicht zuletzt der Mangel an Gelegenheit. «Man hatte ja Hauswirtinnen, die darauf achteten, wann man nach Hause kam und mit wem man einzeln gesehen wurde», erinnerte sich eine Studentin. Zum Universitätsjubiläum pries die Bonner Lokalzeitung all jene «Studentenmütter», die als Zimmerwirtin «den jungen Herren oft liebevoll genug die Schuhe putzen, ihnen die Betten machen, die Flaschenbatterien kopfschüttelnd verschwinden lassen und die randvollen Aschenbecher in den Buden abräumen».[10] Kein Wort verlor sie darüber, dass zu dem Arrangement auch ein Gutteil soziale Kontrolle gehörte. Denn bis 1973 galt in Westdeutschland der sogenannte Kuppeleiparagraph (§ 180–181 Strafgesetzbuch), nach dem Eltern oder Vermieter, die Unverheiratete zusammen übernachten ließen, bis zu fünf Jahre Zuchthaus riskierten. Wer einem Paar ohne Trauschein auch nur die Gelegenheit zu privatem Techtelmechtel gab, leistete der Unzucht Vorschub und machte sich strafbar.[11]

Diese Situation führte Ende der sechziger Jahre zu manchen Verrenkungen. Junge Frauen schlossen «Kompromisse» mit ihren Eltern, wo der Freund zwar das Auto nicht in der Straße parken durfte, aber wochenends übernachten durfte: «Das war schon ein Fortschritt, dass die Eltern das ein Stück weit akzeptierten, in einer Welt, wo das aber noch unter Strafe gestellt war.» Der Bonner Physikstudent Bernd Ramm erzählte kopfschüttelnd: «Meine Eltern hätten sie auch wegen schwerer Kuppelei anklagen müssen. Meine Freundin, die war immer bei uns zu Hause, auch mit mir in meinem Zimmer, also ein völliger Wahnsinn.»[12] Buden wurden gekündigt, weil der Verlobte beim Betreten gesehen worden war, und als Paar ohne Trauschein konnte man nicht zusammen verreisen.[13] Auch in Studentenwohnheimen konnte sich Damen- respektive Herrenbesuch nur heimlich vollziehen. Im Jahr 1966 machte in Bonn ein Fall aus dem «Newman-Haus» Schlagzeilen.

Die Heimleitung hatte einen schwarzen Bewohner auf die Straße gesetzt, weil eine jählings ins Zimmer eindringende Putzfrau Zeugin einer erotischen Szene geworden war. Ähnliche Kündigungen gab es in Marburger und Erlanger Studentenheimen, wo die Heimleiter des Morgens gerne unter den Erdgeschossfenstern nach den Fußspuren unberechtigter nächtlicher Gäste fahndeten.[14] Da waren die dunklen Flure des Hauptgebäudes vielen eine willkommene Alternative.

Das Strafgesetzbuch verurteilte vorehelichen Sex, doch unter Studenten wurde er fast einmütig als erlaubt verteidigt. «Die ‹Verstöße› gegen die traditionelle Moral erfolgen ohne das Bewusstsein einer Normverletzung», schlossen die Sexualforscher Giese und Schmidt aus ihren 1966 erhobenen Daten.[15] Das deckt sich mit Umfragen in der breiteren Bevölkerung. Schon 1963 gaben nur noch 12 Prozent der Männer und 25 Prozent der Frauen jeden Alters an, überhaupt keine vorehelichen Beziehungen gehabt zu haben. Und junge Arbeiterinnen und Arbeiter begannen noch deutlich früher mit dem Geschlechtsverkehr als Studenten, weil sie früher Geld verdienten und über eigene Wohnungen verfügten.[16] Niemandem blieb verborgen, dass überaus häufig geheiratet werden «musste», denn in den frühen sechziger Jahren war bei jeder zweiten Eheschließung bereits ein Kind unterwegs.[17] Unter diesen Umständen erschienen die strengen Moralgebote der Kirche den meisten jungen Leuten nur mehr als Heuchelei. Das galt für Sex ohne Trauschein ebenso wie für den Umgang mit Verhütungsmitteln. Gerade die «Pille», die in Westdeutschland seit 1961 auf dem Markt war, aber nur an verheiratete Frauen mit ärztlichem Rezept abgegeben wurde, erregte die Gemüter. Ganze 98 Prozent aller Studenten befürworteten im Jahr 1966 die Verwendung von Verhütungsmitteln. Selbst unter religiösen und konservativen Studenten wurde damals «die Frage nach der moralischen Zulässigkeit von Antikonzeptionsmitteln nicht mehr ernsthaft diskutiert».[18] Während die meisten Ärzte und die katholische wie evangelische Kirche sich im Laufe der sechziger Jahre wiederholt gegen die Verwendung der «Pille» äußerten, setzte sich die Bevölkerung schlicht über ihre Bedenken hinweg. Zwischen 1964 und 1972 stieg die Zahl der Frauen, die die «Pille» einnahmen, von etwa 215 000 auf 3,8 Millionen – das war ein knappes Drittel in der Altersgruppe der 15- bis 44-Jährigen. Sogar die katholischen Laien rebellierten auf dem Deutschen Katholikentag im September 1968 offen gegen das päpstliche Verbot jeder «künstlichen» Verhütung.[19]

Auch an der Bonner Universität, die einen hohen Anteil katholischer

Studierender hatte, waren Verhütungsmittel ein großes Thema. Der Mitte-rechts-AStA, der von Mai 1967 bis März 1968 unter Rudolf Pörtner amtierte, machte sich mit seiner «Pillenaktion» überaus beliebt. Er vermittelte kostenlos die Adresse eines Bamberger Zahnarztes, der jeder, auch unverheirateten Studentin auf Wunsch ein Rezept zuschickte. Der AStA gab sogar eine Suchanzeige in der *Frankfurter Rundschau* auf, um verschreibungswillige Ärzte zu finden, und zog damit ein bundesweites Medienecho auf sich.[20] Zentral an der «Pillenaktion» beteiligt waren der Sprecher des Studentenparlaments, Jürgen Rosorius vom RCDS, sowie der Sozialreferent des AStA, der SPD-nahe Eckehart Ehrenberg. Letzterer hatte zuvor bei einem Auslandssemester in Manchester erstmals studentische Diskussionsabende zum Thema Sex und Gesellschaft erlebt. Die theoretischen Thesen habe er bezweifelt, aber die «vorgetragenen Tatbestände» hätten ihn beeindruckt, erinnerte er sich später. «Das erste Fernsehinterview in meinem Leben betraf die Vermittlung der ‹Pille› durch den AStA, und ich gab es zusammen und einvernehmlich mit dem Vorsitzenden des christlichen RCDS.»[21] Denn auch die konservativen, im RCDS organisierten Studenten waren da gar nicht prüde. Jürgen Rosorius verkündete vor laufender Kamera: «Es ist eine altbekannte Tatsache, dass neunzig Prozent der Studenten für die freie Liebe sind und diese auch praktizieren.»[22]

Hier übertrieb Rosorius. Fast die Hälfte aller Studenten lebten abstinent, viele davon, weil sie eine Schwangerschaft fürchteten. Diese Angst war verständlich, wenn man bedenkt, dass die Ankunft eines Kindes für die Frauen in der Regel den Abbruch des Studiums bedeutete und dass viele junge Leute nur unzureichend sexuell aufgeklärt worden waren. Zudem kamen in mehr als der Hälfte der Begegnungen relativ unsichere Verhütungsmethoden wie der Rückzieher und die Temperaturmessung zum Einsatz.[23] Junge Frauen dieser Generation kannten noch das allmonatliche Gezittere und die Panik bei einer vermuteten Schwangerschaft, denn die «Pille» war erst ab der Wende zu den siebziger Jahren wirklich weit verbreitet.[24]

Das Beispiel Bonn zeigt, dass die große Mehrheit der Studenten aller Couleur um 1968 vorehelichen Sex, Zugang zu Verhütungsmitteln und private Rückzugsräume für intime Begegnungen wünschten. Auch die Vermittlung grundlegender Informationen über Sexualität und Fruchtbarkeit war stark nachgefragt. Schon im Januar 1967 hatte das Bonner Studentenparlament – damals noch nicht in politische Lager gespalten – beschlossen, eine Vorlesungsreihe «für Hörer aller Fakultäten» über Sexualität einzurichten. AStA-Chefin Madeleine Hackspiel bat den Rektor, unter dem medizinischen Lehrpersonal Vortragende zu finden, die «die wichtigsten Fakten aus dem Gebiet der sexuellen Aufklärung» darlegen könnten. Der Rektor sagte zu, spielte dann aber auf Zeit und ließ den AStA (jetzt linksorientiert unter Bernhelm Booß) schließlich wissen, er müsse die «Sexualprobleme-Vorlesung» schon selbst organisieren. Für das Wintersemester 1967/68 kündigte Booß' Nachfolger, Rudolf Pörtner, dann eine «Vortragsserie über das Problem der Geburtenkontrolle» an, «wobei den Contraceptiva natürlich besondere Bedeutung zukommen wird». Hierbei, wie bei der Vermittlung der Adressen «von Ärzten, die auch nicht verheirateten Studentinnen die Pille verschreiben», gehe es dem AStA um praktische Lösungen und nicht um Politik. Man wolle schlicht «bisher tabuisierte Themen mit der angebrachten Sachlichkeit» behandeln. In dieser Frage zogen die schnell wechselnden Studentensprecher, ob sie sozialdemokratisch (Hackspiel), sozialistisch (Booß), gemäßigt konservativ (Pörtner) oder konservativ (Rosorius) dachten, an einem Strang.[25]

Proteste sexualkonservativer Studenten waren selten. Sie richteten sich zumeist gegen die visuelle «Aufklärungsarbeit» der Bonner Studentenzeitung *akut*, die ihre Leser seit Dezember 1966 mit suggestiven Bildern halbnackter Frauen lockte. Im Oktober 1968 heuerte die Zeitung sogar ihren eigenen «*akut*-Kolle» an, in Nachahmung des westdeutschen Aufklärungsgurus Oswalt Kolle. Der Philosophie-Student Mathias Jung, nach eigenen Worten «Jesuitenzögling pazifistischer Prägung solidarisch mit Beate Uhse», füllte nun mit süffisanten Serien zur «Bumms-Philosophie» («Coito ergo sum») die Spalten. Die Auflage stieg und die Leserzuschriften waren überwiegend positiv. Satirisch dankte «ein aufrechter Pornograph» dem Bonner Kolle «mit deutschem Gruß Bumms-Heil». Sogar die überregionale Presse nahm Notiz, wobei die Boulevard-Zeitung *Express* und *Der Spiegel* gern die Gelegenheit ergriffen, die anstößigsten Fotos aus *akut* und anderen Studentenzeitungen der Republik nachzudrucken. Denn die nackten Busen und Reizpopos, die sich im *akut* tummelten, fanden sich auch in Stuttgarter, Hamburger, Karlsruher und Marburger Universitätsblättchen zuhauf. «Auch Deutschlands Jungakademiker sind von dieser Welt, die *Playboy* liest», so *Der Spiegel*.[26]

Die Studentenpresse war auf einen fahrenden Zug aufgesprungen. Der Kampf um moralische Sauberkeit in den westdeutschen Medien war schon lange vor 1968 verloren worden. Massenmarkt-Illustrierte wie die *Neue*

Umstrittenes Nacktbild in der Bonner Studentenzeitschrift *akut* vom November 1966. Der Modeschöpfer André Courrèges war für seine knappen Miniröcke berühmt; das «Honnefer Modell» war bis 1971 die Bezeichnung für die staatlichen Studenten-Stipendien

Revue hatten ab 1963 mit Oswalt Kolles betulichen Aufklärungsreportagen («Dein Mann, das unbekannte Wesen») einen Riesenaufschwung genommen. *Jasmin, Bravo, Quick* und nun auch die Studentenblätter segelten im Kielwasser dieser dritten Nachkriegs-Sexwelle, indem sie im Namen des Fortschritts schlüpfrige «Aufklärung» an ein Millionenpublikum brachten. Während die erste Welle nach der Währungsreform 1948 mit Erotikheftchen vom Kiosk angerollt war, war die zweite Welle seit 1954 von der Mediendebatte über Alfred C. Kinseys Forschungen zum menschlichen Sexualverhalten bestimmt. Und die massive Expansion der Erotika-Versandunternehmen Beate Uhse und «Gisela» belegt die zeitgleiche Kommerzialisierung des Sexuellen. Im Jahr 1962 hatten mindestens die Hälfte aller westdeutschen Haushalte schon einmal Kondome, Eheratgeber oder andere intime Artikel im Postversand bezogen. Sex gehörte nun zum Konsum- und Freizeitangebot. Kinseys wissenschaftliche Abhandlung über das Sexualverhalten der Frau verkaufte sich in Westdeutschland zwischen

1963 und 1968 ganze 170 000 Mal. Die acht von Oswalt Kolle gedrehten Aufklärungsfilme, darunter «Das Wunder der Liebe», lockten zwischen 1968 und 1973 allein in der Bundesrepublik 26 Millionen Zuschauer in die Kinos.[27]

Obwohl Westdeutschlands Sittenwächter in Politik, Polizei und Justiz im Laufe des Jahrzehnts ständige Schlappen hatten einstecken müssen, wussten die Zeitgenossen um 1968 noch nicht, wie umfassend die Niederlage der Sexualkonservativen bereits war. Noch galten die Paragraphen 175 und 218, noch wurden Sex unter Männern und Abtreibung gerichtlich verfolgt. Noch im Jahr 1962 hatte die Bundesregierung einen illiberalen Neuentwurf des Sexualstrafrechts vorgelegt, der an der Strafbarkeit von Ehebruch, Pornografie, Striptease, Partnertausch, männlicher Homosexualität und Abtreibung festhielt – aber auf scharfe Kritik traf und schließlich im Bundestag versandete.[28] Denn die Haltungen in der Bevölkerung änderten sich mit großer Geschwindigkeit.

Was sich an Provinzuniversitäten wie Bonn abspielte, spiegelte nur das bundesweite, klassenübergreifende Geschehen. Die überwältigende Mehrheit befürwortete eine grundständige Variante der sexuellen Revolution, die spätestens Mitte der sechziger Jahre ihren Siegeszug angetreten hatte. Zu dieser grundständigen Variante gehörten die Zulässigkeit von vorehelichem Sex, die freie Zugänglichkeit von Verhütungsmitteln und die Vermittlung von sexueller Aufklärung an alle. Außerdem war Konsens (unter Studenten wie unter jungen Leuten überhaupt), dass Heterosexualität kommerzialisiert und veröffentlicht werden durfte. Meinungsumfragen belegen schon 1963 klare Mehrheiten in der Bevölkerung für voreheliche Beziehungen und Verhütung, die sich in der Folge noch steigerten. Im Jahr 1972 war schon eine Zweidrittelmehrheit für die Einführung des Fachs Sexualkunde in den Schulen.[29] Küsse auf der Straße, superkurze Röcke und Beziehungsgespräche über Sex sollten nun ebenso erlaubt sein wie nackte Werbefotos, erotische Reportagen in Zeitschriften und Pornofilme im Kino. Um diese grundständige sexuelle «Revolution» gutzuheißen, musste man nicht links sein, nicht jung sein und nicht theoretisieren. Man konnte kirchentreu sein und musste es sich nicht mit den Eltern verderben. Der Verhütungsmittel vermittelnde Bonner AStA-Sozialreferent Eckehart Ehrenberg «ließ sich kirchlich trauen». Der *akut*-Redakteur Hans Günter Jürgensmeier heiratete 1969, verlobte sich aber zuvor noch offiziell, auf Drängen der Eltern: «Da haben wir völlig dazwischen gestanden, zwischen dem,

Verlobung als Gründung einer «Individualkommune»: Anzeige von Hans Günter Jürgensmeier und Helga Nägler im Februar 1968

was die Eltern wollten und was unsere Jugendkultur wollte … ne, wer zweimal mit der gleichen pennt undsoweiter … Dann haben wir eine Verlobungskarte gemacht, wir wollen eine Individualkommune gründen. Da ist genau die Schizophrenie drin, Individualkommune.»[30] Die weitaus meisten Studenten forderten Toleranz nur für «sexuelle Beziehungen mit einem einzigen Partner, zu dem eine Liebesbeziehung besteht und den man heiraten möchte». Promiskuität, wie sie die Berliner K1 öffentlich propagierte, gehörte nicht zur grundständigen Variante. Auch Ehebruch sprengte diesen Rahmen für 60 Prozent der Studenten und bis zu drei Viertel der Gesamtbevölkerung.[31]

Neben der grundständigen Variante gab es zwei weitere Ausprägungen der sexuellen Revolution, die um 1968 (noch) nicht mehrheitsfähig waren. Zum einen ging es um die Politisierung von Sex: Sex und Porno im Dienste der sozialistischen Revolution. Zum anderen ging es um die Emanzipation sexueller Minderheiten – um die Rechte von Schwulen und Lesben, aber auch um die Kritik an der maskulinen Prägung von Heterosexualität. Mit dem Hinweis auf die Vernachlässigung weiblicher Lust und die Opfer sexueller Gewalt, insbesondere von Vergewaltigung, wurde die männliche Dominanz herausgefordert. Sowohl diese emanzipative als auch die politische Erweiterung der sexuellen Revolution waren Ende der sechziger Jahre im Bonner Mikrokosmos so gut wie unauffindbar.

Die Bonner Studentenzeitung, um ein Beispiel heranzuziehen, widmete der Emanzipation sexueller Minderheiten in den Jahren 1967 bis 1969 keine einzige Spalte. Auch der Bonner SDS und das Studentenparlament schwiegen sich darüber aus. Der lokale «Arbeitskreis Emanzipation», der für die Gleichberechtigung von Frauen kämpfte, entdeckte erst sehr spät Themen, die mit der Unterdrückung weiblicher Körper zu tun hatten. Die Mitgründerin Florence Hervé überlegte rückblickend, dass «die Frage des Körpers» wie auch «sexistische Gewalt gegen Frauen» für den AKE kaum eine Rolle spielten: «Wir waren eben keine Selbsterfahrungsgruppe.»[32] In Bonn, aber auch anderswo dominierte in der Öffentlichkeit eine männliche Perspektive, in der sich alles um Penetration und seinen Orgasmus drehte. Erst in den siebziger Jahren, nicht zuletzt unter dem Einfluss amerikanischer Interventionen, wurde weibliche Lust als Selbstzweck entdeckt und zum Gegenstand breiter Debatten, beispielsweise über den Mythos des vaginalen Orgasmus.[33]

Ähnlich war es mit der Emanzipation homosexueller Minderheiten bestellt. In der breiten Bevölkerung blieben Schwule die ganzen sechziger Jahre hindurch diskriminiert und verfolgt. Zwischen 1950 und 1965 verurteilten westdeutsche Gerichte rund 45 000 homosexuelle Männer, nur weil sie ihre Sexualität gelebt hatten. Und um die Mitte der sechziger Jahre hielten noch weit über 80 Prozent aller Westdeutschen, darunter auch etwa 60 Prozent der Studenten, Homosexualität für ein unzulässiges oder nur bedingt zulässiges Laster. Die großen Illustrierten stellten Schwule vor allem als kriminell oder krank dar, wobei das Krankheitsmodell sich langsam gegen die Vorstellung vom Verbrechen durchsetzte. Noch im Dezember 1968 sprach sich eine relative Mehrheit der Bevölkerung dagegen aus, Sex zwischen Männern zu legalisieren (wobei allerdings die unter 30-Jährigen zu 48 Prozent dafür waren). Erst seit Mitte der siebziger Jahre änderten sich entsprechende Einstellungen auf breiter Basis.[34] Die Schwulenbewegung lässt sich nicht direkt von der studentischen Protestbewegung ableiten, auch wenn viele ihrer Aktivisten später mit den sozialistischen und kommunistischen Kadergruppen zusammenarbeiteten. Denn die ersten, zögerlichen Schwulengruppen bildeten sich erst ab Dezember 1970 in Bochum und Münster. Dem folgte eine durch das umstrittenene Doku-Drama von Rosa von Praunheim («Nicht der Homosexuelle ist pervers, sondern die Situation, in der er lebt») ausgelöste Welle in den Jahren 1971 bis 1973. Erst damals gründeten sich auch in Bonn und Köln entsprechende Aktionsgruppen.[35]

In vielfacher Hinsicht sind die Bonner Verhältnisse typischer für die westdeutsche Gesellschaft als die West-Berliner linke akademische Szene, die sich um 1968 einer politisierten Variante der sexuellen Revolution verschrieb. In den Hochburgen der Protestbewegung – Berlin und Frankfurt – bildete sich damals eine zahlenmäßig kleine Vorhut der Neuen Linken heraus, die an die befreiende Kraft von Pornografie, Nacktheit und Geschlechtsverkehr glaubte. Wortreich argumentierte diese Gruppe, dass in der Bevölkerung der sexuelle Notstand herrsche, und zwar gerade in den Altersgruppen über dreißig. Die allgegenwärtige Repression natürlicher Triebe führe zwangsläufig zu Neurosen, analer Fixierung, Gewalttätigkeit, autoritären Charakteren und in letzter Konsequenz zum Faschismus. Dabei eigneten sich die Neuen Linken selektiv psychologische und soziologische Theorien von Wilhelm Reich, Herbert Marcuse, Theodor Adorno und Max Horkheimer an. Der so zusammengebastelten Logik zufolge konnte offenherzige Nacktheit befreiend wirken und den politischen Gegner in die Defensive versetzen. Wilder, hedonistischer Sex würde gegen faschistische Ideen immunisieren, verklemmte Seelen therapieren und das kapitalistische Leistungsprinzip unterlaufen. Schon Kleinkinder müssten «repressionsfrei» dazu erzogen werden, ihren Anal- und Sexualtrieb auszuleben, um so die Zwangsjacke bürgerlich-faschistischer Familienwerte abstreifen zu können.[36]

Besonders die Berliner Kommunen 1 und 2, Autoren wie Hubert Bacia, Klaus Theweleit oder Arno Plack, die sogenannten «Sexpol-Gruppen» sowie einige Berliner Kinderläden der ersten Welle standen für diese Ideen. Sie wurden schnell verschriftlicht und kamen im alternativen Milieu durch Zeitschriften wie *konkret*, *Kursbuch* oder *Agit 883* in Umlauf. In den Massenmedien gab das Vorzeigepaar der Kommune 1, Rainer Langhans und seine Fotomodell-Freundin Uschi Obermaier, ein Paradebeispiel für das ab, was Langhans «eine politische Erfahrung» und eine «Erleuchtungssexualität» auf dem Weg zum «neuen Menschen» nannte. Charakteristisch für die politisierte Spielart der sexuellen Revolution war die gedankliche Verbindungslinie zwischen der nationalsozialistischen Vergangenheit und sexueller Repression, die in Unkenntnis historischer Realitäten konstruiert wurde.[37] Folglich wurde Nacktheit aggressiv als Angriff auf die kapitalistische, protofaschistische Mitläufergesellschaft eingesetzt – etwa im bekannten Gruppenakt der Kommune 1, der 1967 als Foto im *Spiegel* erschien, oder beim «Busenattentat» auf den Frankfurter Soziologen Adorno, bei dem entblößte Studentinnen den Professor aus dem Vorlesungssaal in die Flucht trieben. Intime Begegnungen zwischen Kinderladen-Kindern und Erziehern, die heute im Geruch des Pädophilen stehen, wurden damals als sinnvolle Konsequenz eines politischen Befreiungswillens angesehen.[38]

Weil diese politisierte Variante der sexuellen Revolution sich in zahlreichen schriftlichen Quellen niederschlug und im Laufe der siebziger und achtziger Jahre in Teilen des linksalternativen Jugendmilieus nachwirkte, ist sie von Historikern stark beachtet worden.[39] So schliff sich in der Öffentlichkeit die Fehlwahrnehmung ein, dass die Achtundsechziger durch ihre eigene, lustvoll entgrenzte sexuelle Praxis die Gesellschaft befreit hätten. Doch zum einen gab es in der Neuen Linken auch Kritiker wie Rudi Dutschke und Reimut Reiche, die das Liebäugeln der Kommunarden mit Promiskuität und Pornografie skeptisch beurteilten.[40] Zum anderen war Sexualität in studentenbewegten Großstadtzirkeln verkrampfter, als der geile Blick der Massenmedien es wahrhaben wollte. Wo die Illustrierten fasziniert auf die Berliner «Sex-Kommunen» starrten und sie zur pornografischen Projektionsfläche blühender Fantasien machten, ging es in diesen Wohngemeinschaften viel stärker um die politische Theorie als um die Praxis der Sexualität. Statt wilder Orgien fanden stundenlange «Psycho-Diskussionen» statt, in denen das Intimste öffentlich werden sollte. Dem wortreichen Psychologisieren entsprachen tiefe Hemmungen im Bett: «Niemand konnte ahnen, dass wir alle ein ziemlich verklemmter Haufen waren», erinnerte sich Dagmar Seehuber an das Leben in der K1.[41] Die utopisch politisierte Form revolutionärer Sexualität, nach der diese Vorhut strebte, war kaum weniger stark reglementiert als die traditionelle Moral, endete für viele im frustrierenden Krisenkarussell der alternativen Beziehungen der siebziger Jahre und schrieb nicht zuletzt die Dominanz männlich-penetrativer Heterosexualität fort.[42]

Denn so manche SDS-Frau fühlte sich unter Hinweis auf den hehren Dienst an der Revolution zum Beischlaf genötigt. Wo die Revolution noch als männlich definiert wurde, konnte Sexualität im Dienste der Revolution nur den Männern zugutekommen. Die Frauen im Umfeld der ersten Kommunen und des West-Berliner SDS berichten übereinstimmend darüber, dass Promiskuität vor allem für die Männer galt und deren sexuelle Befreiung «absolut auf Kosten der Frauen» ging – «immer in dem Gefühl, wenn du das nicht machst, bist du 'ne Bürgerliche!»[43] Aus dieser Erfahrung, die im Übrigen international verbreitet war, sollte sich in den siebziger Jahren die Wende der neuen Frauenbewegung hin zu Themen der sexuellen Autonomie von Frauen speisen.[44] Der laute Protest von Frauen gegen den Eroberungsdrang der SDS-Machos («Befreit die sozialistischen Eminenzen von ihren bürgerlichen Schwänzen!») war Ende der sechziger Jahre noch sehr selten. Das Frankfurter Weiberratsflugblatt, auf einer SDS-Konferenz im November 1968 verteilt, blieb zunächst ein Ausnahmeereignis, an dem sich überdies manche Frauen störten.[45] Auch die Achtundsechzigerinnen hatten die emanzipative Variante der sexuellen Revolution noch nicht für sich entdeckt und begannen erst später, im Laufe der siebziger Jahre, offensiv die sexuelle Selbstbestimmung von Frauen und die Entdeckung weiblicher Lust zu fordern.

Das zeitliche Zusammentreffen von Sexwelle und politischem Protest um 1968 war mithin eher zufällig und mehr von «atmosphärischer» denn inhaltlicher Bedeutung.[46] Die Achtundsechziger «schleiften eine Burg, die nur noch eine Ruine war»: «Die schichtenübergreifende ‹sexuelle Modernisierung› war in vollem Gange, als die Aktivisten der Studentenbewegung diese Entwicklung mit zum Teil pompöser Geste auf ihre eigenen Fahnen schrieben.»[47] Mit antikapitalistischer und antifaschistischer Rebellion wurde Sex nur von einigen tausend jungen Bildungsbürgern verbunden. Die West-Berliner Boheme, die die sexuelle Revolution politisierte, war alles andere als repräsentativ für das Denken und die Praxis der Masse. Nicht einmal für die jungen Leute und die Studentenschaft war sie tonangebend, wie das Beispiel Bonn zeigt. Auch der Blick auf die alternativen Kinderläden belegt, wie schnell die meisten jungen Eltern auf eine pragmatische Linie einschwenkten und die Theorie frühkindlicher sexueller Befreiung im Dienst der Revolution aufgaben – in Bonn und anderswo. Der im November 1969 gegründete Kinderladen in Bonn-Dransdorf berief sich zwar auf Wilhelm Reichs Theorie, aber folgte dieser kaum in der Praxis.[48]

Die Jugend dieser Jahre beteiligte sich also begeistert an einer grundständigen sexuellen Revolution, liebäugelte nur in kleinen avantgardistischen Gruppen mit einer Politisierung der Sexualität und lehnte die Emanzipation sexueller Minderheiten mehrheitlich ab. Aber was unterschied sie damit von den älteren Generationen? Was hatte die Liebe mit dem Generationskonflikt um 1968 zu tun?

Am gleichen Nachmittag, als der Schuljunge Holger auf dem Heimweg Schweinsohren kaufte und die Rentnerrunde im Café Müller Kuchen aß, stieg die Studentin Gerda Andresen gegenüber der Konditorei die Stufen zum Psychologischen Institut hinauf. Sie trug schwer an einem sperrigen, beigefarbenen Koffer, in dem ein tragbares Tonbandgerät der Marke UHER steckte. Es brachte immerhin acht Kilo auf die Waage. Dazu kam, in einer zweiten Tasche, ein Dutzend Tonbandrollen. Gerda Andresen hatte eine Verabredung mit der Doktorandin Helga Merker, für die sie seit Monaten zahlreiche Gespräche mit Männern mittleren Alters aufgezeichnet hatte. Stets hatte sie dabei einen Leitfaden abgearbeitet, der nach den Unterschieden der heutigen und der damaligen Jugend und dann nach Veränderungen des Erziehungsstils fragte. Als die Studentin das Gerät schwer atmend auf Merkers Schreibtisch hievte, begann sie, von ihren Erlebnissen zu erzählen. Es sei doch bemerkenswert, wie manche der 33- bis 58-jährigen Männer auf eine hübsche junge Interviewerin reagierten. Ein Geschäftsinhaber Anfang 50 habe ihr allen Ernstes erklärt, sie solle doch das Studieren sein lassen: «Nehmen Sie mir es nicht übel», habe er gesagt, «weibliche Studenten, meine ich, gäb es zuviel … die wissen zwar über alles Bescheid, was vor 4000 Jahren gewesen ist, wenn sie aber mal ein Ei kochen sollen oder Kaffee kochen sollen, dann stehen sie mit zwei linken Händen quer davor.» Und dann habe dieser Herr selbst eine studierende Tochter gehabt und sich beklagt, sie könne nicht ordentlich Geschirr spülen! Den Vogel habe aber ein Herr Doktor abgeschossen, ein Enddreißiger, den sie beim Fasching getroffen und für die Studie rekrutiert hatte. «Im Karneval hatte er mir erzählt, er sei Junggeselle. Ist aber verheiratet und hat zwei Söhne.» Überhaupt staune sie, dass fast immer die Rede doch recht schnell auf Sex gekommen sei.[49] Die letzte Bemerkung interessierte Helga Merker besonders, denn sie hatte in den letzten Wochen viele Transkripte mit Frauen mittleren Alters vom Tonband abgetippt. Auch die Damen hatten sich, ungefragt, ausführlich zu sexuellen Tabus geäußert. Die Haltung zur Sexualität sei doch wohl einer der wichtigsten Bereiche, in dem sich die Generationen voneinander schieden, überlegte nun die Doktorandin. Das müsste sie einmal genauer durchrechnen, wenn sie alle Interviews beisammen habe – und dann natürlich die Männer mit den Frauen vergleichen.[50]

In der Tat stellte Helga Merker nach Wochen und Monaten des Transkribierens und Lochkarten-Stanzens fest, dass die über 60-Jährigen häufiger über Sexualmoral sprachen als die Befragten mittleren Alters, und Frauen stets häufiger als Männer. Ungefähr ein Zehntel aller quantifizierbaren Äußerungen in den 364 Interviews bezogen sich auf das sexuelle Verhalten der Jugend.[51] Merkers Gefühl, dass die «Sittlichkeit» ein wichtiger Bereich

Beschreibung des Sozialverhaltens und der Eigenart der Jugend von heute in Interviews

		Erwachsene mittleren Alters (N = 120)	Über 60-Jährige aus dem Bolsa-Sample (N = 184)
Summe *aller* Äußerungen		**(3212)**	**(4160)**
	Davon positiv (%)	20	15
	Davon negativ (%)	38	55
	Davon neutral (%)	42	30
Äußerungen zum Sexualbereich		**(221)**	**(435)**
	Davon positiv (%)	8	5
	Davon negativ (%)	16	67
	Davon neutral (%)	76	29
Aussagen zur äußeren Erscheinung		**(278)**	**(457)**
	Davon positiv (%)	7	10
	Davon negativ (%)	23	69
	Davon neutral (%)	69	22

sei, wo die Generationen über Kreuz lagen, hatte nicht getrogen. Als sie alle Äußerungen in neutrale, positiv und negativ wertende geteilt hatte, schälte sich ein klares Bild heraus. Die Großelterngeneration kritisierte die Jugend von 1968 heftig, wo es um das Sexualverhalten und die äußere Erscheinung ging. Die Elterngeneration verhielt sich dagegen mehrheitlich neutral: Sie konstatierte den Wandel der Sitten, ohne ihn ausdrücklich zu begrüßen. Die stärksten Unterschiede zwischen der mittleren und alten Generation traten da zutage, wo es um Sexualität, Kleidung und Frisur ging. In vielen anderen Bereichen (nicht in der obigen Tabelle wiedergegeben) waren sich Alte und Mittelalte in ihrer Beurteilung der Jugend dagegen eher einig. Das galt etwa da, wo es um die Einstellung der Jüngeren zum Geld oder um ihre Freiheit, Interessen und geistige Aufgeschlossenheit ging.[52]

Wenn man ausführlicher in die Gespräche hineinhorcht, erstaunt die Zentralität der Themen Aufklärung, Verhütung und voreheliche Beziehungen. Als die Verkäuferin Frau Borchert, Mutter zweier Kinder, im Mai 1968 von Gerda Andresen befragt wurde, begann sie schon auf die erste Frage hin – «Wodurch unterscheidet sich die heutige Jugend von der Jugend zu ihrer Zeit?» – sofort: «Ich finde eigentlich, die Jugend ist aufgeklärter als die Jugend zu meiner Zeit. Damals … war das alles ganz anders, mit der Aufklärung vor der Ehe und alles, was damit zusammenhängt. Es war selten, dass da überhaupt einmal ein Jugendlicher darüber aufgeklärt wurde. Heute werden sie entweder von den Eltern oder von der Schule aufgeklärt, ich finde … das besser als zu unserer Zeit.» Sie freute sich für ihre Nichten und Neffen, die alle schon Freunde und Freundinnen hätten. Im Gegensatz dazu habe sie selbst «vielleicht einmal Bruchstücke auf der Straße» aufgeschnappt, von den Eltern nichts mitgekriegt und noch «mit 14 oder 15 Jahren über nichts sprechen» dürfen: «Unsereins war ja richtig dumm.» Obwohl sie missbilligte, «wie die Gammler es machen, heute mit dem, morgen mit dem», sei ihr doch die moderne Verfahrensweise weit lieber als die alte. Daher kläre sie auch ihre beiden Kinder früh auf.[53]

Frau Borchert war typisch für die Altersgruppe der Mitte 30- bis Mitte 50-Jährigen. Männer wie Frauen betonten, wie sehr sie sich mit der rigiden Moral ihrer Eltern herumgequält hätten. «Ich habe darunter lange, lange Jahre gelitten», sagte der 42-jährige Herr Russ, dass man ihm «dieses vollkommen ungezwungene und natürliche Beisammensein» der Geschlechter «aberzogen» habe. Der nur wenig ältere Herr Anschütz meinte, die strikte Trennung von Mädchen und Jungen habe nur «Beklemmungen und Hemmungen» erzeugt. Um das Geheimnis zu ergründen, sei er im Berlin der Weimarer Zeit darauf verfallen, nach Schulende «dem Strich nachzugehen und sich mit den Mücken zu unterhalten», also Prostituierte auszufragen. Andere erzählten, sie seien von älteren Freundinnen und Cousinen oder von ihrem Lehrer eingeweiht worden, «weil die Eltern uns ja gar nichts gesagt haben. Effektiv nichts». «Meine Mutter hätte sich zu Tode geniert, wenn sie uns ein Wörtchen davon gesagt hätte.»[54] Auch zeigten sich ihre Eltern kaum je nackt. «Unsere Eltern haben sich versteckt vor uns. Wenn die ins Bad gingen, da wurde womöglich noch die Badezimmertür abgeschlossen! … Das würde ich auch nie tun.» Vor lauter Neugier habe man daheim «durchs Schlüsselloch geguckt» oder bei den Kühen aufs Kalben gewartet, gaben Herr Hahn und Herr Lochny zu.[55] Nur zwei von 89 Gesprächspartnern mittleren Alters berichteten, sie seien von ihren Eltern vollständig ins Bild gesetzt worden.[56]

Die anderen kritisierten ihre Mütter und Väter zuweilen scharf für ihre Prüderie. Auf seine Fragen hin sei er als Zehn- oder Zwölfjähriger «in den Nacken» geschlagen und zum Schweigen gebracht worden, erinnerte sich

Herr Arnhold. Ein Vater dreier erwachsener Töchter erhielt als Jugendlicher keinerlei Information: «Ich habe selber sechs Schwestern und kann daher beurteilen, wie diese falsche Erziehung auf die Mädels gewirkt hat.» Manche «Dummheiten» seiner Schwestern wären «vermeidbar gewesen, wenn man offen hätte darüber reden können». Ein Friseur und Vater zweier junger Männer stimmte zu: «Mädchen unter 18 Jahren kamen ja nie vor die Tür», und wenn sie doch mal einen Jungen getroffen hätten, «dann fielen sie rein, dann mussten sie heiraten».[57] Die Sittenstrenge der alten Generation erschien manchen Männern, die im Krieg gewesen waren, als pure Heuchelei. «Wenn ich so höre, wie manche sich über die mangelnde Moral der Jugend heute aufregen. Wir sind großgeworden in Aktion Lebensborn. Ich bin sogar dazu aufgefordert worden, mich daran zu beteiligen … Du sollst ein Kind zeugen für den Staat. Wo bleibt da die Moral?» Ähnlich empfand es Herr Hanke: «Die heute Eltern sind, sind durch den Zweiten Weltkrieg gegangen.» An der Front sei Moral «vollkommen ohne Wert» gewesen. Wer das erlebt habe, könne in der Nachkriegszeit traditionelle Normen «nicht mehr mit solcher Konsequenz vertreten» und die Jüngeren nicht als unmoralisch hinstellen.[58]

Man war sich in der mittleren Generation weithin einig, dass Kinder früh und umfassend sexuell aufgeklärt werden müssten. Dafür traten selbst jene ein, die konservative Moralauffassungen vertraten (wie Herr Groth), sich als Christen definierten (wie Herr Kaym) oder zugaben, dass ihnen das Darüber-Sprechen schwerfiel (wie Herr Lochny).[59] Um Hemmungen zu überwinden, griffen viele zu dem Hilfsmittel, «ein gutes Buch zu lesen». Aus der Schilderung von Frau Kloppe – einer Halbtagskraft mit einem erwachsenen Sohn – war die Erleichterung herauszuhören, dass sie auf diese Weise auch ohne Rückgriff auf die «fürchterlichen Illustrierten» das Nötigste gelernt hatte. «Also für andere Eltern möchte ich ja empfehlen … ein Buch von dem Dr. Graupner: ‹Unsere Söhne und Töchter›, also fabelhaft. Und das zu gegebener Zeit auch den Kindern geben zu lesen … Und speziell die Aufklärung ist in dem Buch beschrieben, es ist wirklich für Eltern schön, so etwas in der Hand zu haben, es gibt einem eine eigene Sicherheit, es ist so klar geschrieben … Wenn man dieses Wissen hat aus diesem Buch, da brauche ich keine Illustrierte mehr.»[60] Wie hier schienen in den meisten Familien die Mütter federführend. Der Vater schaltete sich insbesondere ein, wenn Söhne zu belehren waren.[61]

Zudem schien Konsens zu sein, dass verhütet werden durfte. Keiner der

Interviewten sprach sich gegen Geburtenkontrolle aus. Wenn die «Babypille» erwähnt wurde, wie bei Herrn Anz, dann als begrüßenswerte Erfindung.[62] Das trifft sich mit anderen Quellen, denen zufolge unverheiratete junge Frauen der Achtundsechziger-Generation bei ihren Müttern auf (oft unerwartetes) Verständnis trafen, sobald sie deren Hilfe brauchten, um an die «Pille» heranzukommen.[63] Offene Gespräche zwischen erwachsenen Kindern und Eltern kamen aber nicht oder nur selten zustande, weil die meisten Eltern erst auf halbem Wege zu einer liberalen Sexualmoral waren.[64] Die jungen Leute um 1968 spürten, dass die Eltern ihnen zwar einige grundlegende Informationen mit auf den Weg gegeben hatten, aber gleichwohl noch in mancher Hinsicht gehemmt waren.

So war die mittlere, zwischen 1910 und 1935 geborene Generation in puncto voreheliche Beziehungen durchaus gespalten. Die Liberaleren unter ihnen verteidigten Sex vor der Heirat explizit als weitverbreitet und natürlich. So sagte ein Industriekaufmann: «Ich bin der Letzte, der von meiner Tochter Jungfräulichkeit bis zum Hochzeitstage verlangt. Bei den heutigen früheren geschlechtlichen Bindungen kann es schon vorkommen, … dass sie irgendwie eines Tages uneheliche Mutter wird; man wünscht es sich nicht.» Immerhin solle sie für diesen Fall eine gute Berufsausbildung erhalten, um «ihrem Kind eine gute Versorgung» geben zu können. Frau Hahn dachte ähnlich. «Wenn wirklich der Junge kommen würde und würde sagen: Ja Mutti, mir ist das und das passiert, ich habe da ein Mädchen und die kriegt was Kleines, dann würde ich sagen: Gut, sprich mit ihren Eltern und wenn die dem Mädchen Vorwürfe machen und sagen: raus, was heute auch doch noch mal vorkommt, dann würde ich sagen: Komm, bring sie her. Ich würde meinem Jungen keine Vorwürfe machen und auch meinem Mädchen nicht … Ich würde sagen: Komm, freu Dich auf Dein Kind … Man ist in der Beziehung heute doch anders als früher. Mein Vater, der hätte getobt.»[65] In beiden Äußerungen spiegelt sich, wie verbreitet ungewollte Schwangerschaften und nachfolgende Heiraten damals waren, aber auch, wie oft Eltern ein «gefallenes» Mädchen noch als soziale Schande ansahen. So zählte ein Vater zweier Töchter zu den von ihm gefürchteten Schicksalsschlägen «einen Unfall, einen Krieg, ein uneheliches Kind».[66]

Bisweilen verlief der Riss quer durch die Familie. Als Gerda Andresen im Mai 1968 das Ehepaar Anz befragte (beide waren um die 50), wunderte sie sich nicht wenig. Auf die Frage, was man bei der Erziehung eines Mädchens beachten solle, antwortete die Hausfrau: «Dass es sich hochhält, dass es sich nicht in den Schmutz ziehen lässt von den Jungen.» Die Studentin stellte sich dumm: «Was verstehen Sie bitte unter dem Ausdruck ‹hochhalten›, den kenne ich gar nicht?» Darauf betonte Frau Anz: «Dass es nicht heute mit dem und morgen mit dem herumläuft ... Das ist ja heute nun leider Gottes nun nicht mehr selbstverständlich. Dass es sauber in die Ehe geht.» Ihr Mann setzte andere Akzente. «Gerade wirkliche Eltern zeigen sich, wenn das Kind in Not ist, ob es verheiratet oder unverheiratet ist.» Er habe seinem «Töchterchen», einer jungen Lehrerin, gesagt: «Es mag kommen was will, dein Elternhaus steht dir immer offen, und gerade wenn was schiefgegangen ist.» Auch darüber, dass der 18-jährige Sohn sich samstags mit einem Mädchen traf, stritt sich das Ehepaar. Frau Anz hielt dagegen, kam aber nicht gegen Mann und Kinder an. Resigniert stellte sie fest: «Da bin ich altmodisch, ich bin aus dem 17. Jahrhundert, ich kann nicht mehr mitsprechen.»[67]

Die Haltung der mittleren Generation zur körperlichen Liebe war somit widersprüchlich und gespalten. Man befürwortete Aufklärung und Geburtenkontrolle vollauf, aber vorehelichen Sex nur teilweise. Das Stigma der unehelichen Schwangerschaft bröckelte, aber nur langsam. Nacktheit in den eigenen vier Wänden und in den Illustrierten hielten die meisten für vertretbar, nicht aber häufigen Partnerwechsel oder harte Pornografie. Ein Vater zweier Kinder brachte die Übergangshaltung seiner Generation auf den Punkt: «Ja, das ist die Frage der Moral als solche, wo ich mit der heutigen Tendenz nicht ganz konform gehe. Allein unsere Sexualerziehung war zweifellos prüde und nicht richtig, aber ich glaube, dass man heute in den Fehler des Gegenteils verfällt und dass man heute die Freizügigkeit auf allen Gebieten zu weit treibt.»[68] Ein oft zitiertes Schreckbild in dieser Hinsicht waren «Gammler» oder «Sexkommunen», die für zügellose Promiskuität standen. Allerdings hatte keiner der Befragten Gammler oder Kommunarden je selbst kennengelernt. Sie bezogen sich stattdessen auf Fernseh- oder Illustriertenreportagen.[69] Und vielen Gesprächspartnern war bewusst, wie groß der Abstand zwischen der Realität und diesen Projektionen der Sittenlosigkeit war. Ein Mittvierziger, der im Betrieb und über seine Töchter viel mit jungen Menschen «von 20 an aufwärts» zusammenkam, betonte, «dass die Jugend heute im Allgemeinen in jedem Falle besser ist, als man sie so allgemein darstellt». Die Mehrheit der Älteren sähe «nur die extremen Fälle und urteilt von daher falsch»: «Da liest man etwas von LSD-Räuschen und Sex-Partys und von solchen Dingen, das klingt dann alles ganz schauerlich», aber «in ähnlicher Form gab es das früher auch.» Die meisten Langhaarigen «sind trotzdem vernünftig», verteidigte auch Herr Märker die Jugend gegen den Vorwurf der Unmoral. Manche verglichen sogar die Gammler mit ihrer eigenen HJ-Zeit und schlossen, sie selbst seien «genausolche Rowdys» oder schlimmer gewesen.[70] Die persönlich bekannten Lehrlinge, Söhne, Töchter und Bekannten – die konkrete Jugend – kam deutlich besser weg als die «abstrakte» Jugend, über deren vorgebliche Exzesse die voyeuristischen Medien berichteten.[71]

Die große Mehrheit der zwischen 1910 und 1935 Geborenen vertraten mithin Ansichten, die bereits den Rahmen der «Schmutz und Schund»-Debatte der unmittelbaren Nachkriegszeit sprengten. Denn im Jahrzehnt nach 1945 hatte ein öffentlicher Kampf um «Sittlichkeit» getobt. Kirchliche und bürgerliche Moralapostel hatten mit aller Kraft versucht, den strengen Sittengesetzen wilhelminischer Prägung neue Geltung zu verschaffen. Mit paternalistischen und antimodernen Argumenten waren sie gegen Tendenzen der Liberalisierung und Kommerzialisierung von Sex zu Felde gezogen – vergeblich. Ab Mitte der fünfziger Jahre fanden sich die Vertreter von Sittlichkeit und Zensur auf zunehmend einsamem Posten. Die breite Bevölkerung hatte begonnen, ihr Recht auf Schund einzuklagen und die westliche Moderne nicht als Bedrohung, sondern als individuelles Glücksversprechen zu begreifen. Schon Anfang bis Mitte der sechziger Jahre waren die wesentlichen Schlachten geschlagen und zugunsten der sexuellen Revolution entschieden worden.[72]

Wie deutlich die Niederlage der Moralkonservativen ausgefallen war, erweist sich in den Befragungen der Erwachsenen mittleren Alters aus 1967 und 1968. Die Kernaussagen der Sittlichkeitsvertreter wurden von ihnen weit überwiegend abgelehnt. Dass die Krise der Sexualmoral aus dem Ausland, aus dem Westen oder aus Amerika komme (also auf importierte Filme, Besatzungssoldaten oder Wissenschaftler wie Kinsey zurückgehe), mutmaßten nur drei von 50 Männern und zwei von 39 Frauen. Nur acht von 89 Interviewten bezeichneten die modernen Massenmedien als moralisch verderblich.[73] Als durchweg sexualmoralisch konservativ können nur fünf Männer und vier Frauen gelten, also etwa ein Zehntel aller Umfrageteilnehmer. Ihnen stehen immerhin zwölf betont Liberale gegenüber (acht Männer und vier Frauen).[74] Das große Mittelfeld changierte irgendwo zwischen liberalen, liberalkonservativen und widersprüchlichen Positionen.

Neun Zehntel der Erwachsenen mittleren Alters begrüßten daher die sexuelle Revolution zumindest in Teilen – solange es sich um deren grundständige Variante handelte. Weiter ging man nicht. Kein einziger Befragter redete einer Politisierung von Sexualität das Wort oder erwähnte auch nur die Situation sexueller Minderheiten oder das Problem sexueller Gewalt. Der Gedanke, dass eine freiere Sexualität verformte Persönlichkeiten therapieren oder gesellschaftlicher Unterdrückung entgegenwirken könne, war dieser Generation ebenso fremd wie die Infragestellung des Tabus gleichgeschlechtlicher Sexualität.[75]

Trotzdem fühlte die mittlere Generation, dass sich der Wind in den sechziger Jahren gedreht hatte. Die Konservativen unter ihnen, die zu viel Sex für schädlich hielten, fühlten sich nicht mehr auf der Höhe der Zeit oder, in den Worten von Frau Anz, «aus dem 17. Jahrhundert». Sie komme sich richtig «doof» vor, wenn sie sich mit ihrem erwachsenen Sohn über «das Sexuelle» unterhalte, erzählte die traditionell denkende, auf dem Dorf aufgewachsene Frau Ruhle. «Dann kann ich manchmal sagen, Junge, das habe ich in meinem ganzen Leben noch nicht gehört oder gewusst, ne?»[76] Der Zeitgeist verlieh den Liberalen Rückenwind, wie die zahlreichen Vorwürfe an die Adresse der Großeltern zeigen. Die Alten stünden dem Fortschritt im Wege, hieß es da. Sie seien «nicht mit der Zeit mitgegangen … die sind stehengeblieben», behaupteten viele der Mitte 30- bis Mitte 50-Jährigen. Nur ein «verknöcherter Greis» könne der Jugend ihre moralische Freiheit verargen, meinte ein Mittfünfziger.[77] Ein 35-Jähriger hielt «der älteren Generation» vor, «oft auf mehr Schein» zu machen und nicht nach ihren eigenen Geboten zu leben. Beim Thema Aufklärung würden alte Leute doch nicht mitkommen, so die Verkäuferin Frau Borchert: «Wenn ein Jugendlicher in deren Gegenwart darüber reden würde, würden sie aufstehen und herausgehen, weil sie nicht begreifen können, dass so junge Leute das schon wissen.»[78]

War die alte Generation wirklich so starr und prüde, wie die mittlere Generation dachte? Die Interviews der Bolsa-Teilnehmer sprechen eine deutliche Sprache. Die 60- bis 80-jährigen Herrschaften beantworteten denselben Fragenkatalog zur Jugend von heute wie die Erwachsenen mittleren Alters. Und obwohl manche Lust und Liebe zunächst ungern beim Namen nannten, spielte das Thema für sie eine noch größere Rolle bei der Bewertung jugendlicher Verhaltensweisen als für die mittlere Altersgruppe.[79] Überaus häufig äußerten die Bolsianer ihr Entsetzen über die öffentliche Zurschaustellung von Zärtlichkeiten, der gegenüber sie sich hilflos fühlten. «Man fühlt sich in gewissem Sinn beiseitegestellt», klagte ein 76-Jähriger.[80] «Also es ist manchmal entsetzlich, wenn man da so läuft. Die bleiben mitten auf der Straße stehen und umarmen oder küssen sich, also das ist – Wir sind das halt nicht gewohnt, wir älteren Menschen. (Früher) die haben wenigstens gewartet, bis es dunkel war», sagte eine 68-jährige Witwe.[81] Selbst das Begrüßungsküsschen auf die Wange berührte unangenehm: «Ist ja auch französisches System so, dieses Abküssen ... zu unserer Zeit, da wär das, ach, überhaupt nicht infrage gekommen. Aber da gehen die so frei und öffentlich auf der Straße, bleiben sie stehen und küssen sich, da ham sie auch keine Hemmungen drin.» Auch ein pensionierter Kaufmann, der sich als «nicht gerade zimperlich» einstufte, reagierte schockiert: «Schweinerei, am hellen Tage knutschen sie sich ab!» Küsse in der Öffentlichkeit schienen schwer erträglich, weil sie unwillkommene Emotionen wachriefen.[82]

Die aus wilhelminischer Zeit stammenden Sittlichkeitsgebote, die von den Erwachsenen mittleren Alters bereits zu neun Zehnteln abgelehnt wurden, fanden noch immer Zuspruch bei einer Mehrheit der Großelterngeneration. Viele Rentner verglichen ihre brave Vorkriegsjugend mit dem Lotterleben nach 1945. Gern wiesen sie dann dem westlichen Ausland die Schuld am Niedergang zu. «Alles von Amerika rübergekommen», «dieses Saloppe» und «Übermoderne», ob Miniröcke, Make-up oder Herumschmusen, befand Frau Tänzer. Für den 66-jährigen Herrn Bohe war der Sittenverfall bedingt «dadurch, dass die ausländischen Soldaten, besonders die Amerikaner, sich in Deutschland so lange aufgehalten» hatten und deren Gebräuche «von unserer Jugend nachgeäfft werden». Auch das Geschäftsleben und die Wissenschaft würden «immer mehr amerikanisiert» und verbreiteten auf diese Weise unmoralische «Negerkultur» in ganz Europa.[83] Außerdem machten viele die neuzeitlichen Erfindungen, allen voran das Fernsehen, für den Vormarsch der Erotik verantwortlich. «Oft ist das Programm nicht tragbar. Die Jugend wird zu früh aufgeklärt im negativen Sinne», meinte ein pensionierter Telefonist.[84] Die Jugend falle modernen «Exzessen» zum Opfer, weil es durch die verlorenen Kriege überall an Leitbildern und Disziplin mangele, warnten sowohl Herr Speck als auch Herr Gebler. Als Beispiele entsprechender Fehlentwicklungen nannten sie «pornographische Filme», die «Pille» und LSD, aber auch «das Rockerunwesen», «Beatschuppen» und «das Freie nach Kolle» bis hin zur «Sexualerziehung in den Schulen».[85] Einige Befragte verlangten sogar nach staatlicher Intervention, um der Unmoral Einhalt zu gebieten. Die CDU-Regierung solle die Pressefreiheit enger fassen, schlug Herr Dänhardt vor. Andere forderten Prügel, Polizeieinsätze oder die Belangung von Modemachern, die Miniröcke propagierten.[86] Die «Pille», die vorehelichen Beischlaf von Angst und Stigma befreien konnte, wurde selten erwähnt und im Zweifelsfall eher abgelehnt.[87]

Die alte Generation verwarf nicht Sexualität an sich, sondern die Zurschaustellung oder das Sprechen über Sexualität – Letzteres besonders, wenn es um das Gespräch mit Jugendlichen, Kindern und dem anderen Geschlecht ging. Deswegen zogen die Alten auch rasch den Vorwurf der Heuchelei auf sich. Denn während sie an Tabus festhielten, waren sie doch unwiderlegbar sexuelle Wesen. In Frau Mutschmanns Altersheim stritt man sich über die Liebesaffären unter den Bewohnern. In Frau Rahms Altenclub entwickelten sich Liebschaften und Eifersüchteleien. Mancher Senior hatte sich im Alter eine Freundin zugelegt oder schwärmte dem Versuchsleiter von seinen Eroberungen im Zweiten Weltkrieg vor. Männer, die mit Impotenz kämpften oder eine «unterleibskranke» Ehefrau hatten (was oft auf die Nachwirkungen von Hinterzimmer-Abtreibungen zurückzuführen war), klagten den Psychologen ihr Leid.[88] Und voreheliche Beziehungen und Verhütung konnten dieser Generation beileibe nichts Neues sein, waren sie doch schon vor 1914 in Deutschland weit verbreitet.[89]

Nicht wenige alte Frauen deuteten den weiblichen Versuchsleiterinnen gegenüber vorsichtig an, sie hätten sich doch ein wenig mehr Spielraum in ihrem Liebesleben gewünscht. Dabei konnten sie bisweilen recht emotional werden. «Ach so schwere Fragen, meine Güte», seufzte die 67-jährige Frau Eugel, danach gefragt, wie sie aufgewachsen sei. Sie wolle ja nicht «undankbar» sein, aber sie sei «vielleicht durch die Ängstlichkeit meiner Mutter, die diese Ängstlichkeit durch Strenge ausgleichen musste», richtig «unglücklich und – gehemmt» geworden. «Ich habe auch furchtbar lang gebraucht dadurch, zu mir selbst zu kommen, und bin dadurch auch, gerade auch gegenüber meiner Mutter, sehr oft auch in Unwahrheiten reingezwängt worden, weil ich nicht sagen durfte, was ich gemacht habe oder wo ich hinging oder was ich wollte.» Auf extreme Zurückhaltung in moralischen Dingen getrimmt worden zu sein, bereute auch Frau Ziller, denn «meine Mutter hat mich so als höhere Tochter erzogen, wie es im Witzblatt steht». Eine 76-Jährige meinte, sie habe als junges Mädchen den falschen Mann geheiratet, gerade weil ihre Mutter und «spießigen» Tanten übertrieben prüde gewesen seien. «Jeder Schritt» ihrer Jugendzeit sei mit einem Fernglas beobachtet worden. Sie durfte männliche Bekannte nicht auf der Straße grüßen und wurde sogar gescholten, als sie bei der Verlobung ihrem zukünftigen Mann einen Kuss gegeben hatte. Eine gelernte Buchhalterin gab der eigenen Tochter mit auf den Weg, sie solle sich zwar in Acht nehmen, aber müsse «ja nicht unbedingt so spröde sein, wie ihre Mutter gewesen ist».[90]

Die von alten Damen erzählten Liebesgeschichten kreisten zentral um das Thema vorehelicher Beziehungen und die Gefahr, schwanger zu werden. Die Erfindung und Verbreitung der «Pille» hatten das Tabu der unehelichen Geburt und der Notheiraten für diese Generation noch nicht abgeschwächt. Die Sorge, dass Töchter und Enkelinnen in die Falle tappen und verfrüht Nachwuchs bekommen könnten, saß tief. Denn hier stand die soziale Ehre der Familie auf dem Spiel. Eine 1907 geborene Modistin, Tochter eines Schlossers, erinnerte sich mit Schrecken daran, wie ihre Tante im Jahr 1919 ein uneheliches Kind bekam und sich die ganze Familie «vor Scham in den Boden verkrochen» habe. «Auch ich schämte mich dafür in den Boden. Ich habe wirklich gedacht, die Leute gucken mich alle deswegen schief an … und ich war überzeugt, deswegen keinen guten Mann zu bekommen. Ich dachte, wer nimmt schon ein Mädchen, in deren Verwandtschaft uneheliche Kinder vorkommen!» Noch bei ihrer Berufswahl und späteren Liebschaften wirkte das Trauma nach.[91] Um das Risiko einer unehelichen Geburt auszuschalten, drängten die alten Frauen darauf, Mädchen nicht zu viel Auslauf zu lassen, sie jedoch auch rechtzeitig aufzuklären. So betonte etwa eine ehemalige Hausgehilfin: «Den Jungen kann man mehr Freiheit geben wie den Mädchen … Einen Gockel darf man laufen lassen, aber das Huhn muss man hüten.»[92] Die 65-jährige Elsa Gäbel berichtete wortreich von den «vielen» Bekannten, die ganz jung ein uneheliches Kind geboren hatten, «weil wir ja die Aufklärung nit gehabt ham wie die heutische Jugend». Die heutigen jungen Männer würden Mädchen bei einem Stelldichein doch oft so behandeln, «wie wenn sie son billiges Mädel» wären. Um ihre Tochter davor zu bewahren, habe sie diese schon als Neunjährige eingeweiht. Zwar sei sie ein «bissel schockiert» gewesen, weil die Tochter schon Bruchstücke zu wissen schien. Aber sie habe unverdrossen «wirklich ein lehrreiches Buch» gekauft. Und «dann ham wir das immer gelesen, und mein Mann dann nachher auch, ne», meinte sie verschmitzt.[93] Alte Frauen sprachen nicht konkret über eigene voreheliche Erfahrungen oder die Fehltritte ihrer Töchter, weil das Thema so schambesetzt war.

Schon eher erregten sie sich über liederliche Schwiegertöchter, die ihre Söhne mithilfe einer Schwangerschaft in die Ehe gepresst hätten. Die Verlobte ihres Sohns habe schon einen Bekannten «näher kennengelernt», sei also befleckt in die Ehe gegangen, ärgerte sich beispielsweise eine verwitwete Hutmacherin.[94]

Die alten Herren pochten ebenfalls auf Reinheit vor der Ehe, gaben aber schon häufiger zu, dass zwischen Anspruch und Realität im eigenen Umfeld ein tiefer Graben klaffte. Bei mindestens sechs von ihnen wurde im Gespräch deutlich, dass sie unfreiwillig geheiratet hatten. Die frühe Heirat habe ihn «gehandicapt», meinte ein Befragter, und ein anderer schilderte, wie er und seine Verlobte das gemeinsame Kind zwei Jahre lang geheim gehalten hatten.[95] Wenn es die eigenen Töchter und Enkelinnen traf, war dies nach wie vor ein Schock. «Sie hat heiraten müssen. Das hat uns ein bissel deprimiert. Das ist in unserer Familie noch nicht gewesen. Aber es ist passiert. Sie hat einen braven Mann», erzählte ein 1894 geborener Arbeiter von seiner Enkelin. Trotzdem begann er wenig später, sie finanziell mit erheblichen Beträgen zu unterstützen.[96] Sobald ein Sohn heiraten «musste», lag der Fall etwas anders. Die Sorgen bezogen sich dann weniger auf die Ehre der Familie und mehr darauf, dass die Karriere und der soziale Aufstieg des Sohnes durch die frühe Familiengründung leiden könnten.[97] Ein Bauarbeiter, dessen Sohn es auf die Universität geschafft hatte, bedauerte beispielsweise, dass dieser noch vor Studienbeginn zum Altar musste. Aber er sah den Rückschlag nur als vorläufig an und spekulierte auf eine zweite Ehe: «Ich habe kein Wort geschimpft … Man weiß nicht, wozu das gut ist. Das ist ein einfaches Mädchen. Wenn der Sohn studiert hat, weiß man, was für eine er sich nachträglich nimmt?»[98] In den Männern dieser Generation, die meist zwischen dem Ersten Weltkrieg und der großen Depression erstmals Vater wurden, wirkten noch die Erfahrungen der damaligen Massenarbeitslosigkeit nach. Rückblickend merkten viele von ihnen an, dass sie zu früh geheiratet hätten und dadurch langfristig ihre Berufsausbildung und weitere Laufbahn geschädigt hätten.[99]

Für die Generation der über 60-Jährigen war vorehelicher Sex noch immer prinzipiell verwerflich. Man mochte Mitleid fühlen für «gefallene» Mädchen oder zu früh zur Heirat gezwungene Jungen, aber war weit davon entfernt, die Unmoral zu verteidigen. Das Spagat zwischen Realität und moralischem Tabu führte zu manchen Verrenkungen, sobald die eigene Familie betroffen war. Falls die Tochter oder Enkelin ungeplant schwanger wurden, wurde vertuscht, auf sofortige Eheschließung gedrängt und häufig auch finanziell unter die Arme gegriffen. Ein typisches Beispiel ist der pensionierte Anstreicher Willi Nehmann. Mit seinen 68 Jahren war er ein häuslicher, herzkranker Mann, der auf seinem wöchentlichen Stadtbummel gern Tauben fütterte. Er ärgerte sich darüber, dass «in Berlin» die jungen Leute «halbnackt auf die Straßen» gingen und forderte, der Staat solle die Beatles verbieten. Nun erzählte er in Bonn, seine jüngste Enkeltochter habe sich verloben «müssen». Obwohl ihn dies störte, freute er sich auf das Hochzeitsfest. An seinen moralischen Ansichten hatte sich nichts geändert («Ich bin gegen eine frühe Aufklärung, die lernen das doch»). Schon eher nahm er die Situation als unabänderlichen Schicksalsschlag hin – ein Schlag, der ihn seinerzeit selbst getroffen hatte. Denn er gestand, er bereue seine frühe Heirat: «Da kam ein Kind. [Ich] wäre gern noch ein paar [Jahre] Junggeselle geblieben.» Der ihm gegenübersitzende Versuchsleiter dachte anders als er, denn er setzte das heiraten «müssen» in explizite Anführungszeichen.[100]

Wenn aber nicht der eigene Nachwuchs, sondern «nur» Bekannte oder Schwiegerkinder betroffen waren, reagierten die Älteren oft mit Härte auf moralische Verfehlungen. Der 66-jährige Georg Bohe hatte eine junge Untermieterin («eine hübsche Blondine, schlank»), die ihren unehelichen Sohn zum abendlichen Rendezvous in die Wohnung eines Liebhabers mitgenommen hatte. Als Bohe dies erfuhr, kündigte er ihr und zeigte sie beim Fürsorgeamt an, sodass der Sechsjährige ins Heim kam. Zugleich redete er freimütig über seine eigene Jugend: «Alles was wir nicht machen durften, machten wir, aber heimlich … Nehmen Sie doch nur mal den Geschlechtsverkehr an. Die vertreten heute einen Standpunkt, ein großer Teil der Jugend: Ja, das macht man vor der Ehe schon, das ist sogar besser, dann lernt man sich kennen, ob man zusammen passt. Während wir das früher heimlich gemacht haben. Um Gottes Willen, durfte keiner wissen! Gemacht haben wir es ja alle.»[101]

Auch statistisch lässt sich belegen, wie viel tiefer die sexuellen Tabus bei den älteren Kohorten verankert waren. Beide Bonner Untersuchungsgruppen füllten einen Fragebogen zur Elternrolle aus. Dabei sprachen sich die Befragten um so klarer für komplettes Schweigen über Sex sowie strenge Disziplin in der Familie aus, je älter sie waren. Von dieser Linie wichen die Erwachsenen mittleren Alters klar ab: Mit 23 Einstellungsskalen konfrontiert, die alle autoritäre und traditionelle Erziehungsnormen formulierten, verwiesen sie die Skala zur Tabuisierung der Sexualität klar auf den letzten, am wenigsten populären Platz. Die 33- bis 58-Jährigen stimmten sexuellen Tabus bei der Erziehung von Kindern sehr signifikant seltener zu als die über 60-jährigen Befragten.[102] Wie groß die Hemmungen der Alten waren, zeigt sich daran, dass ganze 93 Prozent von ihnen die Feststellung bejahten: «Sexuelle Probleme sind die schwierigsten, mit denen man sich bei Kindern auseinandersetzen muss.» 68 Prozent wollten kleine Kinder «noch nichts über sexuelle Dinge hören» lassen. Immerhin noch 43 Prozent glaubten, dass Kinder, die bei körperlichen Spielereien mitmachten, als Erwachsene zu Sexualverbrechern würden. Alte Frauen zeigten sich noch prüder als alte Männer, denn sie fanden es besonders wichtig, dass kleine Jungen und Mädchen einander nicht nackt erblicken durften. Und durchweg waren die vor 1897 Geborenen deutlich verklemmter als die zwischen 1898 und 1907 Geborenen.[103] Diese Unterschiede zwischen den beiden pensionierten Altersgruppen lassen sich nicht durch den Einfluss des Nationalsozialismus erklären, denn alle Alten hatten ihre jugendliche Sozialisation lange vor 1933 durchlaufen und das Dritte Reich als Erwachsene erlebt.

Die Haltung der Jahrgänge vor 1908 schien eingefroren auf dem normativen Stand der fünfziger Jahre. Die meisten lehnten selbst die grundständige Variante der sexuellen Revolution, die in der westdeutschen Bevölkerung um 1968 weithin befürwortet wurde, als eine Zumutung der westlichen Moderne ab. Mit ihren Rufen nach Schweigen, Zensur und Staatseingriff standen die Alten im scharfen Gegensatz zu den beiden nachfolgenden Generationen. Sie taten sich schwer mit der Aufklärung ihrer Kinder, dem Sprechen über Sexualität und der öffentlichen Zurschaustellung von nacktem Fleisch und Zärtlichkeit. Ihre Hemmungen datierten bis zur Jahrhundertwende zurück und hatten nur wenig mit der nationalsozialistischen Vergangenheit zu tun. Zwar brachten einzelne Bolsianer sexuelle Exzesse gern mit Juden oder Negern in Verbindung: Frau Mutschmanns mannstolle Altersheim-Nachbarin war «jüdisch», und Herr Bohe fürchtete die sittenzersetzende amerikanische «Negerkultur». Antisemitische und rassistische Denkmuster wie diese deckten sich mit dem Nationalsozialismus, konnten aber weit älter sein. Schon um 1900 waren Klischees von jüdischen Zuhältern und sexbesessenen Schwarzen gang und gäbe.[104] Ebenso altgedient war die Homophobie der Großelterngeneration. Die scharfe Ablehnung von Schwulen, wie sie der Bonner Proband August Brackenbusch am eigenen Leib erfuhr, war in dieser Altersgruppe unstrittig.[105]

Darin unterschied man sich von den Jüngeren, wenn auch nur graduell.[106] Die Hauptkonfliktlinien zwischen den Betagten auf der einen Seite und den Erwachsenen jungen und mittleren Alters auf der anderen Seite verliefen aber bei den Themen voreheliche Beziehungen, Verhütung und Nacktheit.

Stimmt es nun, wenn Achtundsechzig als Auslöser der sexuellen Revolution gehandelt wird? Landläufig werden die jungen Rebellen von damals gern als Avantgarde sexueller Befreiung verstanden. Daran ist wenig haltbar. Denn erstens war die sexuelle «Revolution» ein langfristiger Prozess der Liberalisierung, der das ganze 20. Jahrhundert mit gelegentlichen Schüben der Beschleunigung durchzog. Schon deutlich vor 1968, in den späten fünfziger und frühen sechziger Jahren, hatte ein solcher Schub eingesetzt und die Niederlage bürgerlicher und kirchlicher Moralverfechter in Westdeutschland besiegelt. Allerdings wurde den Zeitgenossen dieser Durchbruch erst seit etwa 1966 offenbar. Die «Pille» sowie der Vormarsch massenmedialer Aufklärung und Pornografie machten nun eine Liberalisierungswelle sichtbar, die schon vorher angelaufen war. Dass sich die sexuelle «Befreiung» in den sechziger Jahren intensivierte und beschleunigte, hing also weniger mit den Protesten und Ideen von Achtundsechzig zusammen als mit dem Aufstieg der Medien- und Konsumgesellschaft.[107]

Zweitens leitet der Begriff der sexuellen «Revolution» in die Irre, weil er nahelegt, dass konservative gegen fortschrittliche Inhalte standen und zwei Gegner miteinander rangen: die repressiven Alten und die auf Freiheit drängenden Jungen. Die Praxis war vielschichtiger. Nicht zwei, sondern drei Generationen waren beteiligt, und die mittlere übernahm eine entscheidende Vermittlerrolle zwischen Jungen und Alten. Während die über 60-Jährigen mehrheitlich sexualkonservativ dachten, unterstützte die mittlere Generation bereits eine grundständige Variante sexueller Liberalisierung. Die Unterschiede zwischen der Jugend und ihren (damals meist verhältnismäßig jungen) Eltern waren geringer, als man denkt. Denn die überwältigende Mehrheit der jungen Generation war nicht gerade radikal in sexuellen Dingen. Selbst die Studenten, ihrerseits liberaler als die jungen Arbeiter, dachten im Kern ebenso traditionell wie die Elterngeneration, weil sie Promiskuität und Ehebruch weit überwiegend ablehnten. Sex musste nicht mehr auf Zeugung gerichtet sein, aber sollte «monogam sein und in die Ehe münden». Es ging ihnen um «bürgerliche Sexualreform» statt radikaler Sexualrevolution.[108] Junge Leute um 1968 wollten fast ausnahmslos das Eine: die Enttabuisierung von Sexualität in der Öffentlichkeit und der Privatsphäre. Dazu gehörten unzensierte Massenmedien, offenherzige Kleidung, ein freierer Dialog über Sex in Beziehungen und mit Kindern, ein unregulierter Markt für Verhütungsmittel und Erotika, die Popularisierung sexualwissenschaftlicher Forschung und die Duldung der weitverbreiteten Praxis des vorehelichen Geschlechtsverkehrs. Wir haben dieses Bündel hier als die grundständige Variante der sexuellen Revolution bezeichnet, weil es nicht an der bürgerlichen Ehe rüttelte und eben nicht eine Politisierung von Sexualität oder die Emanzipation sexueller Minderheiten umfasste.

Was wir heute, im Jahr 2018, als wesentliches Erbe der sexuellen Revolution begreifen – die sexuelle Emanzipation von Frauen und Homosexuellen, den Kampf gegen sexuellen Missbrauch und sexuelle Gewalt – hat wenig mit Achtundsechzig zu tun. Fortschritte in dieser Richtung ereigneten sich erst in den siebziger und achtziger Jahren, weshalb manchmal auch argumentiert wird, dass die siebziger Jahre eher einen sexualitätshistorischen Strukturbruch markieren als Achtundsechzig.[109] Die Akteure der studentischen Revolte waren keine Vorkämpfer für die sexuelle Befreiung der Schwulen, weibliche Lust oder die Rechte von Vergewaltigungsopfern. Bis zum Anfang der siebziger Jahre war die sexuelle «Revolution» eine wesentlich heterosexuelle, männlich, kapitalistisch definierte Angelegenheit. Das galt sowohl für die pragmatische Mehrheit der an sexueller Freiheit interessierten jungen Leute wie für die kleine Minderheit einer theoretisch argumentierenden Neuen Linken.

Diese studentische Neue Linke war anfangs in jeder Hinsicht ein Minderheitenphänomen. Elitär, hochgebildet und vorwiegend männlich, existierte sie nur in wenigen Großstädten, allen voran die Hochburgen Frankfurt und West-Berlin. Aus diesem Kern entstand im Folgejahrzehnt ein «linksalternatives Milieu», das um 1980 etwa 10 bis 15 Prozent der westdeutschen Jugendlichen umfasste.[110] In Teilen dieses Milieus orientierte man sich seit 1968 an einer politisierten Variante der sexuellen Revolution. Wohl wissend, dass man mit Forderungen nach freiem Sex allein keine Tabus mehr brechen konnte, wandte man sich einem psychologisch verfremdeten Marxismus zu, den man antifaschistisch auflud. Die Linksalternativen verstanden die restriktive Sexualmoral sowie die bürgerliche Ehe und Familie als wahlweise faschistische oder kapitalistische Herrschaftstechniken. Sie argumentierten, dass das Ausleben des Sexualtriebs befreiend auf eine Bevölkerung wirken werde, die durch die allgegenwärtige Triebrepression neurotisch, autoritär und gewalttätig geworden sei. Auf diese Weise wurden Partnerwechsel, Pornografie, Nacktheit und Experimente mit kleinkindlicher Sexualität zum politischen Programm. Weil dieser kleine Flügel die Bindung von Sex an Treue, romantische Liebe und Ehe aufzulösen suchte, wurde er von der Eltern- und Großelterngeneration wie auch von der großen Mehrheit der Jugend und vielen Frauen abgelehnt.

Drittens deutet der Begriff der Revolution an, dass sich der Wandel in der öffentlichen, politischen Sphäre vollzog. Aber die Aushandlung sexueller Normen spielte sich nicht allein im – von Historikern wie Zeitgenossen viel beachteten – öffentlichen Rahmen ab, sondern vor allem in der Privatsphäre. Zwischen Partnern sowie zwischen Großeltern, Eltern und Kindern wurde entschieden, welche gesellschaftlich geltenden Normen praktiziert wurden und welche nicht. Die einverständliche Nichtbefolgung der offiziellen Moral war dabei alltäglich, und das nicht erst seit den sechziger Jahren. Zwischen dem, was die Bonner Befragten öffentlich kundtaten und privat praktizierten, klafften Welten. Alte Leute verteufelten vorehelichen Sex, hatten diesen aber meist selbst praktiziert. Sie tratschten über «Muss-Ehen», unterstützten im Falle des Falles aber doch ihre Kinder und Enkel. Viele Mütter, die nur ungern über Sex redeten, verschafften ihrer unverheirateten Tochter die «Pille». Über moralische Fehltritte der abstrakten Jugend – wie der aus dem Fernsehen bekannten Gammler und Studenten – wurde hart geurteilt, während ähnliche Vorkommnisse in der Verwandtschaft vertuscht wurden.

Weil die Kluft zwischen privaten Praktiken und öffentlicher Norm so breit war, spiegeln die bekannten, medial vermittelten «Achtundsechziger-Sexhappenings» ein falsches Bild wider. Die vereinzelten symbolischen Aktionen, bei denen Angehörige der Neuen Linken mithilfe von Sexualität provozierten, gehören bis heute zu den immer wiederkehrenden Ikonen dieser Jahre. Das gilt für das «Busenattentat» auf Adorno im April 1969 wie für das anschauliche Kastrationsflugblatt des Frankfurter Weiberrats. Es gilt auch für das berühmte Nacktfoto der K1-Kommunarden, 1967 erstmals vom *Spiegel* für eine Massenöffentlichkeit vervielfältigt. Und das dem Kommunarden Dieter Kunzelmann zugeschriebene Zitat «Was geht mich der Vietnamkrieg an, solange ich Orgasmus-Schwierigkeiten habe?» ging sofort in den Folklore-Bestand von Achtundsechzig ein, obwohl unklar ist, ob der Satz je geäußert wurde.[111] Der mediale Unterhaltungswert solcher Happenings war und ist hoch, aber sie vermitteln falsche Vorstellungen von der Rolle der Achtundsechziger und Achtundsechzigerinnen in der sexuellen Revolution. Sie lassen außer Betracht, wie ausgrenzend und theoretisch verengt die damals verfolgten Ziele waren, und wie groß die Mehrheit in der Bevölkerung für eine grundständige sexuelle Liberalisierung auch schon vor den Protesten der Jahre 1967 bis 1969 war.

Achtundsechzig markiert daher keine Zäsur in der Geschichte der Sexualität. Die Theorien der Neuen Linken über Sex und Politik fanden kaum gesellschaftliche Breitenwirkung. Ebenso wenig lässt sich sagen, dass damals sexualmoralische Fragen einen heftigen Streit von Alt und Jung ausgelöst hätten. Die Lage war komplizierter. In den späten sechziger Jahren bewegten sich die nach Millionen zählenden, mittelalte und junge Leute umfassenden Fußtruppen der sexuellen Revolution immer schneller vorwärts auf einem Marsch, der vor Jahrzehnten begonnen hatte. Währenddessen schlug sich ein versprengtes Grüppchen von Achtundsechzigern seitwärts nach links in die Büsche, wo es sich einige periphere Scharmützel mit einem kleinen, schon länger besiegten Flügel betagter Sexualkonservativer lieferte.

7 Epilog: Was bleibt von Achtundsechzig?

Im Erinnerungstrubel des 50. Jahrestags von Achtundsechzig werden erneut einige wenige, meist männliche Zeitzeugen-Veteranen im Rampenlicht stehen. In den Jubiläums-Talkrunden und Interviewspalten der Zeitungen werden sie die zentrale Rolle des SDS, der Neuen Linken, der Theoriedebatten und der spektakulären Stunts der Studenten behaupten. Sie werden erneut einen Konflikt von antifaschistischen Söhnen und belasteten Vätern als Triebkraft der Proteste reklamieren. Ihnen gegenüberstehen wird eine konservative Fraktion, die Achtundsechzig als politisch gescheiterte Revolution darstellen und höchstens einen kulturellen, alltagsweltlichen Wandlungsschub als Ergebnis gelten lassen wird. Dieser wird entweder als unwesentlich, da schon vor den Studentenunruhen eingesetzt, oder als Sittenverfall und Bedrohung von Ehe und Familie ausgegeben werden. Eine solche Auseinandersetzung ist unproduktiv, weil sie die politischen Rechtslinks-Lager der Gegenwart in die Geschichte der sechziger Jahre hineinliest und erstarrte Mythen fortschreibt.

Um diese Erstarrung aufzubrechen, hat dieses Buch dem «anderen Achtundsechzig» nachgespürt: der gesamtgesellschaftlichen Dimension der Ereignisse jenseits einer gebildeten, männlichen Elite an den Universitäten. Mithilfe neuer Quellen hat es die Rolle der Frauen, der Älteren und Alten, der Unter- und Mittelschichten beleuchtet. Das Protestklima um 1968 reichte bis weit in die Provinz, über die in den Medien fast ausschließlich behandelten Hochburgen West-Berlin und Frankfurt hinaus. Es erfasste, ausgehend von den Epizentren an den Universitäten, schnell viele andere gesellschaftliche Institutionen und Lebensbereiche: Paarbeziehungen, Familien, Schulen, Kindergärten, Büros.

Es geht hier nicht darum, die Ikone Achtundsechzig zu dekonstruieren oder evolutionären kulturellen Wandel in sie hineinzudeuten, um sie bis zur Unkenntlichkeit zu verwässern. Es gab die westdeutsche Protestbewegung, und sie hinterließ greifbare Resultate. Aber die verzerrte Optik unseres Bildes verlangt nach Korrektur. Erst dann können wir die Konturen einer anderen Revolte und einer anderen Achtundsechziger-Generation klar erkennen.

Im Kern war Achtundsechzig ein Protest gegen traditionelle Autorität und Hierarchie, um individuelle Freiheitsspielräume auszudehnen und neue Lebensstile zu ermöglichen. Dieser Aufbruch wurde von dem zeitweise berauschenden Gefühl begleitet, im Handumdrehen die Weltgeschichte bewegen zu können. Utopisches Denken, oft angeleitet von Theorie, bestärkte in dem Glauben, den neuen Menschen, die neue Gesellschaft, die neue Familie, neue Institutionen oder ein neues politisches System schaffen zu können – und zwar sofort. Der utopische Impuls von Achtundsechzig – der Angriff auf hergebrachte Hierarchien, das Verlangen nach breiterem Dialog, Partizipation von unten und beschleunigter Reform – wurde in zwei verschiedene Arenen getragen, die es auseinanderzuhalten gilt. Der erste Schauplatz von Achtundsechzig war die Sphäre der Politik und der Öffentlichkeit, der zweite die Sphäre des Privaten und Familiären. In den beiden Arenen finden sich durchaus unterschiedliche Gruppen von Protagonisten, unterschiedliche Ziele, unterschiedliche Spielarten von Generationskonflikt und ein unterschiedlicher Grad an erfolgreicher Durchsetzung von Reformen. Allerdings erwies sich der in der Privatsphäre ausgelöste Wandel langfristig als folgenreicher als der in der Öffentlichkeit.

Um mit der öffentlichen Bühne zu beginnen: Die politischen Diskussionen der späten sechziger Jahre sprachen eine männliche Sprache, sei es an den Hochschulen, im Parlament oder in den Medien. Weibliche Problemlagen und weibliche Akteure des Protests wurden von den Zeitgenossen als unerheblich ausgeblendet. Die Aktivisten wurden von Anfang an als eine männlich konnotierte politische Generation wahrgenommen. Noch dazu setzte sich in der nachträglichen Deutung der Geschehnisse immer mehr das Don Karlos-Syndrom durch: Ein aus seltenen Einzelfällen verallgemeinerter Vater-Sohn-Konflikt um die nationalsozialistische Vergangenheit überlagerte zunehmend die historischen Realitäten. Der Vorwurf der NS-Belastung war zwar in der Öffentlichkeit der Jahre 1966 bis 1969 allgegenwärtig. Als effektive Waffe wurde er gegen politische Gegner ins Feld geführt: gegen Professoren und Rektoren, Polizisten und Richter, Minister, Bundeskanzler und Bundespräsidenten. Entscheidend ist jedoch, dass junge Kritiker diesen Vorwurf nur instrumentell und nur gegen eine abstrakte, mit ihnen nicht verwandte ältere Generation erhoben. Nazis aus dem eigenen Bekanntenkreis oder gar der Verwandtschaft wurden im Regelfall verschont, und mochten sie noch so stark belastet sein. Dagegen bezichtigte man jene der NS-Verstrickung, die sich öffentlich gegen die Protestbewegung exponierten, traf dabei aber mitunter die Falschen. Das Bonner Beispiel hat gezeigt, wie wenig gründlich recherchiert wurde. Liberale Professoren wurden trotz zweifelhafter Vergangenheit nicht belangt, aber autoritär agierende Rektoren und Dekane wurden als braun angegriffen, selbst wenn sie eine weiße Weste hatten.

Die öffentliche, politische Protestbewegung war überwiegend jugendlich zusammengesetzt. Während viele Angehörige aus der mittleren und einige aus der alten Generation zu den Protesten insbesondere gegen die Notstandsgesetze und den Vietnamkrieg hinzustießen, teilten sie oft nicht den unter jungen Leuten vorherrschenden utopischen Geist. Die wenigen Älteren, die gemeinsam mit dem Nachwuchs protestierten, und die vielen, die ihrem Protest passiv zumindest teilweise zustimmten, kamen meist aus dem Milieu der Arbeiterbewegung, der SPD und der Gewerkschaften. Sie teilten die Kritik am erstarrten Antikommunismus der fünfziger Jahre und die Furcht, dass der Kalte Krieg unversehens in ein deutsch-deutsches Kriegsgemetzel umschlagen könne. Den Flirt von Teilen der Jugend mit dem Kommunismus und insbesondere gewalttätige Aktionen konnten jedoch nur die wenigsten nachvollziehen. Je mehr der SDS die Meinungsführerschaft im studentischen Lager gewann, desto stärker distanzierten sich viele Ältere.

Die Meinungshoheit der Neuen Linken an den Universitäten war aber stets prekär. Sie hatte sich vorübergehend, mithilfe medienwirksamer direkter Aktionen, nach der Erschießung Benno Ohnesorgs am 2. Juni 1967 etabliert. Mit dem Attentat auf Rudi Dutschke zu Ostern 1968 lebte sie noch einmal auf, nur um mit der Auflösung des SDS im Jahr 1970 zu implodieren. Währenddessen dominierte an fast allen Universitäten selbst zur Hochphase der Revolte von 1967 bis 1969 ein reformerischer Geist. Die Mehrheit der Studenten propagierte allmähliche Reformen innerhalb der westdeutschen Demokratie und lehnte die sozialistische Revolution ab. Der studentische Konsens über schrittweise und konkrete Neuerungen, etwa in der antiautoritären Hochschulpolitik oder der liberalen Sexualreform, war breit und schloss sogar einige Konservative ein. Das Ausmaß, in dem der Aufbruch von Achtundsechzig die CDU veränderte, den Wahlsieg der sozialliberalen Koalition 1969 ermöglichte und einen politischen Polarisierungsschub in den siebziger Jahren auf der Rechten und der Linken verursachte, ist ein starkes Argument für seine indirekte Wirkung auf die Geschichte der Bundesrepublik.[1] Eine weitere, ebenfalls indirekte Wirkung ging seit den achtziger Jahren von der politischen Generation der selbsternannten Achtundsechziger aus, die zu einer Kraft im politischen Leben Westdeutschlands wurden. Diese Achtundsechziger-Generation entstand erst lange nach der Studentenbewegung; sie war nicht Träger, sondern verspätetes Ergebnis der damaligen Unruhen. Als politische Generation formierte sie sich nachträglich, indem sie in den Medien über ihre Interpretation der Protestbewegung und ihre politische Mission redete. Auf diese Weise entstand eine Übereinkunft unter denjenigen Männern – denn dies war ein männlicher Diskurs –, die sich einem bestimmten politischen Lager zurechnen wollten und ihre Biographie dahingehend in der Erinnerung formten.

Der zweite Schauplatz von Achtundsechzig war das Private und damit die Familie. In der Privatsphäre veränderte der Protest gegen Autorität und Tradition auf lange Sicht Familien und Beziehungen. Der gegen patriarchalische Normen gerichtete Aktivismus der Frauen war dabei entscheidend für die historische Wirkung von Achtundsechzig. Das bedeutet, dass wir die Revolte vor allem als einen Geschlechterkonflikt und nicht als einen Generationenkonflikt verstehen sollten. Denn während in der politischen Öffentlichkeit eine abstrakte, instrumentalisierte Rhetorik des Generationenkonflikts vorherrschte, war diese Art des Konflikts in den Familien überaus selten. Nicht nur Söhne und Väter, sondern drei familiäre Generationen – Großeltern, Eltern, Kinder – beiderlei Geschlechter lebten vergleichsweise harmonischer miteinander als in den vorigen Jahrzehnten. Dabei entsprachen nicht die Eltern, sondern die Großeltern am ehesten der Trägergeneration des Dritten Reichs. Insbesondere die nationalsozialistische Vergangenheit wurde gemeinsam, generationenübergreifend beschwiegen, unter tätiger Mithilfe der Achtundsechziger-Jahrgänge. Die auf Tonband konservierten Stimmen von Großeltern, Eltern und jungen Erwachsenen der späten sechziger Jahre deuten auf eine gelebte Eintracht hin, die durchaus vorhandene Meinungsunterschiede zwischen den familiären Generationen weitgehend kaschierte. «Intimität auf Abstand» sowie «Intimität durch Schweigen» gewährleisteten den Hausfrieden. Auch die finanzielle Besserstellung der Ruheständler seit der Einführung der dynamischen Rente, und damit ihre wachsende Unabhängigkeit von Kindern und Enkeln, war wesentlich für das einmütige Zusammenleben der Generationen.

Die Generation der Großeltern wandte sich in der Tat mehrheitlich gegen die Studentenproteste, die sexuelle Liberalisierung und antiautoritäre Erziehung. Sie sah die Abwendung der Jugend vom Nationalismus und die Hinwendung zum utopischen Denken mit Sorge und blieb einer traditionellen Kultur wirtschaftlicher Knappheit verhaftet. Allerdings richteten die Alten ihre Kritik hauptsächlich gegen die abstrakte Jugend der im Fernsehen auftauchenden Studenten und Gammler. Mit der Jugend in der eigenen Familie unterhielten sie überwiegend harmonische Beziehungen. Sie tolerierten beispielsweise voreheliche Beziehungen und unterstützten Konsumwünsche der Enkel, solange der Schein äußerlicher Respektabilität gewahrt blieb. Politisch waren die Alten zur Demokratie konvertiert, aber meist als vielfach gebrannte Kinder, die sich ungern parteipolitisch engagierten und (gerade bei den Frauen) auf eine zutiefst apolitische Haltung zurückzogen. Die Jahre der Entnazifizierung waren von vielen Männern (und einigen Frauen) als lange nachwirkende soziale Deklassierung erlebt worden, und so herrschte selbst unter den über 60-Jährigen Übereinstimmung, dass nationalsozialistisches Denken unerwünscht und gesellschaftlich nicht länger tragbar war.

Die Eltern der Achtundsechziger unterschieden sich bereits deutlich von den Großeltern; sie waren in mehrfacher Hinsicht eine Generation des Übergangs. Viel stärker als es der von den selbstdefinierten Achtundsechzigern kultivierte Mythos des «Anders-Seins als die Eltern» erwarten lässt, trafen die Eltern der sechziger Jahre ihre erwachsenen Kinder auf halbem Wege. Viele sahen die Altlasten des Nationalsozialismus kritisch und begrüßten die Entwicklung der Republik zur westlichen Demokratie, ohne sich jedoch mit den Alten anzulegen. Sie kritisierten die Großeltern für ihre Strenge und Inflexibilität. Sie befürworteten partnerschaftliche Erziehungsmodelle und eine grundständige Variante der sexuellen Revolution, die frühe Aufklärung, Verhütung und Sex vor der Ehe guthieß. Die Mütter unterstützten ihre Töchter bei ihrem Streben nach besseren Bildungschancen und freierer Berufswahl. Wie ihre Töchter lebten viele Mütter bereits das Phasenmodell zeitweiser Berufstätigkeit im Lebenslauf, wagten es aber noch nicht, das Leitbild der Versorgerehe prinzipiell infrage zu stellen. In den Familien findet sich somit häufig eine reformerische Allianz der Jugend und der mittleren Generation gegen die Alten.

Achtundsechzig war eine Zäsur in der Geschichte Westdeutschlands, aber nicht in jeder Hinsicht. Für die Aufarbeitung der NS-Vergangenheit bedeutete Achtundsechzig keinen, für die innere Demokratisierung der

Republik höchstens einen indirekten Fortschritt. Anders als etwa in der Geschichte Frankreichs oder Italiens war das westdeutsche Achtundsechzig auch kein massives, den Staat erschütterndes Erdbeben, an dem sich Arbeiter und Unterschichten beteiligten. In der Bundesrepublik blieb die von radikalen Studenten erhoffte Revolution aus. Die Fehlzündung der politischen Revolte war spätestens mit der Verabschiedung der Notstandsgesetze im Mai 1968 besiegelt.[2] Ebenso stellte Achtundsechzig keinen Durchbruch der «sexuellen Revolution» dar; hier war es eher Ausdruck und Nebenprodukt längerfristiger Entwicklungen. Die Jugendlichen, selbst die Studenten unter ihnen, wollten um 1968 nicht mehr als eine grundständige Liberalisierung der Sexualität, die mit ihrer Fixierung auf Ehe, Heterosexualität und bürgerliche Sexualreform relativ traditionell daherkam. Der Strukturbruch in der Geschichte der sexuellen Revolution ereignete sich erst in den siebziger Jahren, als die Emanzipation von weiblicher und gleichgeschlechtlicher Sexualität sowie der Kampf gegen sexuelle Gewalt in den Vordergrund traten.

Die Zäsurbehauptung von Achtundsechzig bestätigt sich jedoch in einem anderen Bereich, in dem der Geschlechterrollen und der Politisierung des Privaten. Die neue Frauenbewegung, die 1968 ihren Ausgang nahm, setzte sich langfristig in der Breite der Gesellschaft durch und veränderte Partnerbeziehungen, Familien und weibliche Lebensläufe. Der so ausgelöste Wandel entsprach den Grundideen von Achtundsechzig: Antiautoritarismus, Partizipation, Utopie. Die Frauen griffen traditionelle patriarchalische Hierarchien im Namen des Antiautoritären und der Partizipation von unten an. Sie wagten im Privatleben radikale Experimente, um die weibliche Normalbiographie zu sprengen und die nächste Generation zu neuen Menschen heranwachsen zu lassen. Das Geschlechterverhältnis, die Zweierbeziehung und die Familie sollten innerhalb kürzester Zeit auf völlig neue Grundlagen gestellt werden. Dieser utopisch getriebene, antipatriarchalische Aufbruch machte das Private politisch und erweiterte damit den Raum dessen, was wir heute als politisch begreifen.

Dem Gemeinplatz, dass die Bewegung «politisch gescheitert, aber kulturell erfolgreich» gewesen sei, ist nicht zuzustimmen.[3] Zum einen überschätzt diese Behauptung die kulturelle Strahlkraft von Achtundsechzig. Viele kulturelle Wandlungsprozesse wie die sexuelle Revolution, die Veränderung der Erziehungsnormen oder die Bildungsreform hatten schon vor der Revolte eingesetzt und wurden nicht allein von der jungen Generation, sondern auch von Teilen der mittleren Generation getragen. Zum anderen liegt dieser Behauptung ein zu enger Politikbegriff zugrunde. Es wird unterschlagen, dass die Vorreiterinnen der neuen Frauenbewegung die Familie und das Geschlechterverhältnis politisierten. Achtundsechzig war eine gesellschaftliche Revolte gegen patriarchale Autorität, die in erster Linie geschlechter- und in zweiter Linie generationsgetragen war.

Nicht zuletzt sollten wir deshalb auch der politischen Generation der Achtundsechziger neue Konturen geben. Es gibt die «medialen Achtundsechziger», jene (fast ausschließlich männlichen und überwiegend linken) Veteranen der Bewegung, die sich nachträglich durch mediale Auftritte einen auf sie zugeschnittenen Generationsmythos bastelten. Daneben gibt es aber auch diejenigen, «eigentlichen» Generationsangehörigen, die die antiautoritären und utopischen Proteste der späten sechziger Jahre aus der Politik ins Private trugen und in der Folge selbst davon verändert wurden. Sie waren Frauen *und* Männer, Revolutionäre *und* Reformer. Denn obwohl sich die aufsehenerregenden Aktionen des SDS in die Medien und dadurch langfristig ins öffentliche Gedächtnis einschrieben, reichte die Protestbewegung weit über den engen Kreis der Neuen Linken hinaus. Achtundsechziger war und blieb, wer mit dem eigenen Leben experimentierte, um gegen staatliche wie patriarchalische Autoritäten die Utopie einer freieren, gleicheren Gesellschaft zu realisieren. Es gab linke, linksliberale, liberale, ja sogar einige konservative Achtundsechziger – und nicht zuletzt Zehntausende von Frauen, die ihr Privatleben politisierten und damit autoritäre Hierarchien ins Wanken brachten.

Dank

Dieses Buch geht wesentlich auf ein wunderbares Forschungsjahr an der Universität Halle-Wittenberg zurück, das mir die Humboldt-Stiftung mit ihrem Forschungspreis 2014/15 ermöglichte. Damals entdeckte ich den vergessenen Bestand der Bonner Längsschnittstudie und begann, diesen auszuwerten. Die Hallenser Kollegen Katrin Moeller und Patrick Wagner halfen dabei, der Bolsa im Historischen Datenzentrum Halle ein neues Heim zu schaffen, und die großzügige Hilfe der VolkswagenStiftung ermöglichte die Digitalisierung der Studie. Ich danke zudem den Psychologen Christoph Rott, Ursula Lehr und Georg Rudinger, die das Material bis zu diesem Zeitpunkt betreut hatten. Sie gaben die Studie nicht nur zur Neuverwendung durch Historiker frei, sondern unterstützten mich auch tatkräftig bei der Rekonstruktion des Studienzusammenhangs und ließen sich von mir befragen. Helga Merker, Insa Fooken, Norbert Erlemeier und Ingrid Tismer-Puschner, als frühere Mitarbeiter des Bonner Psychologischen Instituts, waren höchst aufgeschlossene Gesprächspartner. Besonderer Dank gebührt Horst-Pierre Bothien vom Stadtmuseum Bonn, der mir Zugang zu den von ihm geführten Interviews mit Studenten der sechziger Jahre eröffnete. Ich danke all jenen seiner Befragten, die mir die Zweitverwertung erlaubten, sowie Florence Hervé und Hannes Heer für ihre Offenheit. Boris Schafgans, Leiter des gleichnamigen Bonner Fotoarchivs, steuerte zahlreiche Hintergrundinformationen zu Bonn in den sechziger Jahren bei, wie auch der Leiter des Universitätsarchivs, Thomas Becker. In Halle halfen Felix Schneider und Franziska Kaschner bei den Recherchen.

Für ein Sabbatical, das mir die Niederschrift ermöglichte, danke ich der School of History an der Queen Mary University of London. In Craig Griffiths, Fiammetta Balestracci, W. Daniel Wilson und Paul Betts fand ich kritische und kreative erste Leser. Sebastian Ullrich vom Beck Verlag war ein ebenso umsichtiger wie verständnisvoller Lektor. Cilla und Caroline Peddinghaus beherbergten mich in Bonn mit großer Herzlichkeit. Und meine Familie – Dan, Martin und Lucy, aber auch meine Eltern Barbara und Ferdinand – begleitete mich nicht nur zeitweise nach Halle, sondern stand mir auch durch alle Höhen und Tiefen bei. Es gibt viele Gründe, dankbar zu sein.

Nachtrag zur Quellengrundlage

Der vergessene Bestand der Bolsa (Bonner Längsschnittstudie des Alters) wurde Ende 2014 von mir im Keller des Psychologischen Instituts Heidelberg entdeckt. Er befindet sich heute im Historischen Datenzentrum an der Universität Halle-Wittenberg und ist dort Wissenschaftlern zugänglich. Der Bestand umfasst etwa 3600 Stunden Gespräche auf Tonband (zitiert als TB), 20 laufende Meter Akten (zitiert als BO), 300 Abbildungen sowie statistische Rohdaten. Er wird derzeit mit Mitteln der VolkswagenStiftung digitalisiert.

Die überlieferten Tonbänder und Mitschriften sind eine einzigartige Quelle. Denn lebensgeschichtliche Interviews mit einfachen Leuten wurden in Westdeutschland erst 20 Jahre später geführt, mit dem Aufkommen der «oral history»-Bewegung. In den Belegen sind Bolsa-Probandenakten mit ihrer laufenden Teilnehmernummer, dem Durchgang der Erhebung und dem relevanten Aktenteil zitiert, etwa: BO 1601, Dg. 3, Ex(ploration) 1. Solche Aktenteile sind etwa: Char(akterbeschreibung), AGD (Formen der Auseinandersetzung mit Grundsituationen des Daseins), GP (Befragung zum Generationsproblem), TV (Befragung zum Fernsehen), VB (Befragung zum Vergangenheitsbezug) oder ZEW (Befragung zu Zukunftserwartungen). Generelle Akten, die die Verwaltung und Durchführung der Studie betreffen, sind als «A» und «L»-Akten zitiert, etwa: BO, A1. Wenn direkt vom Tonband zitiert wird, ist die laufende Nummer des Tonbands zusammen mit der Probandennummer und dem Durchgang genannt, etwa: TB 308 (2701) Dg. 1. Alle Namen von Studienteilnehmern sind Pseudonyme, die in einer am Historischen Datenzentrum vorgehaltenen Liste aufgeschlüsselt sind. Bisweilen wurden einzelne Details wie Beruf, Geburtsjahr oder Wohnort leicht geändert, um eine Identifizierung einzelner Studienteilnehmer auszuschließen.

Dieselbe Methode der Anonymisierung wurde auf die von Helga Merkers Team vorgenommenen Interviews mit Erwachsenen mittleren Alters angewandt. Sechs Studentinnen interviewten 1967 und 1968 im Köln-Bonner Raum 60 Frauen und 60 Männer im Alter von 33 bis 58 Jahren

(Jahrgang 1909 bis 1934) aus der Mittel- und Unterschicht, wobei über die Hälfte nur Volksschulbildung hatte. 89 Gespräche im Umfang von etwa 800 maschinenschriftlichen Transkriptseiten sind im Bolsa-Bestand, Akte A17, überliefert. Es handelt sich um 50 Männer und 39 Frauen, von denen alle bis auf einen 35 Jahre und älter sind. Insgesamt wurden 364 Personen befragt, eingeschlossen 30 Großmütter und 184 Bolsa-Teilnehmer zwischen 60 und 78 Jahren.

Die Passagen aus von mir selbst geführten Gesprächen mit Bonner Zeitzeugen sind von diesen entweder en bloc oder Zitat für Zitat autorisiert worden. Dasselbe gilt für die Interviews, die der Bonner Stadtmuseums-Mitarbeiter Dr. Horst-Pierre Bothien in den Jahren 2005 und 2006 mit damals politisch aktiven Bonner Studenten führte (zitiert als SMB-Gespräche). Von den 22 Gesprächen Bothiens fanden 21 in die Ausstellung und den dazugehörigen Katalog Eingang. 16 der 21 Befragten stimmten einer Zweitverwertung unter ihrem Namen zu. Acht gaben ihre Gespräche vollständig frei, weitere acht autorisierten die verwandten Zitate. Einige Auszählungen, die sich auf die Gesamtheit der Interviews stützen, wurden von mir anonym aufgrund der Notizen in der Handakte Horst-Pierre Bothiens vorgenommen. Wo eine Autorisierung einzelner Gesprächspassagen nicht möglich war, ist die Stimme anonymisiert. Bei der Wiedergabe von Passagen aus Gesprächen sind Auslassungen stets kenntlich gemacht.

Der Lesbarkeit wegen habe ich in Zitaten auf Transkriptionszeichen verzichtet und die Zeichensetzung und Rechtschreibung den heutigen Standards angepasst. Zitate aus fremdsprachiger Fachliteratur wurden von mir ins Deutsche übertragen.

Anmerkungen

1 Einleitung: Stimmen aus dem Jenseits

1 Bolsa (BO), Ordner A17, Transkript Frau Hahn, S. 2–4, 8 f., 12 (Versuchsleiterin Renate Bonn). Bolsa-Tonband (TB) 14, 1629 Dg. 3 (Versuchsleiter Manfred Schreiner). TB 607, Proband «1738» (kein Bolsa-Bezug). Stadtmuseum Bonn (SMB)-Gespräch mit Ulrich Rosenbaum vom 11.4.2006.

2 Viele Historiker sprechen von den «langen sechziger Jahren», die sie vom letzten Drittel der fünfziger Jahre bis zur Ölkrise von 1973/74 reichen lassen (vgl. von Hodenberg und Siegfried, Reform und Revolte, S. 8; Schildt, Siegfried und Lammers, Hg., Dynamische Zeiten). In den letzten zehn Jahren hat die geschichtswissenschaftliche Forschung immer öfter die Bedeutung von Achtundsechzig als politische Zäsur verneint, die Proteste aber als sichtbaren Höhepunkt eines längerfristigen kulturellen Wandels dargestellt. Nach Achtundsechzig sei «fast nichts mehr so wie vorher» gewesen, weil die «signifikanten ... alltagsweltlichen Veränderungsprozesse» jeden Bürger erreicht hätten, argumentiert beispielsweise Norbert Frei (1968, S. 227 f.). Auch das von Politologen und Soziologen stammende Konzept eines langsamen Wertewandelsschubs, der «Materialisten» zu «Postmaterialisten» machte und dessen Hochphase zwischen etwa 1965 und 1980 lag, macht neuerdings in der Geschichtswissenschaft Furore. Hierhin gehört Ronald Ingleharts Formel von der «Silent Revolution» (1977), die vielfach kritisiert und historisiert wurde (vgl. Thome, Value change in Europe; Dietz, Neumaier und Rödder, Hg., Gab es den Wertewandel?). Die gesellschaftliche Tiefen- und Breitenwirkung des Wandels einzufangen, ist das Ziel vieler neuerer Studien. In diesen ist die Verbreitung der Pizzeria und des Balkan-Imbiss, der amerikanischen Popmusik oder des Beatle-Haarschnitts mindestens ebenso wichtig wie der SDS, weil sich im Alltag der Geschmack der Massen internationalisierte und politisierte (vgl. Siegfried, Time is on my side; Möhring, Fremdes Essen; Seegers, Hg., Hot Stuff.) Es wird gefragt, ob und wann die Sexualität freier wurde, ob in den Schulen wirklich eine neue Diskussionskultur Einzug hielt, ob und wie das Fernsehen das Leben breiter Schichten veränderte, oder ob und wann die Erziehungspraxis partnerschaftlicher wurde (vgl. Herzog, Sex after Fascism; Steinbacher, Wie der Sex nach Deutschland kam; Silies, Liebe, Lust und Last; Verheyen, Diskussionslust, S. 275 ff.; Gass-Bolm, Das Gymnasium; von Hodenberg, Television's Moment; Levsen, Authority and Democracy.)

3 Zu den Zahlen Verheyen, Diskussionslust, S. 247; Kraushaar, Achtundsechzig, S. 58.

4 Siehe unten, Kapitel 2. Michels, Schahbesuch 1967, S. 298, vgl. 239 ff. Vgl. auch Vogel, Unruhe im Fernsehen; von Hodenberg, Konsens und Krise, S. 361 ff.

5 Ex-Aktivisten wie Götz Aly, Peter Schneider oder Rainer Langhans beteiligten sich rege am Erinnerungszirkus. Einen Überblick der 2008 erschienenen Literatur bietet Rohstock, Von der «Ordinarienuniversität», S. 10.

6 Rar sind Studien über Aktivisten, die nicht ins traditionelle Raster passen, wie etwa die konservative Jugend, Ostberliner Kommunarden, Frauengruppen oder Arbeiter. Zu den Konservativen: von der Goltz, Von alten Kämpfern, und dies., Other 68ers in West Berlin; Schmidt, Die geistige Führung verloren. Zu den Frauen vgl. Dehnavi, Das politisierte Geschlecht; Zellmer, Töchter der Revolte. Zur DDR vgl. von der Goltz, Making sense of East Germany's 1968. Für eine gesellschaftsgeschichtliche Perspektive auf das französische bzw. nordamerikanische 1968 haben kürzlich Kristin Ross (May 68 and its Afterlives), Michelle Zancarini-Fournel (Le moment '68) sowie Sara M. Evans argumentiert (Sons, Daughters, and Patriarchy). Zum fortbestehenden Tunnelblick im westdeutschen Kontext beispielsweise Frei, 1968; Kraushaar, Achtundsechzig; Vogel, Unruhe im Fernsehen; Kraft, Vom Hörsaal auf die Anklagebank.

7 Vgl. Ziemann, Front und Heimat, S. 39 ff.; Verhey, Der «Geist von 1914», S. 374 ff.

8 Vgl. Michels, Schahbesuch 1967, S. 239 ff. Nur selten hat die historische Forschung den Blick auf die Provinz gerichtet. Die wenigen vorhandenen Lokalstudien behandeln die Kleinstadt als defizitären Nebenschauplatz, auf dem sich das West-Berliner und Frankfurter Geschehen blass widerspiegelte: Nagel, Die Provinz in Bewegung (zu Heidelberg); Bothien, Protest und Provokation (zu Bonn).

9 Die Zeitgenossen sahen in Bonn ein provinzielles «Konglomerat von mittleren und kleineren Orten und Dörfern sowie einer liebenswürdigen Universitätsstadt». Merian 9, 29 (1976): Bonn, S. 19 (Peter M. Bode) und S. 10 (Sebastian Haffner); Zahlen aus 1976 in: ebd., S. 35 (Heinrich Lützeler). Die Stadt Bonn ohne eingemeindete Dörfer zählte 1969 nur 138 012 Bewohner (Müller-List, Bonn als Bundeshauptstadt, S. 685). *General-Anzeiger für Bonn und Umgegend* vom 3.6.1967 (Hahn), 7.6.1967 (Geburtstag), 4.5.1968 (Hochzeit).

10 Letzteres etwa bei Wehler, Deutsche Gesellschaftsgeschichte 1949–1990, S. 310 ff., 185 ff., oder Aly, Unser Kampf 1968. Die «Fünfundvierziger» sind die in den zwanziger und frühen dreißiger Jahren Geborenen, die von Helmut Schelsky zeitgenössisch als «skeptische Generation» bezeichnet wurden. Die Kohorte wird häufig auch als «Flakhelfergeneration» oder «HJ-Generation» adressiert. Vgl. von Hodenberg, Politische Generationen, S. 270 ff.; Moses, German Intellectuals; von Hodenberg, Konsens und Krise; Kersting, Reulecke und Thamer, Hg., Die zweite Gründung.

11 Die akademische Diskussion leitet Achtundsechzig vor allem aus den divergierenden Weltanschauungen unterschiedlicher politischer Generationen ab, und damit aus der Kluft zwischen Jung und Alt (vgl. nur: Frei, 1968, S. 77 ff.; Hobsbawm, Das Zeitalter der Extreme, S. 407 ff.). Neuere Studien zu so unterschiedlichen Bereichen wie den Konzepten der Neuen Linken, den transnationalen Beziehungen, der Hochschulreform oder breiteren intellektuellen Debatten befassen sich letztlich zentral mit der Rolle der Intellektuellen (vgl. etwa: Horn, The Spirit of '68; Gilcher-Holtey, Hg., 1968: Vom Ereignis zum Gegenstand; Klimke, The Other Alliance; Brown, West Germany and the Global Sixties; Kraft, Vom Hörsaal auf

die Anklagebank; Rohstock, Von der «Ordinarienuniversität»; Hacke, Philosophie der Bürgerlichkeit). Deshalb wissen wir erheblich mehr über Studenten, Professoren oder Zivildienstleistende in den späten sechziger Jahren als etwa über Arbeiter, Hausfrauen, Angestellte oder Rentnerinnen (zu Professoren vgl. Wehrs, Protest der Professoren, sowie Moses, German Intellectuals; zum Zivildienst Bernhard, Make love not war).

12 Benninghaus, Das Geschlecht der Generation. Vgl. auch: Jureit, Generationenforschung; Weisbrod, Generation und Generationalität in der Neueren Geschichte.

13 Klassisch etwa bei Kohut, A German Generation, S. 3 f., 218 ff., oder Wetterau, 68: Täterkinder und Rebellen.

14 Frei, 1968, S. 222, 87, 84; Aly, Unser Kampf 1968, S. 80.

15 Politisch spielte das Team später eine wichtige Rolle. Ursula Lehr war von 1988 bis 1991 Bundesministerin für Jugend, Familie, Frauen und Gesundheit. Ihr Schüler Andreas Kruse war federführend an der Erstellung des fünften bis siebten «Altenberichts» der Bundesregierung beteiligt. Dazu Denninger, van Dyk, Lessenich und Richter, Leben im Ruhestand, S. 80 ff.

16 Zum Sample vgl. Schreiner, Zur zukunftsbezogenen Zeitperspektive, S. 269 ff.; Renner, Strukturen sozialer Teilhabe, S. 35 ff.

17 Weiterhin wurden 30 Mütter und 30 Großmütter, die jeweils aus derselben Familie kamen, und 184 Bolsianer mit demselben Fragenkatalog konfrontiert. Die Haltungen der mittleren und alten Kohorten wurden dann miteinander verglichen. Sechs Studentinnen, die ihre Examensarbeiten schrieben, übernahmen die Interviews und lieferten sie an Helga Merker. Die Ergebnisse und ein Gutteil der Interviews sind überliefert (BO, Ordner A17): Merker, Generations-Gegensätze, bes. S. 40 ff.; Interview der Autorin mit Helga Merker vom 28.2.2017. Siehe auch oben, Nachtrag zur Quellengrundlage.

18 Horst-Pierre Bothien, Jahrgang 1955, studierte Geschichte in Bonn, wobei er den Schwerpunkt auf Nationalsozialismus und Rechtsextremismus im Nachkriegsdeutschland legte. Über seine Rolle als Interviewer sagte er: «Mit den 68ern hatte ich nichts zu tun, eher mit der gemäßigten Linken in den 70er Jahren. … Dass ich aus der Rückschau für die undogmatische und gewaltlose ‹Linke› eine gewisse Sympathie hegte, soll nicht verschwiegen werden. Allerdings habe ich bewusst damals auch ‹rechte› Studenten angesprochen und wollte sie in der Arbeit berücksichtigt sehen.» Mitteilung an die Verfasserin vom 1.2.2017. Siehe auch den Ausstellungskatalog (Bothien, Protest und Provokation) und oben, Nachtrag zur Quellengrundlage.

19 Zu nennen sind hier die 13 redigierten, arrangierten Interviews mit westdeutschen Aktivistinnen im von Ute Kätzel herausgegebenen Band (Die 68erinnen) sowie die anonymisierten Interviewpassagen in: Thon, Frauenbewegung; Dehnavi, Das politisierte Geschlecht; Silies, Liebe, Lust und Last. Verwandt wurden auch Interviews aus Filmdokumentationen Carsten Günthers und anderer.

20 Solche Interviews präsentieren stets eine gefilterte Version vergangener Erfahrungen. Die Befragten deuten einen nachträglichen Sinn in die eigene Lebensgeschichte hinein, reagieren aber auch auf die spezifischen Erwartungen des Inter-

viewers und die Zeitumstände zur Zeit der Gesprächsführung. Dies habe ich berücksichtigt wie auch die Person des Interviewers und Art der Fragestellung. Wo möglich, wurden Zeitzeugenberichte stets mit anderen Quellen abgeglichen, etwa der Presse, den Universitätsakten oder den Versuchsleitermitschriften.

2 Der Schah-Besuch in Bonn und Berlin

1 Dieses Kapitel konstruiert fiktionale Alltagshandlungen der Bolsa-Probanden auf Grundlage der vorliegenden Quellen. Für das Ehepaar Langbein sind ausführliche Verhaltensbeobachtungen, Mitschriften von Äußerungen, Tonbänder und Fotos erhalten, ebenso der Untersuchungsfahrplan der Woche ab dem 29. Mai 1967. Für alle Studienteilnehmer werden Pseudonyme verwendet. Die Namen der Wissenschaftler sind unverändert. Probandenakten BO 1709, Dg. 3, Wochenablauf; BO 2606, Dg. 3, AGD. Schlagzeilen des *General-Anzeiger für Bonn und Umgegend* (im folgenden *GA Bonn*) vom 29.5.1967. *Bonner Rundschau* zit. nach: Bothien, Auf zur Demo, S. 60; *GA Bonn*, 29.5.1967.

2 Zum Denkmal Derix, Bebilderte Politik, S. 143 ff.

3 *GA Bonn*, 30.5.1967; AStA-Presseerklärung vom 30.5.1967, in Universitätsarchiv Bonn (UAB), Akte 081/163; *akut* Nr. 32/1967, S. 8 f. Vgl. auch Bothien, Protest und Provokation, S. 36 ff. (ebd. Zitate aus Polizeibericht); ders., Auf zur Demo, S. 59.

4 *GA Bonn*, 31.5.1967. AStA-Presseerklärung vom 30.5.1967, UAB 081/163. Vgl. auch *GA Bonn*, 30.5.1967.

5 *GA Bonn*, 30.5.1967 und 1.6.1967. Zum Hergang vgl. auch die lokalgeschichtlichen Studien von Hillgruber, Die Studentenrevolte; von der Dollen, «1968» an der Universität Bonn; Fendrich, Die Studentenproteste; Pieper, Die Studentenbewegung.

6 Zitat aus BO A3, Aufstellung aus 1977.

7 Erlemeier, geb. 1936, legte das Abitur 1960 ab und studierte von 1961 bis 1966. Interview der Autorin mit Norbert Erlemeier vom 27.4.2016. Zum Zeitfahrplan für 1967: Lehr und Thomae, Stichprobe und Ablauf, S. 10 f. Vgl. auch Merker, Generations-Gegensätze, S. 310; Erlemeier, Die Bolsa-Freitagsgruppe.

8 BO 2604, Dg. 3, Char. BO 2605, Dg. 3, Deckblatt. Zu Frau Wellhöfer TB 59 (2604) Dg. 3. Zu Herrn Langbein BO 1709, Dg. 3, Tageslauf, Wochenlauf, Char. (Mitschrift Tismer). Zu Herrn Tödtmann BO 1708, Dg. 3, Char., Spontanbericht. Vgl. Lebenslauf Schmitz-Scherzer in: ders., Freizeit und Alter.

9 «VauWe» meint die VolkswagenStiftung, die die Studie finanzierte. Handschriftliches Gedicht von 1715, datiert Juli 1967, BO A19 (Hervorhebungen und «Buss» im Original). Fotos von Schubert in BO L1, Brief vom 21.12.1966, sowie BO A19. Zitat aus Verhaltensbeschreibung, BO 2710, Dg. 1.

10 Schreiben des Deutschen Paritätischen Wohlfahrtsverbands Heidelberg, der Teilnehmer an das Institut vermittelt hatte, an Ursula Lehr vom 22.4.1965: BO A8. Heimleiterin Maja Link an Hans Thomae, 10.1.1966, BO A19.

11 Vgl. Olbrich, Der ältere Mensch, S. 77 ff.

12 Brief Schubert an Schmitz-Scherzer vom 21.12.1966, BO L1. Korrespondenz in Akte BO 1713: Postkarte vom 28.12.1972, Briefe vom 8.9.1971 und 21.12.1966, Brief vom 17.12.1968.

13 Interview der Autorin mit Georg Rudinger vom 15.12.2014.

14 Interview der Autorin mit Ursula Lehr vom 15.12.2014. Zur Methode und zum Training der Explorateure vgl. Thomae, Das Individuum und seine Welt, 1. A., S. 111 ff.

15 Thomae, Gerontologische Längsschnittstudien, S. 5. Zu Thomaes Wende von der Kasuistik hin zur Statistik vgl. die erste und zweite Auflage von «Das Individuum und seine Welt».

16 Thomae, Das Individuum und seine Welt, 1. A.; Zusammenfassung in Kruse, Personale Geschehensordnung, sowie Kruse et al., Der Beitrag der Psychologie.

17 Vgl. ebd. sowie Lehr, Zur Geschichte der Entwicklungspsychologie der Lebensspanne, S. 9, 11; Olbrich und Pöhlmann, Prozess und Interaktion, S. 86, 90; Thomae, Alltagsbelastungen, S. 93 f.

18 Zur Aktivitäts- und Kompetenzthese vgl. Lehr, Psychologie des Alterns, 1. A. 1972; Arbeitsgruppe Alternsforschung Bonn, Altern psychologisch gesehen. Vgl. auch das konkurrierende Konzept der «selektiven Optimierung durch Kompensation»: Baltes und Baltes, Hg., Successful Aging.

19 Alle Dissertationen sind in der Gesamtbibliographie der Bolsa aufgeführt: Lehr und Thomae, Hg., Formen seelischen Alterns, S. 287 ff.

20 Die VW-Förderphasen umfassten die Jahre 1965 bis 1970, 1976 bis 1978, 1980 bis 1982 und 1983/84. Der Durchgang 1972/73 wurde von der DFG finanziert. Vgl. Korrespondenz Thomae, BO A1.

21 Vgl. Fooken, Die Bonner Gerontologische Studie des Alterns, sowie zahlreiche Beiträge in Kruse und Schmitz-Scherzer, Hg., Psychologie der Lebensalter. Interview der Autorin mit Ingrid Tismer-Puschner vom 4.8.2015.

22 Ebd. sowie Interviews der Autorin mit Norbert Erlemeier vom 27.4.2016 und Georg Rudinger und Ursula Lehr vom 15.12.2014.

23 Näheres zu Thomaes Belastung in Kapitel 3. Vgl. Stöwer, Erich Rothacker, S. 313 ff.; Rudinger, Hans Thomae als Wegbereiter, S. 17; Rudinger und Stöwer, Innenansichten, S. 60 ff.

24 Das Team traf sich regelmäßig im «Bären», vgl. Erlemeier, Die Bolsa-Freitagsgruppe. Die Zusammenkunft am Abend des 29. Mai ist fiktional, basiert jedoch auf dem Artikel des *GA Bonn* vom 9.6.1967 über die Rufablehnung. Vgl. Lebenslauf in Tismer, Untersuchungen zur Lebensthematik; Interview der Autorin mit Ingrid Tismer-Puschner vom 4.8.2015.

25 Fotografien Hotel Löhndorf, Schafgans Archiv, Bonn; BO 1709, Dg. 3, Tageslauf.

26 Vgl. *GA Bonn*, 30.5., 31.5. und 1.6.1967.

27 TB 74 (2606) Dg. 3. TB 59 (2604) Dg. 3. BO 1709, Dg. 3, Wochenablauf.

28 BO 2605, BO 1709, BO 1755, Dg. 3: jeweils Spontanbericht. Untersuchungsleitfaden in Merker, Generations-Gegensätze, S. 310 f.

29 *GA Bonn*, 31.5., 1.6. und 2.6.1967.

30 *GA Bonn*, 3.6. und 5.6.1967; *Der Spiegel* Nr. 24, 5.6.1967, S. 42; *Welt am Sonntag*, 4.6.1967; *BILD*, 3.6.1967, Berlin-Ausgabe. Kurras handelte nicht im Auftrag der Stasi, vgl. Michels, Schahbesuch 1967, S. 214 ff.

31 Hans-Joachim Haubold, zit. nach: *Der Spiegel* Nr. 26, 19.6.1967, S. 25.

32 *GA Bonn*, 7.6., 8.6. und 10/11.6.1967. Vgl. Dutschke, Die Tagebücher 1963–1979, S. 44 f.

33 Schweigemärsche und Trauerfeiern fanden am 7. Juni unter anderem in Marburg, Gießen, Bochum, Aachen und Saarbrücken statt, am 9. Juni dann in Freiburg, Konstanz, Stuttgart, Heidelberg, Erlangen, Köln, Darmstadt und München. Vgl. *GA Bonn* vom 7.6., 9.6. und 10/11.6.1967; Michels, Schahbesuch 1967, S. 235 ff.

34 *B. Z.* (Berlin) vom 21.12.1966. *Welt am Sonntag*, 17.6.1967.

35 Ebd.; *BILD*, 28.8.1967; *Welt*, 5.12.1967.

36 *Der Spiegel* Nr. 24, 5.6.1967, S. 46–59, Zitate S. 47 f.

37 Vogel, Unruhe im Fernsehen, S. 226 ff., 154 ff., 201 ff., 119 f. (Zitate S. 201, 120). Vgl. auch S. 117.

38 Vgl. ebd., S. 203, 207 f.; Reichardt, Authentizität, S. 679 f.; Cornils, Writing the Revolution, S. 154 ff.

39 *GA Bonn*, 1.6.1967. Vgl. Bothien, Protest und Provokation, S. 68–73; *akut* Nr. 32/1967, S. 4–5, 12. Es kam in der Folge auf Antrag rechter Studenten zum Prozess vor dem Verwaltungsgericht Köln, das dem Bonner AStA im April 1968 das politische Mandat absprach.

40 Stadtmuseum Bonn (SMB)-Gespräch mit Rudolf Pörtner vom 26.10.2005. Vgl. Aufruf des AStA, ohne Datum, UAB 081/163. Zitate von Bracher und Penselin in Nevermann, Hg., Der 2. Juni, S. 44 f., 48 f.

41 Bothien, Protest und Provokation, S. 39 f.; *GA Bonn*, 5./6.6.1967.

42 SMB-Gespräch mit Rudolf Pörtner vom 26.10.2005. Zur Kundgebung vom 6.6.67 *GA Bonn*, 7.6.1967.

43 Leserbriefe im *GA Bonn*: Frau A. W. am 13.6.1967; Th. Gansen am 7.6.1967; H. F. am 9.6.1967; Willy O. und Franz Merck am 7.6.1967; M. Schallus am 5.6.1967; H. Schl. am 16.6.1967; E. Vogel am 13.6.1967; W. E. am 16.6.1967; W. M. am 9.6.1967; W. B. und Dr. E. am 16.6.1967; R. Kappis, K. Runge und H. Ridder am 7.6.1967. Ausgewertet wurden 33 Leserbriefschreiber und Umfrageteilnehmer in Ausgaben vom 1.6. bis 28.6.1967.

44 Vgl. *GA Bonn*, 2.6. und 21.6.1967.

45 *GA Bonn*, 8.6. und 15.6.1967. Die *Bonner Rundschau* war noch studentenfreundlicher, vgl. Ausgabe vom 16.6.1967. Zitat: *GA Bonn*, 6.6.1967.

46 Nach einem Ausflugsbericht Maria Renners vom 15. Juli 1965 (BO 2710, Dg. 1) mit Bezug auf die Probanden 2618, 2710, 2709 und 1715. Zu Schubert BO 2709, Dg.1, Gesamtbeurteilung. Ein Bericht vom 1. Juni 1967 ist nicht erhalten.

47 Kieler Determinationsgerät nach Mierke. Vgl. Merker, Generations-Gegensätze, S. 310.

48 Erlemeier, Freitagsgruppe, S. 1, 6.

49 TB 74 (2606) Dg. 3, GP; TB 59 (2604) Dg. 3, GP.

50 BO 1755, Dg. 2, GP; TB 67 (2605) Dg. 3, GP; BO 1709, Dg. 3, GP.

51 Die 38-jährige Helga Merker war etwas älter als andere im Team. Wie Maria Renner hatte sie vor dem Studium sozialpädagogisch gearbeitet und war Stipendiatin der Victor Gollancz-Stiftung. Interview der Autorin mit Helga Merker vom 28.2.2017.

52 Vgl. Merker, Generations-Gegensätze, S. 45 ff.

53 *GA Bonn*, 9.6.1967. Interview der Autorin mit Helga Merker vom 28.2.2017.
54 Zur SDS-Strategie vgl. Brown, West Germany and the Global Sixties, S. 45 ff.
55 *Der Spiegel* Nr. 9, 26.2.1968, S. 26; Nr. 24, 9.6.1969, S. 84; Nr. 27, 30.6.1969, S. 31.

3 Von Kriegskindern und Nazieltern

1 Hannes Heer, «Mein 68. Ein verspäteter Brief an meinen Vater», Fernsehfilm WDR 1988.
2 Zitat *GA Bonn*, 27.10.2015. Zur Biographie Heers vgl. Bothien, Protest und Provokation, S. 111 f.; vgl. auch: Rendel und Spitz, Hg., das weite suchen, S. 88 (Selbstbiographie Heers).
3 Heer, «Mein 68», Fernsehfilm WDR 1988.
4 Rekonstruktion des Hergangs nach UAB 081/163, SDS-Flugblatt vom 12.2.1968 («Diskutieren? Nein! Relegieren!»), Chronologie der Ereignisse von Rudolf Pörtner. Vgl. auch *Der Spiegel* Nr. 9, 26.2.1968, S. 26 ff.; Fendrich, Studentenproteste, S. 70 ff.
5 Die DDR hatte Teile der belastenden Dokumente für ihre Rufmordkampagne gegen Lübke fälschen lassen; der Vorwurf basierte jedoch auf Tatsachen. Fischer und Lorenz, Hg., Lexikon der «Vergangenheitsbewältigung», S. 187 ff. Damalige Pressestimmen: *Der Spiegel* Nr. 45, 31.10.1966; Nr. 10, 4.3.1968; *Stern*, 26.2.1968, S. 64 ff.
6 Vgl. *Der Spiegel* Nr. 10, 4.3.1968, S. 21 ff.; *Bonner Rundschau*, 2.3.1968 (Wortlaut der Ansprache).
7 Rede Schneemelchers vom 13.2.1968 vor Studenten, *Bonner Universitätsnachrichten* Nr. 4, 4.3.1968, S. 4.
8 Rekonstruktion des Hergangs nach UAB 081/163, SDS-Flugblatt vom 12.2.1968, Chronologie. Vgl. Pieper, Studentenbewegung, S. 45 f.
9 Laut Peter Schon, in: UAB 081/163, SDS-Flugblatt vom 12.2.1968.
10 UAB 081/167, Stugew-Extra Nr. 11 vom 8.2.1968.
11 Flugblatt des AStA Bonn, 8.2.1968, gez. Pörtner, UAB 081/163. Ähnlich auch das Flugblatt der Evangelischen Studentengemeinde vom 8.2.1968, das sowohl die Eskalationsmethoden der Studenten als auch den Polizeieinsatz kritisierte. Ebd., 081/167.
12 UAB 081/167, SDS-Flugblatt vom 2.2.1968. Vgl. *Der Spiegel* Nr. 18, 27.4.1981; Rosskopf, Friedrich Karl Kaul, S. 325 ff.
13 UAB 081/167, Terror gegen Kaul, SDS-Flugblatt vom 7.2.1968.
14 von der Dollen, «1968» an der Universität Bonn, S. 212 ff. UAB 081/167, «Bürgerliche Hinterwäldler e. v. Ortsgruppe Bonn», anonyme Flugbroschüre vom 4.2.1968 gegen «linksextreme Meinungsterrorisierung».
15 UAB 081/167, Terror gegen Kaul, SDS-Flugblatt vom 7.2.1968; *GA Bonn*, 7.2.1968.
16 UAB 081/163, Flugblatt vom 12.2.1968 mit Beiträgen linker Studenten. *akut* Nr. 40, Mai/Juni 1968, S. 7.
17 SDS-Mitglied Christoph Strawe, mit Verspätung zu einer Verhandlung vor dem Disziplinarrichter erscheinend, erklärte keck, «er komme gerade aus Leipzig zurück». Von Weber «fragte maliziös zurück, warum er denn nicht gleich in der

DDR geblieben sei». Laut dem Zeitzeugen (und Strawe-Kontrahenten) von der Dollen: «1968» an der Universität Bonn, S. 217.

18 Bothien, Protest und Provokation, S. 18 ff. Pieper, Studentenbewegung, S. 46 f.

19 *akut* Nr. 39, April «1968», S. 16.

20 Ebd., S. 3 f., 8 f., 16. Vgl. *Bonner Universitätsnachrichten* Nr. 6, 1.4.1968, S. 1 ff.; Nr. 9, 30.4.1968, Beilage. Vgl. Bothien, Protest und Provokation, S. 28 f.

21 Hektografierte Erklärung vom 23.4.1968, in Ordner Suhrbier, Handakte Bothien, Stadtmuseum Bonn (SMB). Ebd.: *Kölner Stadtanzeiger*, 24.4.1968. Vgl. auch *Kölner Stadtanzeiger*, 15.6.1968 und 6.6.1968; *Frankfurter Rundschau*, 7.6.1968 und 18.6.1968.

22 Der Name des Assistenten war Alfred Jahn. Bothien, Protest und Provokation, S. 17 ff., 138.

23 SMB-Gespräche mit Bernd Ramm und Hartwig Suhrbier vom 12.4.2006 und 31.8.2005. Auch die Kontroverse um die Aberkennung von Thomas Manns Ehrendoktorwürde durch die Universität Bonn im Jahr 1936 spielte eine Rolle. Vgl. von Schenck, Autobiographie, Kap. 6, S. 1; Ulrich Wickert, Letzte Rettung, in: *Die Zeit*, 16.2.2006 (Beilage «60 Jahre Zeit»).

24 SMB-Gespräche mit Judith Olek, Rudolf Pörtner, Dieter Gutschick und Christoph Strawe aus 2005.

25 Anonymisierte SMB-Gespräche.

26 SMB-Gespräch mit Eckehart Ehrenberg vom 9.9.2005.

27 SMB-Gespräch mit Ulrich Rosenbaum vom 11.4.2006.

28 von Schenck, Autobiographie, Kap. 6, S. 6, vgl. S. 10.

29 *akut* Nr. 39, April 1969, S. 3, 10 f.

30 *Kölner Stadtanzeiger* Nr. 35, 10.2.1968, Ausgabe Siegkreis, Autor Hartwig Suhrbier.

31 Ebd.; in der AStA-Chronologie vom 9.2.1968 auf S. 1 zitierte Artikel (UAB 081/167); *GA Bonn*, 20.5.1968.

32 Zitat *GA Bonn*, 27.10.2015. Vgl. «Fanatische Söhne», *Netzeitung Voice of Germany*, 31.5.2005, http://www.netzeitung.de/voiceofgermany/331875.html (Zugriff 19.9.2005; Ausdruck SMB Handakte Bothien).

33 Heer, «Mein 68», Fernsehfilm WDR 1988.

34 Interview der Autorin mit Hannes Heer vom 23.1.2017.

35 Heer: «Mein 68», Fernsehfilm WDR 1988.

36 Heer, auch togo bleibt deutsch, S. 82 (Großschreibung hinzugefügt).

37 *Neues Deutschland*, 26.1.2008.

38 Heer, auch togo bleibt deutsch, S. 84.

39 Bothien, Protest und Provokation, S. 112. Zu den Roten Zellen vgl. UAB 081/173. Zum VDS vgl. *Der Spiegel* Nr. 24, 9.6.1969, S. 84 f.

40 «Fanatische Söhne», *Netzeitung Voice of Germany*, 31.5.2005 (wie oben, Anm. 32).

41 Conze, Die Suche nach Sicherheit, S. 337; Judt, Postwar, S. 417. Vgl. Kaelble, Sozialgeschichte Europas, S. 34.

42 Frei, 1968, S. 78 f., 87, 222. Vgl. auch Wienhaus, Bildungswege zu 1968, S. 38 ff.

43 Moses, German Intellectuals, S. 69.

44 Götz Aly, Unser Kampf 1968, S. 194 f., 189, 150 f.

45 Passerini, Autobiography of a Generation, S. 27 ff.; Maslen, Autobiographies of a Generation, S. 30.

46 Damit nahmen sie den literarischen Topos vom Vater-Sohn-Konflikt auf, der auf klassische Vorbilder zurückgeht. Vgl. Tölle, Altern in Deutschland, S. 246 ff., 276 ff., 305 ff.

47 Jureit, Generationenforschung, S. 92, 119 f. Ähnlich auch Lüscher und Liegle, Generationenbeziehungen, S. 29 f., 251 f.

48 Errechnet nach Bothien, Protest und Provokation, S. 94 ff.

49 Wienhaus, Bildungswege zu 1968, S. 95.

50 Ebd., S. 40 f.

51 Die Befragten der Merker-Studie waren Jahrgang 1909 bis 1934. Siehe oben, Nachtrag zur Quellengrundlage.

52 Vgl. Herbert, Drei politische Generationen, S. 100; Wildt, Generation des Unbedingten. Die oberste Leitungsriege des Regimes war wiederum um einiges älter.

53 Wenn wir die Männer herausgreifen, die in der Bonner Längsschnittstudie des Alters untersucht wurden, so finden wir bei den Vätern der Geburtsjahrgänge 1897 bis 1906 nur 7 Prozent, deren ältestes Kind 1938 oder später zur Welt kam (Median 1929, n=32). Das jüngste Kind war nur bei 39 Prozent nach 1937 geboren (Median 1935, n=28).

54 Ein weiterer Aktivist erwähnte einen kommunistischen Onkel. Zu den Quellen siehe oben, Nachtrag zur Quellengrundlage, sowie Bothien, Protest und Provokation, S. 94 ff.

55 Oseka, Voglis und von der Goltz, Families, S. 51.

56 Ausgezählt nach Passerini, Autobiography of a Generation, passim.

57 SMB-Gespräch mit Christoph Strawe vom 1.12.2005.

58 SMB-Gespräch mit Judith Olek vom 8.12.2005. Vgl. Auszüge aus der Anzeige in Bothien, Protest, S. 107 f.

59 SMB-Gespräch mit Judith Olek vom 8.12.2005. «Wir» bezieht sich auf sie und ihren Bruder Bernd Ramm, der ebenfalls in der Bonner Studentenpolitik mitmischte.

60 Besonders deutlich etwa in den SMB-Gesprächen mit Dieter Gutschick, Rudolf Pörtner, Judith Olek und Eckehart Ehrenberg.

61 SMB-Gespräch mit Rudolf Pörtner vom 26.10.2005.

62 SMB-Gespräch mit Eckehart Ehrenberg vom 9.9.2005.

63 SMB-Gespräch mit Ulrich Rosenbaum vom 11.4.2006; Email-Nachricht Rosenbaums an die Autorin vom 24.8.2017. Ähnlich war es bei Guntram von Schenck, dessen Großeltern sich als überzeugte Nazis im April 1945 das Leben genommen hatten. Seine Eltern sprachen nicht darüber, doch «es wäre unehrlich zu sagen, dass mich die Umstände des Freitods meiner Großeltern jemals besonders belastet hätten.» (Autobiographie, Kapitel 1).

64 SMB-Gespräch mit Hans Günter Jürgensmeier vom 28.2.2006.

65 SMB-Gespräch mit Jürgen Aretz vom 10.11.2006; vgl. Email-Nachrichten von Jürgen Aretz an die Autorin vom 28.8.2017 und 11.9.2017.

66 Dass nicht recherchiert wurde, wird in den SMB-Gesprächen mit Pörtner, Lotz, von Bredow, Ehrenberg und Crueger besonders deutlich.

67 Vgl. Frei, Vergangenheitspolitik, S. 403.

68 Acht der 16 zweitausgewerteten Gespräche verglichen die eigenen Eltern oder die eigene Rolle unaufgefordert mit Hannes Heer.

69 Heer, «Mein 68», Fernsehfilm WDR 1988. Vgl. beispielsweise: *GA Bonn*, 27.10.2015 und 20.8.2008; *Hessisch-Niedersächsische Allgemeine*, 26.1.2009 und 14.1.2012; *Neues Deutschland* vom 26.1.2008; *Spiegel online*, 15.8.2006 (http://www.spiegel.de/kultur/literatur/ss-bekenntnis-wie-hat-grass-damals-zum-holocaust-gestanden-a-431646.html, Zugriff 27.1.2017).

70 SMB-Gespräch mit Bernhelm Booß vom 22.3.2006.

71 SMB-Gespräche mit Ulrich Rosenbaum vom 11.4.2006; mit Wolfgang Breyer vom 29.11.2005; mit Eberhard Crueger vom 8.3.2006; mit Wilfried von Bredow vom 24.4.2006.

72 SMB-Gespräche mit Maria Zabel vom 26.7.2006; mit Hans Günter Jürgensmeier vom 28.2.2006.

73 Welzer, Moller und Tschuggnall, Opa war kein Nazi, bes. S. 48 f., 51 f., Zitat S. 26.

74 SMB-Gespräch mit Hans Günter Jürgensmeier vom 28.2.2006.

75 Ein weiterer Befragter, Dieter Gutschick, sah seinen Vater als «eingefleischten Nazi» und traf auf dessen «vorgefügte Argumentation, ... dass er persönlich nichts verschuldet hatte und dass er nichts gewusst hätte. ... Er sei durch die Amerikaner als Mitläufer eingestuft worden, und insoweit fühlt er sich auch nur als Mitläufer und nicht als Haupttäter. So. Ganz einfach.» Während der Sohn die NS-Nähe des Vaters in den sechziger Jahren als «nachvollziehbar» tolerierte, unter Hinweis auf dessen Erfahrungen als Sudetendeutscher, änderte er nachträglich seine Haltung: «Dass er da genauestens Bescheid wusste [über die NS-Verbrechen], das ist mir auch erst später aber aufgegangen.» Hinweise auf einen entsprechenden zeitgenössischen persönlichen Zusammenstoß mit dem Vater liegen nicht vor. SMB-Gespräch mit Gutschick vom 28.9.2005.

76 Vgl. UAB PF 138/194: Fakultätsprotokolle 1968–1969.

77 SMB-Gespräch mit Heidrun Lotz vom 4.5.2006.

78 Interview der Autorin mit Hannes Heer vom 23.1.2017.

79 Siehe das Briefzitat am Beginn dieses Kapitels.

80 SMB-Gespräch mit Dieter Gutschick vom 28.9.2005.

81 SMB-Gespräch mit Bernhelm Booß vom 22.3.2006.

82 Oseka, Voglis und von der Goltz, Families, S. 51.

83 Beate Klarsfeld, «Ohrfeige für Pg. 2633930», in: *elan*, Dezember 1968; Dutschke, Die Tagebücher 1963–1979, S. 27; Ensslin und Kunzelmann zit. nach: Koenen, Das rote Jahrzehnt, S. 383, 160 f., vgl. S. 384.

84 Nach Lüscher und Liegle, Generationenbeziehungen, S. 256, vgl. auch 262. Higgs und Gilleard, Generational Justice, S. 252.

85 Siegfried, Time is on my side, S. 65 f.

86 Blücher, Die Generation der Unbefangenen, S. 404, 102, 109 ff., 393, 396, vgl. 130, 399.

87 Siegfried, Time is on my side, S. 65 ff.

88 *akut* Nr. 37, Januar 1968 (Rutger Booß, «Der braungefleckte Dekan»). Zu Schneemelcher siehe oben.
89 Vgl. von Wiese, Ich erzähle mein Leben, S. 356 ff.; Internationales Germanistenlexikon, Eintrag Benno von Wiese, S. 2025 ff. (Klaus-Dieter Rossade).
90 Interview der Autorin mit Georg Rudinger vom 18.8.2016.
91 So formulierte es ein Fachschaftsvorstands-Flugblatt vom 26.4.1974 im Rückblick auf 1970: UAB 081/173.
92 *akut* Nr. 41, Juli 1968, S. 5 f.; Nr. 40, Mai/Juni 1968, S. 5 ff. Vgl. SMB-Gespräch mit Heidrun Lotz vom 4.5.2006. Thomae zit. nach: Rudinger und Stöwer, Innenansichten, S. 91.
93 Vgl. ebd., S. 79 f. Interview der Autorin mit Georg Rudinger vom 18.8.2016. SMB-Gespräch mit Heidrun Lotz vom 4.5.2006.
94 UAB 081/173, Flugblatt «Kommunistische Studentenpresse 1/1974» sowie Flugblatt FSV Psychologie, 26.4.1974. Thomae engagierte sich nicht im Bund Freiheit der Wissenschaft, der in Bonn stark vertreten war. Vgl. Wehrs, Protest der Professoren.
95 Rudinger und Stöwer, «Thomae, Hans», S. 441 f. Vgl. Stöwer, Rothacker, S. 13.
96 Thomae zit. nach: Rudinger und Stöwer, Innenansichten, S. 64, vgl. 55 f., 60.
97 Thomae, Ruf des Lebens, S. 7, 9, 44 f., 57, 79, 158 f. Vgl. S. 74 ff., 87 ff., 104 ff.
98 Thomae, Immanuel Kant, bes. S. 10 ff. Ders., Das Wesen der menschlichen Antriebsstruktur.
99 Oseka, Voglis und von der Goltz, Families, S. 49 f.
100 Claus Leggewie, A laboratory of postindustrial society, S. 281. Zu Wolff *Frankfurter Allgemeine Zeitung*, 13.8.2010 (http://www.faz.net/aktuell/politik/staat-und-recht/rechtspersonen/kd-wolff-rebell-aus-der-waffenkammer-11024803.html, Zugriff 6.2.2017); *Forschung Frankfurt* 1/2014, S. 129.
101 Mitscherlich und Mitscherlich, Die Unfähigkeit zu trauern. Vgl. Koenen, Das rote Jahrzehnt, S. 101 f.
102 Etwa Arno Plack, Dietrich Haensch, Dieter Duhm und andere. Vgl. Herzog, Sex after Fascism, S. 156 ff. Zu Theweleit: Koenen, Das rote Jahrzehnt, S. 31 ff., 168 ff. Vgl. auch Cornils, Writing the Revolution, S. 41 ff.
103 Reiche, Sexuelle Revolution, S. 60, 64.
104 Vgl. etwa Romane von Peter Schneider, Günter Kunert, Peter Härtling oder Niklas Frank. Vgl. Seegers, «Vati blieb im Krieg», S. 20 f.
105 Zur zweiten Welle: Heer, Literatur und Erinnerung, S. 833. Vgl. Cornils, Writing the Revolution, S. 146 f.
106 Bode, Die vergessene Generation (2004), 8. A., S. 158–161, 241 f., 290 ff. Auflagenangabe aus dem Jahr 2016. Ganz ähnliche Deutungen bei Ennulat, Kriegskinder (2008); Lorenz, Kriegskinder (2003); Winterberg, Kriegskinder (2009) als Begleitliteratur zur zeitgleichen ARD-Fernsehserie «Kriegskinder»; Radebold, Heuft und Fooken, Hg., Kindheiten im Zweiten Weltkrieg (2006); Stambolis, Aufgewachsen in «eiserner Zeit» (2014, bes. S. 132 ff.); Schulz, Radebold und Reulecke, Hg., Söhne ohne Väter (2004).
107 Zur kritischen Analyse der Kriegskinder-Literatur Heinlein, Die Erfindung der Erinnerung.

108 Kohut, A German Generation, S. 3 f., 11, 218 f. Vgl. Kohut, History, Loss and the Generation of 1914, S. 254.

109 Wetterau, 68: Täterkinder und Rebellen; Kundnani, Utopia or Auschwitz. Gabriele Rosenthal legt kurzschlüssigerweise dar, die Achtundsechziger neigten dazu, den Vater von NS-Verstrickungen «freizusprechen», gleichwohl sei «die Auseinandersetzung mit den Vätern und der blockierte Dialog mit ihnen für diese Generation … ganz zentral.» Dies., Historische und familiale Generationenabfolge, S. 172.

110 Aly, Unser Kampf 1968, S. 188 f., 196.

111 Deutscher Bundestag, 13. Wahlperiode, Stenographischer Bericht, 163. Sitzung, 13.3.1997, S. 14719 f.

112 *Der Spiegel* Nr. 16, 14.4.2014.

113 Habermas, Interview mit Angelo Bolaffi, S. 23; Habermas, Studentenprotest in der Bundesrepublik, S. 175.

114 Zum Prozess der «Generationsrede» Möckel, Erfahrungsbruch und Generationsbehauptung, S. 9, 16 f.

115 Lönnendonker, Hg., Linksintellektueller Aufbruch, S. 2. Zitiert sind Robert Schindel, S. 223; Wolfgang Kraushaar, S. 270, 276. Vgl. auch: Gerd Weghorn (S. 198 f.), Unbekannt (S. 201), Hajo Funke und Thomas Mitscherlich (S. 224 f.), Klaus Schröder (S. 303, 307).

116 Schildt, Überbewertet?, S. 93.

117 SMB-Gespräch mit Bernhelm Booß vom 22.3.2006. Auch Christoph Strawe aus dem Bonner SDS hielt damals die Notstandsgesetze für «problematisch», schränkte aber ein, «es war ja jetzt schon nicht so, dass da jetzt ein neues '33 vor der Tür stand». SMB-Gespräch mit Strawe vom 1.12.2005.

118 Vgl. Mausbach, Wende um 360 Grad; Herzog, Sex after Fascism, S. 175 ff.; Kiessling, Die antiautoritäre Revolte, S. 274 ff.; Jureit, Generationenforschung, S. 119 f.; Herbert, Geschichte Deutschlands, S. 855.

119 Ein Bonner Beispiel sind Dieter Gutschick und Eckehart Ehrenberg, die 2008 in einem Artikel des *Kölner Stadtanzeigers* als typische Achtundsechziger dargestellt wurden, die für die NS-Aufarbeitung und gegen ihre Väter stritten. Aus den SMB-Gesprächen mit Gutschick und Ehrenberg vom 28.9. und 9.9.2005 geht aber hervor, dass keine zeitgenössische Konfrontation mit den Eltern stattfand.

4 Trau keinem über 60? Die Rolle der Alten

1 Zitate und Details nach *GA Bonn*, 4.5.1968, 13.5.1968. Die 400 evangelischen Pfarrer zogen am 8. Mai durch Bonn: *GA Bonn*, 9.5.1968. Der DGB veranstaltete seine Kundgebung am 11. Mai in Dortmund und grenzte sich damit vom Bonner APO-Sternmarsch ab.

2 Meier zit. nach: «68er an Rhein, Ruhr und Weser.» WDR-Dokumentarfilm von Carsten Günther (2008), Teil 2. Vgl. Kozicki, Aufbruch in NRW, S. 47 ff., bes. 52, 64; *Der Spiegel* Nr. 23, 3.6.1968, S. 21 ff.

3 UAB 081/173: Erklärung der Dozenten und Mitarbeiter des Psychologischen Instituts vom 29.5.1968, gezeichnet Thomae, Rudinger, Renner, Merker, Lehr, Erle-

meier, von Langermann, Schaible, Schade u. a. Vgl. Bothien, Protest und Provokation, S. 59 ff.

4 Zur Jugend vgl. nur Siegfried, Time is on my side; Reichardt, Authentizität; zu Professoren Wehrs, Protest der Professoren; Moses, German Intellectuals. Die Auszählung nach Herbert, Geschichte Deutschlands, S. 783–820, 835–867: Der Abschnitt über die Zeit 1965 bis Machtwechsel 1969 widmet 27 von 69 Seiten (40 Prozent) der Jugendkultur und der «68er»-Bewegung. Die Alten werden auf S. 786, 814 f., 819 en passant erwähnt.

5 Herbert, Geschichte Deutschlands, S. 784.

6 *GA Bonn*, 14.5.1968, Bericht über infas-Umfrage zu den Aprilunruhen.

7 *Der Spiegel* Nr. 17, 22.4.1968, S. 28.

8 Bei den Studenten waren es 52 Prozent. *GA Bonn*, 7.5.1968.

9 Allensbach-Umfrage aus Mai/Juni 1968. Die 30- bis 44-jährigen (31 Prozent) und 45- bis 59-jährigen (26 Prozent) Notstandsgegner lagen zwischen den Werten der Jungen und Alten. Noelle und Neumann, Hg., Jahrbuch der öffentlichen Meinung 1968–1973, S. 229. Zur Umfrage unter Studenten vom Februar 1968 vgl. von der Goltz, A polarised generation?, S. 201.

10 *GA Bonn*, 8.6.1968.

11 BO 1724, Dg. 3, GP; BO 1605, Dg. 3, GP; BO 1756, Dg. 3, GP.

12 BO 1611, Dg. 3, Char., VB, GP, ZEW.

13 BO 1659, Dg. 3, ZEW, Citizenrolle, VB, GP. Ähnlich etwa ein Stahlarbeiter, der 1943 ausgebombt wurde (BO 1750, Dg. 3, VB): «Ein Glück, dass man sich wieder gefangen hat in so einem Elend und wieder auf die Beine gekommen ist. Denn da sind zwanzig Jahre dran, Arbeit in der Formerei, im Schweiße des Angesichts, in einer Nacht alles weg.»

14 Befragungen aus 1966 bzw. 1965. Zu Russland: 45 vs. 30 Prozent; die Befragten mittleren Alters lagen mit 41 und 37 Prozent dazwischen. Noelle und Neumann, Hg., Jahrbuch der öffentlichen Meinung 1965–1967, S. 456, 420.

15 Ebd., S. 478, 480. Vor allem die Männer der Bolsa äußerten sich zum Vietnamkrieg, und zwar besorgt bis kritisch (BO 1738, 1746, 1750, 1753, 1758, 1659).

16 TB 14 (1629) Dg. 3.

17 BO 1618, Dg. 3, GP. Ähnlich BO 1740, Dg. 3, GP.

18 BO 1744, Dg. 3, GP.

19 BO 1656, Dg. 3, GP; BO 1734, Dg. 3, GP; BO 1740, Dg. 3, VB. Ähnlich bei BO 1758, Dg. 3, GP: «Wir wurden zu politischen Zwecken ausgenutzt und betrogen.»

20 BO 1740, Dg. 3, GP.

21 Etwa BO 1644, Dg. 3, GP; vgl. ferner BO 1650, 1658 und 1659, Dg. 3.

22 1721 zit. nach: Tismer, Untersuchungen zur Lebensthematik, S. 71.

23 TB 38 (1735) Dg. 3.

24 1639 zit. nach: Renner, Strukturen sozialer Teilhabe, S. 201 f.

25 2749 zit. nach: ebd., S. 213, 215.

26 Transkript 1619 aus dem Jahr 1967 in BO A7, S. 22; 1738 zit. nach: Tismer, Untersuchungen zur Lebensthematik, S. 34.

27 Er angelte auch Karpfen und Hechte: 1729, zit. nach: ebd., S. 21.

28 Vgl. Noelle und Neumann, Hg., Jahrbuch der öffentlichen Meinung 1965–67, S. 132.
29 Vgl. Transkripte 1601 und 1705 in BO A7; Transkript 1602 in BO A9.
30 Kinobesuche standen mit vier Prozent an letzter Stelle, weit hinter Gartenarbeit, Fernsehen und Spazierengehen. Auswertung «Freizeit», gez. Schmitz-Scherzer, Renner, Olbrich, in BO A3, S. 3 ff.
31 Vgl. TB 26 (1650) Dg. 5; Transkript Herr Br. (Pseudonym) in BO A9, S. 13; Transkript 1705 in BO A7; «Frau D.» in Renner, Strukturen sozialer Teilhabe, S. 213; «Herr A.» in Tismer, Untersuchungen zur Lebensthematik, S. 33.
32 Vgl. ebd., S. 117 f., 105, 71; Renner, Strukturen sozialer Teilhabe, S. 211 ff.
33 Die Standardrente beruhte auf 40 Beitragsjahren. Hardach, Der Generationenvertrag, S. 89 f. Vgl. Torp, Gerechtigkeit im Wohlfahrtsstaat, Kap. 2; Grünendahl, Generationenbeziehung im Wandel?, S. 30; Künemund und Motel, Verbreitung, S. 126. Vgl. auch Lüscher und Liegle, Generationenbeziehungen, S. 146.
34 Anna-Maria Hirsch, «Interaktionsmuster», undatierter Bericht in BO L9, S. 4 f., 11.
35 Ebd., S. 11. Als Beispiele nur TB 483 (2730) Dg. 1; TB 26 (1650) Dg. 5; Renner, Strukturen sozialer Teilhabe, S. 213, 216, 225.
36 Die Formel wurde von Rudolf Tartler 1961 und danach Rosenmayr und Köckeis 1965 geprägt. Vgl. ebd., S. 188 f.; Tismer u. a., Psychosoziale Aspekte der Situation älterer Menschen, S. 71.
37 Anna-Maria Hirsch, «Interaktionsmuster», in BO L9, S. 7 f.
38 Nur jeder Zehnte lebte in einem echten gemeinsamen Haushalt, also einer Dreigenerationenfamilie. Zehn Prozent hatten Kinder, die mehr als 100 Kilometer entfernt wohnten. Renner, Strukturen sozialer Teilhabe, S. 59 ff., 183 ff.
39 Ebd., S. 142 ff., 150, 190; ebenso Anna-Maria Hirsch, «Interaktionsmuster», in BO L9, S. 7.
40 Renner, Strukturen sozialer Teilhabe, S. 68, 73 ff., 178, (Zitat) 185 f.
41 Wie etwa bei den Probanden 1624, 1649, 1729 und 1734.
42 BO A3, Leitfadenentwurf für Durchgang 1, vermutlich 1965.
43 Interview der Autorin mit Ingrid Tismer-Puschner vom 4.8. und 11.8.2015.
44 Interviews der Autorin mit Ingrid Tismer-Puschner vom 4.8. und 11.8.2015; mit Norbert Erlemeier vom 27.4.2016; mit Georg Rudinger vom 18.8.2016.
45 Interview der Autorin mit Helga Merker vom 28.2.2017 und 29.5.2017.
46 Interview der Autorin mit Norbert Erlemeier vom 27.4.2016.
47 Interview der Autorin mit Georg Rudinger vom 18.8.2016. Auch Helga Merker erlebte ihre Eltern in erster Linie als Opfer des Krieges und des Regimes. Interview mit Helga Merker vom 28.2.2017.
48 109 von 222 Probanden waren zwischen 1898 und 1906 geboren.
49 Schwester Christa an Ursula Lehr, Kelsterbach, 8.2.1965, in BO A8.
50 BO 1728, Dg. 3; BO 1746, Dg. 3; vgl. BO 1759, Dg. 3. Versuchsleiter waren Georg Rudinger, Reinhard Schmitz-Scherzer und Karl-Georg Tismer.
51 BO 1610, Dg. 3, AGD, Gesamteindruck (Versuchsleiter Tismer).
52 BO 1710, Dg. 3, VB (Versuchsleiter Tismer).
53 BO 1703, Dg. 1. Die Nachkriegs-FDP agitierte für den Schlussstrich unter die Vergangenheit.

54 Eigene statistische Auswertung, BO Probandenakten und -tonbänder 1601–1659, 1701–1759, Dg. 3 (N=96). Die Auswertung wurde auf die männlichen Probanden eingegrenzt, da diese bei der Diskussion des Lebenslaufs die Themen Parteimitgliedschaft, Kriegsdienst und Entnazifizierung kaum vermeiden konnten.

55 BO 1606, Dg. 3, VB; Leitfaden des dritten Durchgangs in BO L8.

56 BO 1645, Dg. 3, VB.

57 BO 1615, Dg. 3, VB.

58 Versuchsleiter war Heiser: TB 470 (2726) Dg. 1. Ich danke Carolin Schmidt, B. A., Universität Halle, für dieses Transkript.

59 TB 5 (1612) Dg. 5.

60 Die einzige Ausnahme ist ein belasteter Lehrer aus Ostdeutschland, der erst nach seiner Pensionierung in den Westen kam (BO 1704). Zu 131ern: Frei, Vergangenheitspolitik, Kap. 3; Garner, Public Service Personnel, S. 38 ff.

61 Zur Entnazifizierung vgl. Niethammer, Die Mitläuferfabrik; Vollnhals, Entnazifizierung; Hayse, Recasting West German Elites.

62 BO 1653, Dg. 3, VB, Versuchsleitermitschrift (leicht korrigiert).

63 1706, zit. nach: Tismer, Untersuchungen zur Lebensthematik, S. 86 f.

64 BO 1654, Dg. 2–4, VB.

65 BO 1703, Dg. 1, Dg. 3.

66 Dies spielte sich in Ostdeutschland ab. BO 1704, Dg. 1. Vgl. BO 1703, Dg. 1, wo ebenfalls ein Wohnungsproblem hingenommen wurde, weil man «als ehemaliges NSDAP-Mitglied … keine Möglichkeit» zum Protest sah.

67 BO 1612, Dg. 3, VB. Ähnlich gelagerte Fälle: BO 1637, 1653, 1654 (alle Dg. 3, VB); BO 1615, 1638, Dg. 1.

68 BO 2651, Dg. 3, VB.

69 BO 1703, Dg. 1.

70 BO 1610, Dg. 3.

71 BO 1746, Dg. 3, AGD.

72 59 Prozent der 222 Studienteilnehmer hatten Volksschulbildung und 25 Prozent eine Fachschulbildung mit oder ohne Mittlere Reife. Nur 5 Prozent hatten ein Gymnasium, 3 Prozent eine Universität besucht. Schreiner, Zur zukunftsbezogenen Zeitperspektive, S. 275 f.

73 Hochsignifikante Korrelation mit Chi-Square 0.002.

74 BO 1610, Dg. 3, Gesamteindruck.

75 BO 1703, Dg. 2; Dg. 3, Char. Odermann misstraute der Untersuchung und verlangte mehrmals, das Tonband auszustellen, bevor er sich gegen Ausländer und «Grenzländer» äußerte.

76 BO 1612, Dg. 3; TB 5 (1612) Dg. 5.

77 BO 1740, Dg. 3; BO 1746, Dg. 3; BO 1750, Dg. 3.

78 BO 1627, Dg. 3. Ähnlich: BO 1707, Dg. 3; BO 1610, Dg. 3.

79 BO 1618, Dg. 3; BO 1717, Dg. 3, Ex. 3. Ähnlich: BO 1733, Dg. 3; BO 1758, Dg. 3; BO 1601, Dg. 3; BO 1616, Dg. 3.

80 Renner, Strukturen sozialer Teihabe, S. 176 f.

81 15 vs. 76 Fälle, Probandenakten des 3. Durchgangs (Citizenrolle: Aktivität).

82 Tismer, Untersuchungen zur Lebensthematik, S. 83 ff. (Zitat 85 ff.) mit Bezug auf 1706.
83 BO 1712, Dg. 3, VB.
84 BO 1748, Dg. 3.
85 BO 1703, Dg. 1, bes. «Ergänzungsbericht zur Bandaufnahme». Der Streit reichte bis vor 1948 zurück.
86 Gesamtauswertung BO-Probandenakten.
87 N=144. Merker, Generations-Gegensätze, S. 186 f.
88 Umfrage aus dem Jahr 1971 (30, 19, 14 bzw. 8 Prozent): Noelle und Neumann, Hg., Jahrbuch der öffentlichen Meinung 1968–1973, S. 73.
89 BO A17: Herr Russ, S. 3; Frau Seifert, S. 3 f.; vgl. Herr Seifert, S. 4.
90 Ebd., Herr Urban, S. 5 f.
91 Herr Senns, S. 4. Ähnliche Kritik an der alten Generation auch bei Frau Faust, S. 2; Frau Kloppe, S. 3, Herr Scherz, S. 3; Herr Ebelt, S. 12.
92 Zu den Fünfundvierzigern vgl. Hodenberg, Politische Generationen; Moses, German Intellectuals. Zu den Transkripten siehe oben, Nachtrag zur Quellengrundlage.
93 Von den 16 Fünfundvierziger-Männern waren sechs zwischen 45 und 56 Jahren, die anderen zwischen 36 und 42 Jahren alt (Herr Angermann, Groth, Russ, Kaym, Lochny, Reichelt, Senns, Sieber, Urban, Ebelt, Anschütz, Körber, Tetzlaff, Ullrich, Triene, Baumann). Die Fünfundvierzigerinnen sind Frau Wagenknecht, Hahn, Stehr, Seifert, Russ. NS-nahe Frauen sind Frau Weser, Strube, Kaiser, Hoffmann; NS-nahe Männer sind Herr Werder, Galen, Hahn, Schauer (alle Transkripte in BO A 17).
94 Herr Russ, S. 1–4, 8 f., 12.
95 Herr Kaym, S. 3. Vgl. Herr Stehr, S. 5.
96 Frau Russ, S. 7 ff.
97 Etwa in den Medien (vgl. Hodenberg, Konsens und Krise) oder in der Politik.
98 Vgl. auch Welzer, Moller und Tschuggnall, Opa war kein Nazi, S. 246 f.
99 Siegfried, Time is on my side, S. 69.

5 Achtundsechzig war weiblich

1 UAB Kl. Slg. 331, Dokumentation «arbeitskreis emanzipation», S. 43 f.: AKE-Flugblatt vom Juni 1971 («Vorlesungskritik an der PH») sowie *Kölner Stadt-Anzeiger*, 13.7.1971. Hervé, Studentinnen in der BRD, S. 110 f. Interview der Autorin mit Florence Hervé vom 18.5.2017.
2 Ebd.
3 Interview mit Florence Hervé in: *FrauenPerspektiven* Nr. 23, Wintersemester 2008/09, hg. v. Gleichstellungsbeauftragter der Universität Bonn, S. 15. Zitat in: *Kölner Stadt-Anzeiger*, 13.7.1971. Brief Hervé an Horst-Pierre Bothien vom 11.9.2007, in SMB, Handakte Bothien.
4 Undatiertes «Flugblatt an Studentinnen», Oktober 1969, Dokumentation «arbeitskreis emanzipation», S. 9 (UAB Kl. Slg. 331).
5 *akut* Nr. 56, 7.11.1969, S. 6, 1. Der Soziologiestudent Vetterlein, geboren 1946, war bei *akut* Ende 1969 Chef vom Dienst unter Chefredakteur Gerd Langguth.

6 Letzterer war der Blattspezialist im Ressort Sexuelles. *akut* Nr. 58, 4.12.1969, S. 1, 3. Interview der Autorin mit Florence Hervé vom 18.5.2017.

7 *GA Bonn*, 13.12.1967, 16.5.2014 und 11.6.2017; http://www.montag-club.de/pages/home.html (Zugriff 18.5.2017). Die genannten Referenten traten 1969/70 auf, außer Tismer-Puschner (1974) und Lehr (2008). Bei seiner Auflösung im Jahr 2017 hatte der Club noch 190 Mitglieder. Hannelore Fuchs (1929–2017) konnte für dieses Buch nicht mehr befragt werden.

8 UAB Kl. Slg. 331, Dokumentation «arbeitskreis emanzipation», S. 16 f.: Renger an Florence Murray-Hervé, 1.6.1970, sowie Replik des AKE.

9 Hervé an Horst-Pierre Bothien, 11.9.2007, in SMB, Handakte Bothien.

10 Insbesondere in: Kuhn u. a., Hg., 100 Jahre Frauenstudium; *FrauenPerspektiven* Nr. 23, Wintersemester 2008/09, hg. v. Gleichstellungsbeauftragter der Universität Bonn.

11 Als Beispiele nur: Norbert Frei, 1968; Wolfgang Kraushaar, Achtundsechzig; Klimke, The Other Alliance; Cohn-Bendit und Dammann, Hg., 1968: Die Revolte.

12 Wehler, Deutsche Gesellschaftsgeschichte 1949–1990, S. 172, 184. Herbert, Geschichte Deutschlands, S. 861, 921 f.; vgl. S. 844 die fast wortgleiche Beurteilung des amerikanischen «Women's Liberation Movement». Conze, Die Suche nach Sicherheit, S. 403–405, vgl. 355.

13 Maurer, Gespaltenes Gedächtnis?, S. 119. Vgl. Evans, Sons, Daughters and Patriarchy, S. 331 ff.; Clifford, Gildea und Warring, Gender and sexuality, S. 239; Themenheft Zeitschrift *L'homme* 2009.

14 Wienhaus, Bildungswege zu 1968, S. 102 (mit Bezug auf West-Berlin).

15 Damm-Rüger starb 1995. Damm, Meine Mutter, die 68erin, S. 25.

16 Der SDS gab 1970 auf. Vgl. Herbert, Geschichte Deutschlands, S. 859 ff.; Koenen, Das rote Jahrzehnt.

17 Zit. nach: Bendkowski, Hg., Antiautoritärer Anspruch und Frauenemanzipation.

18 Helke Sander am 13.9.1968 in: Lenz, Hg., Die neue Frauenbewegung, S. 63, 61 f. (Großschreibung hinzugefügt). Zum Zustrom vgl. auch Schulz, Der lange Atem der Provokation, S. 84.

19 Frei, 1968, S. 228, vgl. 134 ff. Zu «doing gender» West und Zimmermann, Doing Gender, sowie Zeitschriften-Themenheft *Gender and Society* 23 (1), 2009.

20 Gretchen Dutschke-Klotz in: Kätzel, Hg., Die 68erinnen, S. 284, 287, vgl. 282, 294 f.

21 Gretchen Dutschke-Klotz, Nachwort, S. 374, 375 f., 385.

22 Ebd., S. 376; dies., Wir hatten ein barbarisches, schönes Leben, S. 160.

23 Gretchen Dutschke-Klotz, Nachwort, S. 393 f.

24 Pfeil, Die 23jährigen, S. 36 f., 46 ff., 55, 62 ff.

25 Zellmer, Töchter der Revolte, S. 30 ff.

26 Vgl. von Oertzen, Teilzeitarbeit und die Lust am Zuverdienen.

27 Pfeil, Die 23jährigen, S. 78 f., 87 f., 93.

28 Elke Regehr in: Kätzel, Hg., Die 68erinnen, S. 82, 92, vgl. 95 (ähnlich: Elsa Rassbach ebd., S. 63; Hedda Kuschel ebd., S. 122). Karin Adrian ebd., S. 254 f.; Helke Sander ebd., S. 177.

29 Vgl. Pfeil, Die 23jährigen, S. 48–51.

30 Elsa Rassbach in: Kätzel, Hg., Die 68erinnen, S. 65 f., vgl. S. 69, 73; Sarah Haffner ebd., S. 149; Dagmar Przytulla, geb. Seehuber, ebd., S. 205 (ähnlich auch Elke Regehr und Helke Sander ebd., S. 85 f., 169; ungenannte Aktivistin bei Schulz, Der lange Atem der Provokation, S. 81). Gretchen Dutschke-Klotz in: Kätzel, Hg., Die 68erinnen, S. 281, vgl. 289 f.

31 Zit. nach: Günther, «Meine Geschichte – die 68er-Generation» (Sendung auf *Phönix*, 2008).

32 Christel Kalisch, geb. Bookhagen, in: Kätzel, Hg., Die 68erinnen, S. 266; Elke Regehr ebd., S. 85 f.

33 Vgl. Reichardt, Authentizität, S. 612; Clifford, Gildea und Warring, Gender and Sexuality, S. 252 f.

34 Buhmann, Ich habe mir eine Geschichte geschrieben, S. 162 (mit Bezug auf die Frankfurter Universität); Steffen am 24. November 1968 auf einer SDS-Konferenz in Hannover (zit. nach: Schulz, Der lange Atem der Provokation, S. 88); Sander am 13.9.1968 auf der 23. Delegiertenkonferenz des SDS, in: Lenz, Hg., Die neue Frauenbewegung, S. 60, 63 (Großschreibung hinzugefügt).

35 Vgl. nur Thon, Frauenbewegung; Lenz Hg., Die neue Frauenbewegung; Schulz, Der lange Atem der Provokation; Bendkowski, Hg., Wie weit flog die Tomate?; Wiggershaus, Geschichte der Frauen, S. 111 f.

36 Sander, Der Seele ist das Gemeinsame eigen, S. 52 f. Vgl. Schulz, Der lange Atem der Provokation, S. 85.

37 «Die Frauen im SDS oder In eigener Sache», *konkret* Nr. 12/1968.

38 Lenz, Hg., Die neue Frauenbewegung, S. 53 ff., 55 ff. Schulz, Der lange Atem der Provokation, S. 84. UAB Kl. Slg. 331, Dokumentation «arbeitskreis emanzipation», S. 9, 37.

39 Helke Sander in: Kätzel, Hg., Die 68erinnen, S. 167, vgl. 165 ff.

40 Reichardt, Authentizität, S. 722 ff.; vgl. Zellmer, Töchter der Revolte, S. 31, 70 f.

41 Zahlen aus 1964, nach Pfeil, Die 23jährigen, S. 84 ff.

42 Im SDS war jeder Achte verehelicht: Wienhaus, Bildungswege zu 1968, S. 100; Hervé, Studentinnen, S. 74 (Zahl aus 1971).

43 SMB-Gespräch mit Judith Olek, geb. Ramm, vom 8.12.2005.

44 Hervé, Studentinnen, S. 110. Zu Bonner Kinderläden vgl. UAB 081/173, Bericht von Morus Markand, *Psycho-Info* 7 vom 25.1.1971.

45 Interview der Autorin mit Florence Hervé vom 18.5.2017.

46 Hervé ebd. sowie zit. nach: Günther, «Meine Geschichte – die 68er-Generation» (Sendung auf *Phönix*, 2008). Helke Sander in: Kätzel, Hg., Die 68erinnen, S. 163 f. Die Nordamerikanerinnen Gretchen Dutschke-Klotz und Elsa Rassbach brachten Erfahrungen mit Frauencolleges und das Wissen um Beatniks und Kommunen in die Bewegung ein: ebd., S. 62 f., 282.

47 Helke Sander ebd., S. 163. Hanna B. zit. nach: Runge, Emanzipationen, S. 73 ff. (Rechtschreibung im Original).

48 Memorandum des Kuratoriums des Studentenwerks 1967, zit. nach: Hervé, Studentinnen, S. 84, vgl. auch 74 ff.

49 Sarah Haffner, Karin Adrian und Frigga Haug in: Kätzel, Hg., Die 68erinnen, S. 144, 243, 184 f., 191. Ähnlich Marlies Arndt in: Thon, Frauenbewegung, S. 190 ff.

50 Zellmer, Töchter der Revolte, S. 49 ff.

51 Zahlen aus 1964: Pfeil, Die 23jährigen, S. 83 f.

52 Karin Adrian in: Kätzel, Hg., Die 68erinnen, S. 243, 246. Ähnliche Schilderungen bei Sigrid Fronius, ebd., S. 25, und Hedda Kuschel, ebd., S. 123. Beatrix Novy zit. nach: Günther, «Meine Geschichte – die 68er-Generation» (Sendung auf *Phönix*, 2008).

53 Hedda Kuschel in: Kätzel, Hg., Die 68erinnen, S. 130; vgl. ein Beispiel aus dem Münchner SDS 1967 in Zellmer, Töchter der Revolte, S. 64.

54 Sander, Der Seele ist das Gemeinsame eigen, S. 47.

55 Susanne Schunter-Kleemann in: Kätzel, Hg., Die 68erinnen, S. 116, 112; Karin Adrian ebd., S. 248; Christel Kalisch, geb. Bookhagen, ebd., S. 263.

56 Beispiele: Dagmar Przytulla, geb. Seehuber, ebd., S. 207; Gretchen Dutschke-Klotz, ebd., S. 286; dies., Wir hatten ein barbarisches, schönes Leben, S. 117.

57 Helke Sander in: Kätzel, Hg., Die 68erinnen, S. 172. Vgl. dazu Ingrid Schmidt-Harzbach bei einer Diskussion ehemaliger SDS-Mitglieder im Jahr 1985, in: Lönnendonker, Hg., Linksintellektueller Aufbruch, S. 228 f.

58 Lutz von Werder ebd., S. 209. Vgl. auch Urs Müller-Plantenberg ebd., S. 231; Frigga Haug in: Kätzel, Hg., Die 68erinnen, S. 192 f.

59 Vgl. Beiträge in: Lönnendonker, Hg., Linksintellektueller Aufbruch, S. 207 ff., 214 ff., 226 ff. Zitat Annemarie Tröger ebd., S. 214.

60 Vgl. Annette Schwarzenau in: Kätzel, Hg., Die 68erinnen, S. 48 f., 56 ff.; Helke Sander ebd., S. 171 f. Zur Demonstration: *Der Spiegel* Nr. 24, 9.6.1969, S. 85.

61 Zur Sexualität siehe Kapitel 6. Vgl. hier nur Dagmar Przytulla, geb. Seehuber, in: Kätzel, Hg., Die 68erinnen, S. 208 ff.

62 Vgl. Helke Sander in: ebd., S. 167 ff.; weiterhin Hedda Kuschel ebd., S. 128 f. Näheres zu Kinderläden bei van Rahden, Eine Welt ohne Familie; Reichardt, Authentizität, S. 728 ff., sowie (in Bayern) Zellmer, Töchter der Revolte, S. 68 ff.

63 Der tägliche Betrieb bedeutete auch «für die Erwachsenen Verantwortung und Disziplin, die sie erst lernen mussten.» UAB 081/173, Bericht von Morus Markand in: *Psycho-Info* Nr. 7, 25.1.1971, S. 12 f.

64 Die Frankfurter Weiberrats-Mitgründerin Silvia Bovenschen in: «Kinder sind die Falle», *Der Spiegel* Nr. 2, 10.1.2011, S. 108. Vgl. auch Helke Sander in: Kätzel, Hg., Die 68erinnen, S. 164, sowie Jutta Ditfurth (in: Protokoll Ringvorlesung Freie Universität Berlin vom 27.4.1988, http://www.infopartisan.net/archive/1968/29703.html, Zugriff 27.4.2017).

65 Zit. nach: Bendkowski, Hg., Antiautoritärer Anspruch und Frauenemanzipation.

66 Sarah Haffner in: Kätzel, Hg., Die 68erinnen, S. 151, vgl. 149 f. Vgl. Elke Regehr und Gretchen Dutschke-Klotz ebd., S. 89, 282, 295.

67 Anonymisiertes SMB-Gespräch aus dem Jahr 2005/2006. Auch Silvia Bovenschen erinnerte sich an die Zubereitung von «Bratkartoffeln» für die Revolutionäre, zit. nach: Bendkowski, Hg., Antiautoritärer Anspruch und Frauenemanzipation.

68 Gretchen Dutschke-Klotz, Wir hatten ein barbarisches, schönes Leben, S. 81; Annemarie Tröger in: Lönnendonker, Hg., Linksintellektueller Aufbruch, S. 216; Susanne Schunter-Kleemann in: Kätzel, Hg., Die 68erinnen, S. 111.

69 Vgl. die Analyse von Frauenzeitschriften der sechziger bis achtziger Jahre in Röser, Frauenzeitschriften; Langer-ElSayed, Frau und Illustrierte.

70 Zur Rezeption der Serie vgl. von Hodenberg, Ekel Alfred und die Kulturrevolution.

71 Vgl. Obermaier, High Times; Cornils, Writing the Revolution, S. 141 ff.

72 Zitate aus: *Der Spiegel* Nr. 48, 25.11.1968, S. 60–62. Vgl. auch *Der Spiegel* Nr. 39, 23.9.1968, S. 77 f.; Sarah Haffner und Gretchen Dutschke-Klotz in: Kätzel, Hg., Die 68erinnen, S. 151, 284.

73 Vgl. Ashwin, Women and the Transition from Communism.

74 Wie etwa Sigrid Fronius, damals AStA-Vorsitzende der FU Berlin: Kätzel, Hg., Die 68erinnen, S. 28, 36.

75 Zit. nach: Bendkowski, Hg., Antiautoritärer Anspruch und Frauenemanzipation. Ein zentraler Text wurde Schrader-Kleberts Aufsatz «Die kulturelle Revolution der Frau» vom Juni 1969, der die Frau als unmündig gehaltene Arbeitssklavin im Haushalt deutete.

76 Zur vergessenen Tradition vgl. Dischner, Eine stumme Generation; Gerhard, Unerhört; Hervé, Hg., Geschichte der deutschen Frauenbewegung.

77 Zit. in Bendkowski, Hg., Antiautoritärer Anspruch und Frauenemanzipation. Ähnlich das Interview der Autorin mit Florence Hervé vom 18.5.2017.

78 Vgl. Annemarie Tröger in: Lönnendonker, Hg., Linksintellektueller Aufbruch, S. 215; Gretchen Dutschke-Klotz in: Kätzel, Hg., Die 68erinnen, S. 281; Dagmar Przytulla, geb. Seehuber, ebd., S. 218; Sander ebd., S. 162 f.; Elsa Rassbach ebd., S. 63.

79 Frigga Haug ebd., S. 192. Vgl. dies., Wie Pelagea Wlassowa Feministin wurde, S. 189 ff. Ähnlich Ingrid Schmidt-Harzbach zu Frauenbetriebsgruppen in Berlin, in: Lönnendonker, Hg., Linksintellektueller Aufbruch, S. 227 f. Zu Frankfurt und München: Schulz, Der lange Atem der Provokation, S. 149 f.; zu Bonn Florence Hervé in: *FrauenPerspektiven* Nr. 23, Wintersemester 2008/09, hg. v. Gleichstellungsbeauftragter der Universität Bonn, S. 15.

80 Bovenschen zit. nach: Bendkowski, Hg., Antiautoritärer Anspruch und Frauenemanzipation; vgl. Sander in: Kätzel, Hg., Die 68erinnen, S. 174. Vgl. auch Schulz, Der lange Atem der Provokation, S. 92 ff.; Nave-Herz, Die Geschichte der Frauenbewegung, S. 56.

81 Vgl. dazu Haug, Wie Pelagea Wlassowa Feministin wurde, S. 189 ff.; Christel Kalisch, geb. Bookhagen, in: Kätzel, Hg., Die 68erinnen, S. 264.

82 Ebd., S. 86, 130, 218, 253, vgl. S. 151, 253.

83 Nave-Herz, Die Geschichte der Frauenbewegung, S. 80.

84 Als Beispiele Elsa Rassbach, in: Kätzel, Hg., Die 68erinnen, S. 74 f., sowie Frau Schaal in: Dehnavi, Das politisierte Geschlecht, S. 272. Zu beziehungssprengenden Wohngemeinschaften ebd., S. 270, 312 f.

85 Lehmann, Matriarchat nicht Proletariat!, S. 41 ff.

86 Ebd., S. 46.

87 Kommune 2, Kindererziehung in der Kommune, S. 174. Hierzu auch Christel Kalisch, geb. Bookhagen, in: Kätzel, Hg., Die 68erinnen, S. 267.

88 Karin Adrian ebd., S. 248 f., vgl. 252 f. Vgl. auch Gretchen Dutschke-Klotz ebd., S. 286: «Überhaupt jemanden zu lieben war irgendwie falsch», nämlich «patriarchalisch oder bürgerlich».

89 Sven Reichardt, Von Beziehungskisten, S. 267 f., 280.

90 Lehmann, Matriarchat, S. 45.

91 Reichardt, Von «Beziehungskisten», S. 278, 280.

92 Viola Roggenkamp, «Lysistrata geht um», *Die Zeit* Nr. 18, 22.4.1977.

93 Vgl. Koenen, Das rote Jahrzehnt, S. 162 ff., Zitat S. 165.

94 Annette Schwarzenau in: Kätzel, Hg., Die 68erinnen, S. 50, 57; Kuschel ebd., S. 125. Vgl. auch zwei Beispiele aus Bayern in der Filmdokumentation «Die Kinder der sexuellen Revolution», WDR 2016.

95 Passerini, Autobiography of a Generation, bes. S. 32 ff., 84, 95 ff.

96 Dagmar Przytulla, geb. Seehuber, in: Kätzel, Hg., Die 68erinnen, S. 169, 215 f. Über gegenseitige Rivalitäten berichten auch andere ebd., S. 71, 151, 218, 255 f.

97 SMB-Gespräch mit Heidrun Lotz vom 4.5.2006.

98 Elke Regehr in: Kätzel, Hg., Die 68erinnen, S. 99, vgl. Sigrid Fronius ebd., S. 27, 21. Sarah Haffner ebd., S. 141 f.; Helke Sander, ebd., S. 161. Vgl. auch Elsa Rassbach und Elke Regehr ebd., S. 62, 96. Ähnlich zwei Frankfurter Zeitzeuginnen in: Dehnavi, Das politisierte Geschlecht, S. 165, 170.

99 Zit. nach: «68er an Rhein, Ruhr und Weser.» WDR-Dokumentarfilm von Carsten Günther (2008), Teil 2.

100 Frigga Haug in: Kätzel, Hg., Die 68erinnen, S. 181 f. Weitere Beispiele ebd., S. 76, 101 f., 203, 261. Vgl. auch Interview der Autorin mit Florence Hervé vom 18.5.2017, mit Bezug auf eine ihrer deutschen Gastfamilien.

101 Beispiele sind etwa Elke Regehr in: Kätzel, Hg., Die 68erinnen, S. 98 f., sowie Befragte von Thon, Frauenbewegung, S. 428, 155.

102 Pfeil, Die 23jährigen, S. 111 ff., 136. Ähnliche Ergebnisse aus 1964 bei Blücher, Generation der Unbefangenen, S. 102.

103 Pfeil, Die 23jährigen, S. 136.

104 Siehe oben, Kap. 3. Vgl. Stambolis, Aufgewachsen in «eiserner Zeit», S. 132 ff.; Bode, Die vergessene Generation, S. 149 ff.; Stambolis, Töchter ohne Väter, S. 87 ff.

105 Interview der Autorin mit Helga Merker vom 28.2.2017. Merker, Generations-Gegensätze, S. 45, 49 ff. Siehe auch oben, Nachtrag zur Quellengrundlage.

106 Transkripte, alle aus BO A17: Frau Hirsch, S. 3 f., 6; Frau Angermann, S. 3; Frau Stehr, S. 2, 5; Frau Faust, S. 2 f.; Frau Seifert, S. 3 f.

107 Frau Zorn, S. 1; Frau Banse, S. 1, 4; Frau Eichhorn, S. 2, 4.

108 Etwa Frau Stamm, S. 2; Frau Borchert, S. 5; Frau Baumann, S. 3.

109 Merker, Generations-Gegensätze, S. 181, vgl. S. 183 f., 232 f. Zu den Ergebnissen des PARI-Fragebogens (Parental Attitude Research Instrument) ebd., S. 209 ff., vgl. S. 313 ff., 50.

110 Vgl. Tabelle ebd., S. 180. Zur Sicht der Jungen auch Blücher, Generation der Unbefangenen, S. 127 ff.; Pfeil, Die 23jährigen, S. 142 f.

111 Vgl. Merker, Generations-Gegensätze, S. 88, 77, 94.

112 BO A 17: Frau Borchert, S. 4 f.; Frau Fischer, S. 8; Frau Zabel, S. 1 ff., 9. Frau Rottorf, S. 1 f. Frau Hahn, S. 3. Ähnlich Frau Russ, S. 1.

113 Frau Langer, S. 2; Frau Hirsch, S. 5 f., 1; Frau Angermann, S. 4, 6. Relativ streng: Frau Anz, S. 1 f.; Frau Ruhle.

114 Blücher, Generation der Unbefangenen, S. 109 f. Vgl. auch Pfeil, Die 23jährigen, S. 106 f.; Siegfried, Time is on my side, S. 68 f.

115 Vgl. BO A17: Frau Örtel, S. 2 f.; Frau Borchert, S. 1, 3; Frau Sachse, S. 2; Frau Stehr, S. 1; Frau Hahn, S. 12.

116 Frau Strube, S. 1–4. Frau Anz, S. 2, 4. Vgl. auch Frau Zorn, S. 1. Die unterschiedliche Beurteilung des eigenen und fremden Nachwuchses ist auch statistisch belegbar, vgl. Merker, Generations-Gegensätze, S. 158.

117 Ebd., S. 70, 141, 143 f., 300 ff.

118 Seegers, «Vati blieb im Krieg», S. 181, 196 f. Pfeil, Die 23jährigen, S. 82. Vgl. Dehnavi, Das politisierte Geschlecht, S. 167, 195.

119 BO A17: Frau Russ, S. 13 f. Ähnlich Frau Wagenknecht, S. 9 f.; Frau Ruhle, S. 17–19; Frau Esser, S. 10; Frau Hahn, S. 11 f.; Frau Linke, S. 6.

120 Frau Zabel, S. 14; Frau Märker, S. 4; Frau Gröpsch, S. 4. Ähnlich Frau Schauer, S. 4.

121 PARI-Skalen Nr. 3 und 13, Auswertung bei Merker, Generations-Gegensätze, S. 209 f., vgl. S. 313 ff. sowie Tabellenanhang B (erhältlich in Deutscher Nationalbibliothek Leipzig), S. 11.

122 BO A17: Frau Anz, S. 7; Frau Weser, S. 4 f.

123 Vgl. Frau Kloppe, S. 4; Frau Baumann, S. 3 f. Frau Damm, S. 4; Frau Gutsche, S. 6 f.; Frau Arnhold, S. 4; Frau Strube, S. 6.

124 13 Prozent der Mädchen gegenüber vier Prozent der Jungen gaben 1964 an, sie seien gegen ihren ausdrücklichen Wunsch in ihren aktuellen Beruf gezwungen worden: Pfeil, Die 23jährigen, S. 198 f. Vgl. Merker, Generations-Gegensätze, S. 182. Lehr sprach 1969 von einer «Einengung» der Frau durch «familiäre Rücksichten» (Frau im Beruf, S. 397).

125 Lehr, Frau im Beruf, S. 136 ff., 162 ff.

126 Dagmar Przytulla, geb. Seehuber, in: Kätzel, Hg., Die 68erinnen, S. 202. Dehnavi, Das politisierte Geschlecht, S. 195 f. Vgl. ähnliche Auseinandersetzungen mit dem Vater bei der Frankfurter Studentin Frau Schaal (ebd., S. 178 f.) sowie Monika Cadenberg und Marlies Arndt (Thon, Frauenbewegung, S. 281, 186).

127 Zit. nach: Dehnavi, Das politisierte Geschlecht, S. 193 f. Auch Hedda Kuschels Stiefvater vereitelte Bildungspläne: Kätzel, Hg., Die 68erinnen, S. 121 f.

128 Karin Adrian ebd., S. 239, 254 f. Vgl. Dehnavi, Das politisierte Geschlecht, S. 175 f.

129 Frau Esser, geb. 1945, zit. nach: ebd., S. 173, 165.

130 BO A17: Frau Krause, S. 7; Frau Gröpsch, S. 1.

131 Ebd., Frau Weser, S. 4. Ähnlich Frau Borchert, S. 6; Frau Rottorf, S. 3.

132 Ebd., Frau Esser, S. 2; Frau Gutsche, S. 3 f., vgl. S. 6 f.

133 Lehr, Frau im Beruf, S. 132.

134 Vgl. etwa Sarah Haffner in: Kätzel, Hg., Die 68erinnen, S. 141; Helke Sander ebd., S. 161. Zur Bildungsexpansion vgl. Zellmer, Töchter der Revolte, S. 32 ff.

135 Zum Studiendesign siehe oben, Kapitel 2.
136 Interview der Autorin mit Ingrid Tismer-Puschner vom 4.8.2015.
137 Schmitz-Scherzer, Freizeit im Alter, S. 65 ff., 82 f.
138 Renner, Strukturen sozialer Teilhabe, S. 211, 218, 228, vgl. S. 177.
139 Aus 1966; die 30- bis 44-Jährigen lagen bei 29, die 45- bis 59-Jährigen bei 31 Prozent Zustimmung. Noelle und Neumann, Hg., Jahrbuch der öffentlichen Meinung 1965–1967, S. 150.
140 Männer und Frauen gemeinsam: ebd., S. 65.
141 Zit. nach: Silies, Liebe, Lust und Last, S. 343.
142 Dagmar Przytulla, geb. Seehuber, in: Kätzel, Hg., Die 68erinnen, S. 202.
143 Karin Adrian in: ebd., S. 243, 255.
144 Zit. nach: Silies, Liebe, Lust und Last, S. 340 f.
145 Elisabeth Beck-Gernsheim zit. nach: Silies, Liebe, Lust und Last, S. 421; Thon, Frauenbewegung, S. 60.
146 Ebd., S. 268 f. Vgl. Hausen, Frauenerwerbstätigkeit, S. 21 ff.; Silies, Liebe, Lust und Last, S. 421.
147 Letztlich hatte sie «keinen Fall solcher Emanzipation gefunden» und stattdessen «repräsentativ» Tonbandprotokolle von Frauen aus verschiedenen Milieus gesammelt. Dazu gehörten eine Jüdin, mehrere Kommunistinnen und anderweitig politisch Aktive. Zit. nach: Frasl, Studien zur Protokoll-Literatur, S. 72. Runge, Frauen: Versuche zur Emanzipation, S. 271.
148 Thon, Frauenbewegung, S. 186 und 255, vgl. S. 182 ff., 260, 279, 413. Weitere Beispiele in: Silies, Liebe, Lust und Last, S. 339 ff.; Kätzel, Hg., Die 68erinnen, S. 158.
149 Thon, Frauenbewegung, S. 271 ff., 288 ff., 154 ff.
150 Vgl. ebd., S. 61, 155, 412, 430 f.
151 Zit. in: Kätzel, Hg., Die 68erinnen, S. 58 f. Vgl. auch Elke Regehr, Helke Sander und Gretchen Dutschke-Klotz ebd., S. 96 f., 178 f., 294.
152 Tröger wollte «auf keinen Fall» behaupten, dass im SDS «Frauen die wesentlichen politischen Lehrerinnen gewesen sind und nicht die Männer». Zit. nach: Lönnendonker, Hg., Linksintellektueller Aufbruch, S. 218 f., 232, 234.
153 Vgl. Helke Sander in: Kätzel, Hg., Die 68erinnen, S. 177.
154 Alle Zitate aus Bendkowski, Hg., Antiautoritärer Anspruch und Frauenemanzipation.
155 Susanne Schunter-Kleemann in: Kätzel, Hg., Die 68erinnen, S. 118 f., 115, 109. Vgl. Elsa Rassbach ebd., S. 74, 77; Eke Regehr ebd., S. 97; Gretchen Dutschke-Klotz ebd., S. 296.
156 Insbesondere in den USA werden diese heute als weiße Mittelklassegruppen abqualifiziert, die nicht-weiße, lesbische und Unterschichtenfrauen ausgeschlossen hätten: Evans, Women's Liberation. Zu Westdeutschland vgl. Schulz, The Women's Movement, S. 290 f.; Zellmer, Töchter der Revolte, S. 7 f., 266 f.; Stöhr, Feminismen und politische Kultur, S. 155 ff.; Thon, Frauenbewegung, S. 51 ff.
157 *Der Spiegel* Nr. 26, 21.6.1976, S. 144 ff. Vgl. *Der Spiegel* Nr. 37, 8.9.1975 («Penetrieren unerwünscht»), S. 130 f.; Titel Nr. 27, 30.6.1975; Nr. 36, 2.9.1974.
158 UAB Kl. Slg. 331, Dokumentation «arbeitskreis emanzipation», S. 42.

159 *GA Bonn*, 16.5.2014; *Kölnische Rundschau*, 22.11.2005.

160 Die Band «Bonner Blaustrümpfe» gründete sich sogar schon 1974. Vgl. http://www.lesbengeschichte.de/staedte_bonn_d.html (Zugriff 16.7.2017).

161 Schmincke, Von der Politisierung des Privatlebens, S. 297 ff. (Zitat S. 297); vgl. Paulus, Silies und Wolff, Die Bundesrepublik, S. 15 ff.

162 Vgl. Benninghaus, Das Geschlecht der Generation; Möckel, Erfahrungsbruch und Generationsbehauptung.

163 Silies, Liebe, Lust und Last, S. 426 f.

6 Wer zweimal mit derselben pennt: Varianten sexueller Befreiung

1 Anonymisiertes Zeitgenossengespräch. Die folgende Konditorei-Szene ist unter Verwendung von Probandenakten rekonstruiert. Die Zitate stammen aus Versuchsleitermitschriften und Tonbandmitschnitten.

2 TB 168 (2624) Dg. 3; TB 88 (2610) Dg. 3; BO 2702, Dg. 3, GP; BO 1710, Dg. 3, Char., GP, Ex. 3; BO 1756, Dg. 3, TV, GP; BO 1628, Dg. 3, GP; TB 38 (1735) Dg. 3.

3 Frau Mutschmann sollte als Zeugin in dem von ihrer Freundin angestrengten Prozess aussagen. BO 2702, Dg. 1 (1965), Char.

4 Notiz Schreiner: «vom Band abgeschrieben, da Mitschrift unmöglich». BO 1628, Dg. 3, VB.

5 BO 1628, Dg. 3, AGD, Char.

6 Das Bolsa-Team lehnte Freuds Auffassung von verhaltensbestimmenden sexuellen Trieben ab, vgl. Thomae, Das Individuum und seine Welt, 1. A., S. 188 f.

7 Zitat: Steinbacher, Wie der Sex nach Deutschland kam, S. 10 f. Vgl. Herzog, Sexuality in Europe, S. 133 ff.; Eder, Die lange Geschichte der «sexuellen Revolution».

8 Stimmungsbericht über das Sommerfest vom 10.7.1968, UAB 081/13 (vgl. Presseberichte ebd.).

9 Die Bonner hinkten den West-Berlinern hinterher, wo die Koituserfahrung bei 74 und 72 Prozent lag. Giese und Schmidt, Studenten-Sexualität, S. 23, 88 (Zitat), 340 f.

10 Frigga Haug, die in Berlin studierte, in: Kätzel, Hg., Die 68erinnen, S. 196. *Bonner Rundschau*, 6.7.1968, UAB 081/13.

11 Vgl. *Der Spiegel* Nr. 16, 15.4.1968, S. 67 f.; *Die Zeit*, 20.12.1996.

12 Krista Sager mit Bezug auf 1969, zit. nach: Silies, Liebe, Lust und Last, S. 338 f. SMB-Gespräch mit Bernd Ramm vom 12.4.2006.

13 Zeitzeugenberichte in: Heinzel, Fanelli u. a., Die 68er in Göttingen (DVD). Vgl. auch den Bonner Studenten Ulrich Wickert dazu in: «68er an Rhein, Ruhr und Weser», WDR-Dokumentarfilm von Carsten Günther (2008), Teil 1.

14 Pardon-Dokumente, Lieben und lieben lassen, S. 23 f., 27. Vgl. *Der Spiegel* Nr. 36, 2.9.1968, S. 60 f.

15 Giese und Schmidt, Studenten-Sexualität, S. 188, 392.

16 Vier Jahre früher: Schmidt und Sigusch, Arbeiter-Sexualität, S. 132 f., 84 f. Eder, Die lange Geschichte der «sexuellen Revolution», S. 32, 43 f. Vgl. Herzog, Sex after Fascism, S. 147, 151 f.

17 Herzog, Sex after Fascism, S. 126 f.

18 Zit. nach: *Der Spiegel* Nr. 35, 26.8.1968, S. 50; vgl. Giese und Schmidt, Studenten-Sexualität, S. 192; Schmidt und Sigusch, Arbeiter-Sexualität, S. 56.

19 Eder, Die lange Geschichte der «sexuellen Revolution», S. 34 ff.; Silies, Liebe, Lust und Last, S. 102 ff.; Silies, Wider die natürliche Ordnung.

20 Immer wieder hatte der AStA auch Wohnheimplätze für studentische Ehepaare gefordert. Vgl. UAB 081/164; von der Goltz, Von alten Kämpfern, S. 68 f.

21 Ebd.; SMB-Gespräch mit Rudolf Pörtner vom 26.10.2005. Ehrenberg, Ein Stück Erinnerung. Ähnliche Aktionen fanden in Hamburg (Silies, Liebe, Lust und Last, S. 309) und Göttingen statt, wo die Studentenzeitschrift Adressen von Ärzten veröffentlichte (Heinzel, Fanelli u. a., Die 68er in Göttingen, DVD).

22 Zit. nach: «68er an Rhein, Ruhr und Weser», WDR-Dokumentarfilm von Carsten Günther (2008), Teil 2.

23 Giese und Schmidt, Studenten-Sexualität, S. 389 f. Auch bei jungen Arbeitern herrschte eine vergleichbar «erschreckende Fahrlässigkeit» vor (Schmidt und Sigusch, Arbeiter-Sexualität, S. 54 f.). *Der Spiegel* Nr. 35, 26.8.1968, S. 48; Eder, Die lange Geschichte der «sexuellen Revolution», S. 44.

24 Vgl. Schmidt und Sigusch, Arbeiter-Sexualität, S. 46, sowie die Aussagen von Befragten bei Thon, Frauenbewegung, S. 188; Silies, Liebe, Lust und Last, S. 303, 329 f., 333, 335.

25 UAB 081/37: AStA-Vorsitzender Booß an Rektor, 24.4.1967; Rektor an AStA-Vorsitzenden Pörtner, 13.5.1967. Vermerk zur Unterredung des Rektors mit dem AStA am 18.5.67, datiert 23.5.67 (gez. Ne.). Pörtner in *akut* Nr. 35, Oktober 1967, S. 17. Vgl. auch *akut* Nr. 41, Juli 1968, S. 19. Zu Hackspiel Bothien, Protest und Provokation, S. 67.

26 Vgl. *akut* Nr. 42, 17.10.1968, S. 1, 5; Nr. 43, 1.11.1968, S. 4 f. (hier die Reaktion des *Rheinischen Merkurs*); Nr. 44, 22.11.1968, S. 10. Selbstbeschreibung des SPD-Mitglieds Jung im Wahlflugblatt des SHB, UAB 081/37. Zwei kritische Leserbriefe von männlichen Studenten der katholischen Theologie in *akut* Nr. 35, Oktober 1967, S. 25. Zitat: *Der Spiegel* Nr. 14, 27.3.1967, S. 66. *Express* (Ausgabe Bonn), 12.12.1966 und 11.3.1967. Vgl. *akut* Nr. 29/30, Dez. 1966/ Jan. 1967, S. 4, 19.

27 Steinbacher, Wie der Sex nach Deutschland kam, S. 304, 329, 356, 352 ff. Zu Versandhäusern vgl. Heineman, The economic miracle in the bedroom, bes. S. 858 f.

28 Herzog, Sex after Fascism, S. 129 ff., 148.

29 Vgl. Umfragen in Noelle und Neumann, Hg., Jahrbuch der öffentlichen Meinung 1956–1964, S. 589 f.; dies., Hg., Jahrbuch der öffentlichen Meinung 1968–1973, S. 76 ff. Vgl. auch Eder, Die lange Geschichte der «sexuellen Revolution», S. 26 f.

30 Ehrenberg, Ein Stück Erinnerung. SMB-Gespräch mit Hans Günter Jürgensmeier vom 28.2.2006.

31 Giese und Schmidt, Studenten-Sexualität, S. 192 f., Zitat 393. Vgl. Noelle und Neumann, Hg., Jahrbuch der öffentlichen Meinung 1956–1964, S. 589; dies., Hg., Jahrbuch der öffentlichen Meinung 1968–1973, S. 244; Noelle, Hg., Allensbacher Jahrbuch 1974–1976, S. 25.

32 Im Juni 1970 beteiligte sich der AKE an Flugblättern der Bonner Fachschaft Medi-

zin, die sich gegen die Lebensbedingungen von «Hausschwangeren» (mittellosen hochschwangeren Frauen in Krankenhäusern) wandte, betonte aber stärker deren ökonomische als körperliche Ausbeutung. UAB Kl. Slg. 331, Dokumentation «arbeitkreis emanzipation», S. 18 ff. Interview der Autorin mit Florence Hervé vom 18.5.2017.

33 Eitler, Die «sexuelle Revolution», S. 238, 242; Balestracci, The Influence of American Sexual Studies.

34 Noelle und Neumann, Hg., Jahrbuch der öffentlichen Meinung 1968–1973, S. 244; dies., Hg., Jahrbuch der öffentlichen Meinung 1956–1964, S. 591. Eder, Die lange Geschichte der «sexuellen Revolution», S. 33, 36, 42, 44 f.; Griffiths, Gay Politics, S. 28 f.

35 Ebd., S. 64 ff., 74 ff.

36 Vgl. Eitler, Die «sexuelle Revolution», S. 237 ff.; Brown, West Germany and the Global Sixties, 309 ff.

37 Herzog, Sex after Fascism, S. 152 ff. Rainer Langhans zit. nach: Günther, «Meine Geschichte – die 68er-Generation» (Sendung auf *Phönix*, 2008).

38 Zum Angriff auf Adorno am 22.4.1969 vgl. Reimann, Das «Busen-Attentat»; zum K1-Foto Herzog, Sex after Fascism, S. 180 f.; zu Kinderläden Reichardt, Authentizität, S. 762 ff.; Koenen, Das rote Jahrzehnt, S. 166.

39 Beispielsweise: Reichardt, Authentizität, S. 649 ff.; Herzog, Sex after Fascism; Eitler, Die «sexuelle Revolution»; Perinelli, Longing, Lust, Violence.

40 Herzog, Sex after Fascism, S. 180 f.

41 Reichardt, Authentizität, S. 679 f., 682; vgl. Koenen, Das rote Jahrzehnt, S. 157 ff. Przytulla, geb. Seehuber, in: Kätzel, Hg., Die 68erinnen, S. 214, vgl. ebd. S. 29 f. (Sigrid Fronius), 111 f. (Susanne Schunter-Kleemann).

42 Reichardt, Authentizität, S. 719 f., 659 ff. Zum Frust durch polygame Experimente auch Verlinden, Sexualität und Beziehungen, S. 382 ff. Vgl. zum militanten Porno-Flügel der siebziger Jahre: Perinelli, Longing, Lust, Violence.

43 So die Zeitzeuginnen in: Kätzel, Hg., Die 68erinnen, S. 152 (Zitat), 197, 209–211, 241, 283. Vgl. auch Clifford, Gildea und Warring, Gender and Sexuality, S. 241 ff.

44 Evans, Sons, Daughters and Patriarchy, S. 337, 342 ff.

45 Vgl. Brown, West Germany and the global sixties, S. 294 f.

46 Steinbacher, Wie der Sex nach Deutschland kam, S. 356.

47 Reichardt, Authentizität, S. 675.

48 Bericht von Morus Markand über den «AKV-Kinderladen» in *Psycho-Info* Nr. 7, 25.1.1971, S. 12 f., UAB 081/173. Vgl. auch van Rahden, Eine Welt ohne Familie.

49 Das Pseudonym ist zusammengezogen aus mehreren Bonner Psychologiestudentinnen, deren Arbeit in BO A17 und der Dissertation Helga Merkers (Generations-Gegensätze) dokumentiert ist. Da diese Studentinnen für das vorliegende Buch nicht ausfindig gemacht werden konnten, sind sie auf diese Weise anonymisiert worden. Die Zitate stammen aus Gesprächsprotokollen in BO A17: Herr Stehr, S. 2, 6; Herr Wittek, S. 4.

50 Nach Merker, Generations-Gegensätze, S. 77 ff.

51 Die Männer im besten Alter redeten etwas seltener über Sex, wohl weil ein «Ver-

suchsleiter-Effekt» griff: Sie hielten sich zurück, weil sie von jungen, weiblichen Psychologiestudentinnen interviewt wurden. Dagegen saßen die über 60-Jährigen meist männlichen Explorateuren gegenüber. Ebd., S. 77 ff. (Zitat 82). Zum Sample ebd., S. 47 ff., sowie oben, Nachtrag zur Quellengrundlage.

52 Nach Merker, Generations-Gegensätze, S. 88. Gesamtwerte von 99 bis 101 Prozent entstehen durch Aufrundung.

53 Frau Borchert, S. 1 f., 5. Dieses und alle folgenden Zitate aus Gesprächen mit der mittleren Altersgruppe aus Transkripten in BO, A 17.

54 Herr Russ, S. 6; Herr Anschütz, S. 5 f. Frau Russ, S. 4; Herr Anz, S. 4; Frau Angermann, S. 6.

55 Frau Hahn, S. 10; Herr Hahn, S. 8 f.; Herr Lochny, S. 13.

56 Herr Senns und Frau Wagenknecht. Vgl. auch Noelle und Neumann, Hg., Jahrbuch der öffentlichen Meinung 1958–1964, S. 588.

57 Herr Arnhold, S. 5; Herr Tetzlaff, S. 2 f.; Herr Hagendorf, S. 7 f.

58 Herr Körber, S. 2 f.; Herr Hanke, S. 1 f.

59 Weitere typische Aussagen bei Herrn Knobl, Urban, Körber, Philipp, Tetzlaff, Heldt sowie Frau Linke und Frau Gutsche.

60 Frau Kloppe, S. 6, 8. Auch Frau Vormann hatte ihren sechs Kindern «ein kleines Buch gekauft» (S. 3).

61 Vgl. Silies, Liebe, Lust und Last, S. 338.

62 Herr Anz, S. 7.

63 Silies, Liebe, Lust und Last, S. 300–302, 334.

64 Beispiele ebd., S. 333 ff.

65 Herr Anschütz, S. 17 f.; Frau Hahn, S. 11 f.

66 Herr Schauer, S. 5; vgl. Herr Berger, S. 8.

67 Frau Anz, S. 7, 5; Herr Anz, S. 10.

68 Er begrüßte, dass in der Familie «das Zusammenleben … eine Portion natürlicher geworden» sei, denn man zeige sich den Kindern nackt, wohingegen er nie «meine Eltern auch nur halbbekleidet gesehen» hätte. Herr Baumann, S. 2–4.

69 Beispiele: Herr Scherz, S. 9; Herr Hahn, S. 2, 6; Herr Werder, S. 5, Herr Groth, S. 6 f.; Herr Kaym, S. 4; Herr Hagendorf, S. 5; Herr Lochny, S. 7; Herr Philipp, S. 1; Frau Sachse, S. 2.

70 Herr Tetzlaff, S. 3 f.; ähnlich Herr Urban, S. 1. Herr Märker, S. 1. Herr Tetzlaff, S. 1, vgl. Herr Örtel, S. 3 f.

71 Als Beispiele nur: Herr Hagendorf, S. 1–4; Frau Wagenknecht, S. 2 f.

72 Steinbacher, Wie der Sex nach Deutschland kam, S. 15 ff., 348 ff. Vgl. auch Höhn, GIs and Fräuleins.

73 Zum Import: Herr Knobl, Sieber, Galen; Frau Hirsch, Weser. Zu Medien: Herr Werder, Groth, Stehr, Hagendorf, Schauer, Vormann; Frau Weser und Anz.

74 Konservative: Herr Groth, Galen, Schauer, Vormann, Werder sowie Frau Ruhle, Anz, Zorn und Strube. Liberale: Herr Russ, Anz, Reichelt, Urban, Anschütz, Ebelt, Senns, Tetzlaff; Frau Wagenknecht, Hahn, Banse, Faust.

75 Allerdings fand die Befragung vor der öffentlichen Debatte über Rosa von Praunheims Film und vor dem «Tuntenstreit» von 1973 statt.

76 Frau Ruhle, S. 1; Frau Anz, S. 5.
77 Herr Gröpsch, S. 3; Herr Ullrich, S. 2, 4. Vgl. auch Herr Anschütz, S. 8 f.; Frau Kloppe, S. 3; Frau Faust, S. 2.
78 Herr Wucherer, S. 3, 7 (ähnlich Herr Körber, S. 4). Frau Borchert, S. 4 f.
79 Statistische Belege bei Merker, Generations-Gegensätze, S. 78–81. Die Studienteilnehmer waren geboren in den Jahren 1888 bis 1908.
80 Proband 1711 zit. nach: ebd., S. 93; dort weitere Belege.
81 2623 zit. nach: ebd., S. 75. Ähnliche Aussagen bei TB 88 (2610) Dg. 3; BO 2616, Dg. 3, GP.
82 Zitate TB 168 (2624) Dg. 3; BO 1611, Dg. 3, GP. Vergleichbar: BO 1603, 1709, 1728, 1739, 1756 (jeweils Dg. 3, GP).
83 TB 168 (2624) Dg. 3. Transkript BO 1619, Dg. 3, S. 74 f., in BO A7. Vgl. auch TB 14 (1629) Dg. 3: «Vor allen Dingen durch die amerikanischen Einflüsse, durch die Nachkriegseinflüsse, ist der Jugend ja alles vorgesagt worden.»
84 BO 1617, Dg. 3, TV. Ähnlich: BO 1606, Dg. 3, GP; BO 1610, Dg. 3, TV; BO 1657, Dg. 3, GP; BO 1713, Dg. 3, GP.
85 BO 1646, Dg. 3, GP; BO 1654, Dg. 3, GP. Vgl. auch BO 1709, Dg. 3, GP.
86 BO 1656, BO 1629, BO 1713. Vgl. BO 1708, BO 1611 (jeweils Dg. 3, GP).
87 Negativ zur «Pille» BO 1646, Dg. 3, GP; BO 1739, Dg. 3, GP; TB 152 (2621) Dg. 3.
88 Heim: BO 2702, Dg. 1, Char. Club: BO 2711, Dg. 1, Ex. 3, Transkript S. 6. Freundin: BO 1757, Dg. 3, Ex. 1; BO 1755, Dg. 3, AGD. Krieg: BO 1651, Dg. 3, VB. Leidend: BO 1726, Dg. 3, VB; BO 1610, Dg. 3, Ex. 1; Transkript 1619, Dg. 3 in BO A7, S. 43; Transkript 1705, Dg. 1 in BO A7, S. 56 f.
89 Vgl. Herzog, Sex after Fascism, S. 16, 24; dies., Sexuality in Europe, S. 19 ff.
90 TB 88 (2610) Dg. 3; BO 2616, Dg. 3, GP; TB 368 (2709) Dg. 3; TB 56 (2603) Dg. 3.
91 Zit. nach: Lehr, Frau im Beruf, S. 151.
92 BO 2617, Dg. 3, GP. Vgl. Probandin 2645, Dg. 3, in: Merker, Generations-Gegensätze, S. 75.
93 TB 113 (2614) Dg. 3; vgl. auch BO 2616, Dg. 3, GP.
94 TB 483 (1730) Dg. 1. Vgl. BO 2612, Dg. 1, Ex. 1; BO 4604, Dg. 1.
95 BO 1644 und 1651, vgl. 1655, 1707, 1757, 1758 (jeweils Dg. 3, VB).
96 Proband 1721, Dg. 1, zit. nach: Tismer, Untersuchungen zur Lebensthematik, S. 71; BO 1721, Dg. 3, Ex. 1. Zu Belastungen durch schwangere oder «zu früh» aktive Töchter oder Enkelinnen: BO 1751, Dg. 3, Ex. 1; BO 1651, Dg. 3, AGD; BO 1638, Dg. 3, VB; TB 38 (1735) Dg. 3.
97 Vgl. BO 1612, Dg. 3; BO 1656, Dg. 3, Ex. 1; zu 1658 Renner, Strukturen sozialer Teilhabe, S. 200 ff.
98 Proband 1729, Dg. 1, zit. nach: Tismer, Untersuchungen zur Lebensthematik, S. 118.
99 Vgl. etwa Transkript 1619, Dg. 3 in BO A7; BO 1732, Dg. 3, GP; BO 1743, Dg. 3, VB; TB 368 (2709) Dg. 3; BO 2616, Dg. 3, VB.
100 BO 1651, Dg. 3, Ex. 1, VB, GP, ZEW.
101 Transkripte 1619, Dg. 2, S. 32 f., sowie Dg. 3, S. 73, in BO A7.
102 Es handelte sich um die Skala 18 (Suppression of Sexuality) des Tests PARI Version IV. Vgl. die statistisch sehr signifikanten bzw. signifikanten Unterschiede der

Skalen-Mittelwerte. Merker, Generations-Gegensätze, S. 208 ff., 318; BO-Probandenakten, Dg. 3.

103 Eigene Berechnungen nach Bolsa-Daten, PARI-Items 18, 41, 64, 87 (n=176–181) ergeben signifikante Unterschiede der Mittelwerte nach Geschlecht bei Items 41, 87; nach Alter bei 18, 64.

104 Vgl. Herzog, Sexuality in Europe, S. 8, 15.

105 Beispiele homophober Bolsianer: Transkripte 1619, Dg. 2, S. 105 ff., sowie Dg. 3, S. 92 f., in BO A7; BO 2730, Dg. 3, GP.

106 Knapp 40 Prozent der Studenten hielten Homosexualität im Jahr 1966 für zulässig, rund 20 Prozent für unzulässig. Sie waren damit toleranter als der gesamtgesellschaftliche Durchschnitt. Giese und Schmidt, Studenten-Sexualität, S. 195 f.

107 Dies deckt sich mit den Ergebnissen von Steinbacher (Wie der Sex nach Deutschland kam) und Heineman (Sexuality in West Germany).

108 Giese und Schmidt, Studenten-Sexualität, S. 393 f., 396, vgl. 386.

109 Vgl. Heinsohn, Kommentar, S. 98, sowie Silies, Erfahrungen des Bruchs?, S. 206 f.; Bänziger u. a., Sexuelle Revolution?, S. 8.

110 Vgl. Reichardt, Authentizität, S. 38 ff.

111 *Der Spiegel* Nr. 27, 26.6.1967, S. 20; vgl. Nr. 16, 10.4.1967, S. 34.

7 Epilog: Was bleibt von Achtundsechzig?

1 Vgl. von der Goltz, A polarised generation?; dies., Other 68ers in West Berlin; Schildt, Die Kräfte der Gegenreform; Daniel Schmidt, «Die geistige Führung verloren».

2 Zu Frankreich vgl. Ross, Establishing Consensus; Zancarini-Fournel, Le moment ’68. Zum «mediterranen Muster» von Achtundsechzig in Italien, Frankreich, Portugal und Spanien: Horn, The Spirit of 1968.

3 Vgl. die kontroverse Diskussion in Gilcher-Holtey, Hg., «1968» – eine Wahrnehmungsrevolution?, bes. S. 7, 101 ff., 125 f.; ferner Evans, Sons, Daughters and Patriarchy, S. 346 f.

Literaturverzeichnis

Archive

Historisches Datenzentrum der Universität Halle-Wittenberg, Bestand BOLSA (Bonner Längsschnittstudie des Alters), 1964–1985,
BO (Akten)
TB (Tonbänder)

Stadtmuseum Bonn (SMB), Handakten und Sammlung zur Ausstellung über 1967/68 (2007) von Horst-Pierre Bothien.

Rheinische Friedrich-Wilhelms-Universität Bonn, Universitätsarchiv (UAB),
Bestand Allgemeiner Studenten-Ausschuss (AStA) 081
Bestand Philosophische Fakultät PF 138
Bestand Psychologisches Institut PF 196
Kleine Sammlungen Kl. Slg. 331
Bonner Universitätsnachrichten
Bonner Universitäts-Blätter

Interviews der Autorin

mit Norbert Erlemeier am 27.4.2016
mit Hannes Heer am 23.1.2017
mit Florence Hervé am 18.5.2017
mit Ursula Lehr und Georg Rudinger am 15.12.2014
mit Helga Merker am 28.2.2017 und 29.5.2017
mit Georg Rudinger am 18.8.2016
mit Ingrid Tismer-Puschner, geb. Puschner, am 4.8.2015 und 11.8.2015

Gespräche geführt von Horst-Pierre Bothien, Stadtmuseum Bonn (SMB)

mit Jürgen Aretz am 10.11.2006
mit Bernhelm Booß am 22.3.2006
mit Wilfried von Bredow am 24.4.2006
mit Wolfgang Breyer am 29.11.2005
mit Eberhard Crueger am 8.3.2006
mit Eckehart Ehrenberg am 9.9.2005
mit Dieter Gutschick am 28.9.2005

mit Hans Günter Jürgensmeier am 28.2.2006
mit Heidrun Lotz am 4.5.2006
mit Judith Olek, geb. Ramm, am 8.12.2005
mit Rudolf Pörtner am 26.10.2005
mit Bernd Ramm am 12.4.2006
mit Ulrich Rosenbaum am 11.4.2006
mit Christoph Strawe am 1.12.2005
mit Hartwig Suhrbier am 31.8.2005
mit Maria Zabel am 26.7.2006

Videomaterial

«Die Kinder der sexuellen Revolution. Freie Liebe und ihre Folgen», Reihe *Westdeutscher Rundfunk*: Menschen hautnah, gesendet WDR 31.3.2016.

Günther, Carsten, «68er an Rhein, Ruhr und Weser», 2 Teile mit je 45 Minuten, gesendet WDR 9.5.2008 und 16.5.2008.

–, «Meine Geschichte – die 68er-Generation», Staffel 13, Folge 3–8: Hannes Heer, Florence Hervé, Beatrix Novy, Kurt Biedenkopf, Rainer Langhans, Johannes Stüttgen. Gesendet *Phönix* 7.9.2008, 14.9.2008, 21.9.2008, 28.9.2008, 5.10.2008, 12.10.2008, jeweils 11.45–12.00 Uhr.

Heer, Hannes, «Mein 68. Ein verspäteter Brief an meinen Vater», gesendet Köln (*West 3*) 1988, 45 Minuten. Drehbuch Hannes Heer, Redaktion Ludwig Metzger.

Heinzel, Matthias und Monika Fanelli u. a., «Die 68er in Göttingen. Aufstand gegen die Nachkriegsgesellschaft. Zeitzeugen berichten», *Göttinger Tageblatt* DVD (2008).

Zeitungen

akut (Bonner Studentenzeitschrift)
Der Spiegel
General-Anzeiger für Bonn und Umgegend (Ausgabe Bonn), zitiert als *GA Bonn*

Literatur

Aly, Götz, *Unser Kampf 1968. Ein irritierter Blick zurück*, Frankfurt am Main 2008.

Arbeitsgruppe Alternsforschung Bonn, *Altern psychologisch gesehen. Theorie und Praxis der Erwachsenenbildung*, Braunschweig 1971.

Ashwin, Sarah, «Women and the Transition from Communism. Between a Rock and a Hard Place», in: *The Slavonic and East European Review* 71, Nr. 4 (1993), S. 712–716.

Balestracci, Fiammetta, «The Influence of American Sexual Studies on the ‹Sexual Revolution› of Italian Women», in: *Children by Choice? 20th Century Value Changes in Human Reproduction and Family Planning*, hg. v. Ann-Katrin Gembries, Isabel Heinemann und Theresa Theuke, München 2017 (im Erscheinen).

Baltes, Paul B., und Margret M. Baltes, *Successful Aging. Perspectives from the Behavioral Sciences*, Cambridge 1993.

Bänziger, Peter-Paul, Magdalena Beljan, Franz Eder und Pascal Eitler, «Sexuelle Revolution? Zur Sexualitätsgeschichte seit den 1960er Jahren im deutschsprachigen

Raum», in: dies., Hg., *Sexuelle Revolution? Zur Geschichte der Sexualität im deutschsprachigen Raum seit den 1960er Jahren*, Bielefeld 2015, S. 7–24.

Bendkowski, Halina, Hg., «Antiautoritärer Anspruch und Frauenemanzipation. Die Revolte in der Revolte», Ringvorlesung vom 1.6.1988, http://www.infopartisan.net/archive/1968/29708.html#top (Zugriff 22.3.2017).

–, Hg., *Wie weit flog die Tomate? Eine 68erinnen-Gala der Reflexion*, Berlin 1999.

Benninghaus, Christina, «Das Geschlecht der Generation. Zum Zusammenhang von Generationalität und Männlichkeit um 1930», in: *Generationen. Zur Relevanz eines wissenschaftlichen Grundbegriffs*, hg. v. Ulrike Jureit und Michael Wildt, Hamburg 2005, S. 127–158.

Bernhard, Patrick, «‹Make love not war!› Die APO, der Zivildienst und die sozialliberale Koalition», in: *Reform und Revolte. Politischer und gesellschaftlicher Wandel in der Bundesrepublik vor und nach 1968*, hg. v. Udo Wengst, München 2011, S. 11–30.

Blücher, Viggo Graf, *Die Generation der Unbefangenen. Zur Soziologie der jungen Menschen heute*, Düsseldorf 1966.

Bode, Sabine, *Die vergessene Generation. Die Kriegskinder brechen ihr Schweigen*, 8. A. Stuttgart 2011.

Bothien, Horst-Pierre, *Auf zur Demo! Straßenprotest in der ehemaligen Bundeshauptstadt Bonn 1949–1999*, Essen 2009.

–, *Protest und Provokation. Bonner Studenten 1967/1968*, Essen 2007.

Bracke, Maud Anne, «One-dimensional Conflict? Recent Scholarship on 1968 and the Limitations of the Generation Concept», in: *Journal of Contemporary History* 47, Nr. 3 (2012), S. 638–646.

Brown, Timothy S., *West Germany and the Global Sixties. The Anti-Authoritarian Revolt 1962–1978*, Cambridge 2013.

Buhmann, Inga, *Ich habe mir eine Geschichte geschrieben*, Frankfurt 1983.

Clifford, Rebecca, Robert Gildea und Anette Warring, «Gender and Sexuality», in: *Europe's 1968. Voices of Revolt*, hg. v. Robert Gildea, James Mark und Anette Warring, Oxford 2013, S. 239–257.

Cohn-Bendit, Daniel, und Rüdiger Dammann, Hg., *1968. Die Revolte*, Frankfurt am Main 2007.

Conze, Eckart, *Die Suche nach Sicherheit. Eine Geschichte der Bundesrepublik Deutschland von 1949 bis in die Gegenwart*, München 2009.

Cornils, Ingo, *Writing the Revolution. The Construction of «1968» in Germany*, Rochester, NY 2016.

Damm, Dorothee, «Meine Mutter, die 68erin», in: *Wie weit flog die Tomate? Eine 68erinnen-Gala der Reflexion*, hg. v. Halina Bendkowski, Berlin 1999, S. 25–29.

Dehnavi, Morvarid, *Das politisierte Geschlecht. Biographische Wege zum Studentinnenprotest von «1968» und zur Neuen Frauenbewegung*, Bielefeld 2013.

Denninger, Tina, Silke van Dyk, Stephan Lessenich und Anna Richter, *Leben im Ruhestand. Zur Neuverhandlung des Alters in der Aktivgesellschaft*, Bielefeld 2014.

Derix, Simone, *Bebilderte Politik. Staatsbesuche in der Bundesrepublik Deutschland 1949–1990*, Göttingen 2009.

Dietz, Bernhard, Christopher Neumaier und Andreas Rödder, Hg., *Gab es den Wertewandel? Neue Forschungen zum gesellschaftlich-kulturellen Wandel seit den 1960er Jahren*, München 2014.

Dischner, Gisela, Hg., *Eine stumme Generation berichtet. Frauen der dreißiger und vierziger Jahre*, Frankfurt am Main 1982.

Dollen, Busso von der, «‹1968› an der Universität Bonn – ein Zeitzeuge blickt zurück», in: *Bonner Geschichtsblätter* 60 (2010), S. 197–229.

Dutschke, Rudi, *Jeder hat sein Leben ganz zu leben. Die Tagebücher 1963–1979*, Köln 2003.

Dutschke-Klotz, Gretchen, «Nachwort», in: Rudi Dutschke, *Jeder hat sein Leben ganz zu leben. Die Tagebücher 1963–1979*, Köln 2003, S. 373–407.

–, *Wir hatten ein barbarisches, schönes Leben. Rudi Dutschke. Eine Biographie*, Köln 1996.

Eder, Franz X., «Die lange Geschichte der ‹Sexuellen Revolution› in Westdeutschland (1950er bis 1980er Jahre)», in: *Sexuelle Revolution? Zur Geschichte der Sexualität im deutschsprachigen Raum seit den 1960er Jahren*, hg. v. Peter-Paul Bänziger, Magdalena Beljan, Franz Eder und Pascal Eitler, Bielefeld 2015, S. 25–61.

Ehrenberg, Eckehart, «Ein Stück Erinnerung. Aus meinen ‹1968er›-Jahren in Bonn (2007)», http://www.eckehartehrenberg.de/506n05.htm (Zugriff 29.9.2016).

Eitler, Pascal, «Die ‹sexuelle Revolution› – Körperpolitik um 1968», in: *1968. Handbuch zur Kultur- und Mediengeschichte der Studentenbewegung*, hg. v. Martin Klimke und Joachim Scharloth, Springer 2007, S. 235–246.

Ennulat, Gertrud, *Kriegskinder. Wie die Wunden der Vergangenheit heilen*, 2. A. Stuttgart 2008.

Erlemeier, Norbert, «Die BOLSA-Freitagsgruppe – ein subjektiver Gesamteindruck», Vortrag zum Symposium anlässlich des 100. Geburtstags von Hans Thomae (1915–2001), Universität Bonn, 31. Juli 2015.

Evans, Sara M., «Women's Liberation. Seeing the Revolution Clearly», in: *Feminist Studies* 41, Nr. 1 (2015), S. 138–149.

–, «Sons, Daughters, and Patriarchy. Gender and the 1968 Generation», in: *The American Historical Review* 114, Nr. 2 (2009), S. 331–347.

Fendrich, Stefanie, *Die Studentenproteste an der Rheinischen Friedrich-Wilhelms-Universität zu Bonn im Kontext der 68er-Bewegung in der Bundesrepublik Deutschland*, Magisterarbeit Universität Bonn 2006.

Fischer, Torben, und Matthias N. Lorenz, Hg., *Lexikon der «Vergangenheitsbewältigung» in Deutschland. Debatten- und Diskursgeschichte des Nationalsozialismus nach 1945*, Bielefeld 2007.

Fooken, Insa, «Die Bonner Gerontologische Studie des Alterns (BOLSA). Ausgangspunkt einer Differentiellen Gerontologie», in: *Sozial- und verhaltenswissenschaftliche Gerontologie. Alter und Altern als gesellschaftliches Problem und individuelles Thema*, hg. v. Fred Karl, Weinheim 2003, S. 251–260.

Frasl, Monika, *Studien zur Protokoll-Literatur von Erika Runge*, Magisterarbeit Universität Wien 2009.

Frei, Norbert, *1968. Jugendrevolte und globaler Protest*, München 2008.

–, *Vergangenheitspolitik. Die Anfänge der Bundesrepublik und die NS-Vergangenheit*, München 1996.

Garner, Curt, «Public Service Personnel in West Germany in the 1950s», in: *Journal of Social History* 29, Nr. 1 (1995), S. 25–80.

Gass-Bolm, Torsten, *Das Gymnasium 1945–1980. Bildungsreform und gesellschaftlicher Wandel in Westdeutschland*, Göttingen 2005.

Gerhard, Ute, *Unerhört. Die Geschichte der deutschen Frauenbewegung*, 20. A. Reinbek 1995.

Giese, Hans, und Günter Schmidt, *Studenten-Sexualität*, Reinbek 1968.

Gilcher-Holtey, Ingrid, Hg., *«1968» – eine Wahrnehmungsrevolution? Horizont-Verschiebungen des Politischen in den 1960er und 1970 Jahren*, München 2013.

–, Hg., *1968. Vom Ereignis zum Gegenstand der Geschichtswissenschaft*, Göttingen 1998.

Goltz, Anna von der, «A polarised generation? Conservative students and West Germany's ‹1968›», in: *«Talkin' 'bout my generation». Conflicts of generation building and Europe's ‹1968›*, hg. v. ders., Göttingen 2011, S. 195–215.

–, «Making sense of East Germany's 1968. Multiple trajectories and contrasting memories», in: *Memory Studies* 6, Nr. 1 (2013), S. 53–69.

–, «Other 68ers in West Berlin: Christian Democratic Students and the Cold War City», in: *Central European History* 50, Nr. 1 (2017), S. 86–112.

–, «Von alten Kämpfern, sexy Wahlgirls und zornigen jungen Frauen. Überlegungen zur Beziehung von Generationalität, Geschlecht und Populärkultur im gemäßigt-rechten Lager um 1968», in: *Hot stuff. Gender, Popkultur und Generationalität in West- und Osteuropa nach 1945*, hg. v. Lu Seegers, Göttingen 2015, S. 57–79.

Griffiths, Craig E., «Gay Politics in 1970s West Germany», Ph. D. Dissertation Queen Mary University London 2015.

Grünendahl, Martin, *Generationenbeziehung im Wandel? Untersuchungen zum Einfluss von Alter, Region und Kohorte auf familiäre Generationenbeziehungen im mittleren und höheren Erwachsenenalter*, Frankfurt am Main 2001.

Habermas, Jürgen, Interview mit Angelo Bolaffi (1988), in: ders., *Die nachholende Revolution. Kleine politische Schriften VII*, Frankfurt am Main 1990.

–, «Studentenprotest in der Bundesrepublik», in: ders., *Protestbewegung und Hochschulreform*, Suhrkamp 2008.

Hacke, Jens, *Philosophie der Bürgerlichkeit. Die liberalkonservative Begründung der Bundesrepublik*, Göttingen 2006.

Hardach, Gerd, *Der Generationenvertrag. Lebenslauf und Lebenseinkommen in Deutschland in zwei Jahrhunderten*, Berlin 2006.

Haug, Frigga, «Wie Pelagea Wlassowa Feministin wurde», in: *Wie weit flog die Tomate? Eine 68erinnen-Gala der Reflexion*, hg. v. Halina Bendkowski, Berlin 1999, S. 189–198.

Hausen, Karin, «Frauenerwerbstätigkeit und erwerbstätige Frauen. Anmerkungen zur historischen Forschung», in: *Frauen arbeiten. Weibliche Erwerbstätigkeit in Ost- und Westdeutschland nach 1945*, hg. v. Gunilla-Friederike Budde, Göttingen 1997, S. 19–45.

Hayse, Michael R., *Recasting West German Elites. Higher Civil Servants, Business Lea-*

ders, and Physicians in Hesse between Nazism and Democracy, 1945–1955, New York 2003.

Heer, Hannes, «auch togo bleibt deutsch», in: *das weite suchen = expanding the gap*, hg. v. Martin Rendel und René Spitz, Stuttgart 2002, S. 77–89.

–, «Literatur und Erinnerung. Die Nazizeit als Familiengeheimnis», in: *Zeitschrift für Geschichtswissenschaft* 53, Nr. 9 (2005), S. 809–835.

Heineman, Elizabeth D., «Sexuality in West Germany. Post-Fascist, Post-War, Post-Weimar or Post-Wilhelmine?», in: *Mit dem Wandel leben, Neuorientierung und Tradition in der Bundesrepublik der 1950er und 60er Jahre*, hg. v. Friedrich Kiessling und Bernhard Rieger, Köln 2011, S. 229–246.

–, «The Economic Miracle in the Bedroom. Big Business and Sexual Consumption in Reconstruction West Germany», in: *Journal of Modern History* 78, Nr. 4 (2006), S. 846–877.

Heinlein, Michael, *Die Erfindung der Erinnerung. Deutsche Kriegskindheiten im Gedächtnis der Gegenwart*, Berlin 2010.

Heinsohn, Kirsten, «Kommentar. Nachkriegszeit und Geschlechterordnung», in: *Zeitgeschichte als Geschlechtergeschichte. Neue Perspektiven auf die Bundesrepublik*, hg. v. Julia Paulus, Eva-Maria Silies und Kerstin Wolff, Frankfurt am Main 2012, S. 92–99.

Herbert, Ulrich, «Drei politische Generationen im 20. Jahrhundert», in: *Generationalität und Lebensgeschichte im 20. Jahrhundert*, hg. v. Jürgen Reulecke, München 2003, S. 95–115.

–, *Geschichte Deutschlands im 20. Jahrhundert*, München 2014.

Hervé, Florence, Hg., *Geschichte der deutschen Frauenbewegung*, Köln 1982.

–, *Studentinnen in der BRD. Eine soziologische Untersuchung*, Köln 1973.

Herzog, Dagmar, *Sex after Fascism. Memory and Morality in Twentieth-century Germany*, Princeton, N. J. 2007.

–, *Sexuality in Europe. A Twentieth-century History*, Cambridge 2011.

Higgs, Paul, und Chris Gilleard, «Generational Justice, Generational Habitus and the ‹Problem› of the Baby Boomers», in: *Challenges of Aging. Pensions, Retirement and Generational Justice*, hg. v. Cornelius Torp, Basingstoke 2015, S. 251–264.

Hillgruber, Christian, «Die Studentenrevolte in Bonn. Vorgeschichte, Verlauf und Folgen», in: *Bonna Perl am grünen Rheine. Studieren in Bonn von 1818 bis zur Gegenwart*, hg. v. Thomas Becker, Göttingen 2013, S. 189–215.

Hobsbawm, Eric J., *Das Zeitalter der Extreme. Weltgeschichte des 20. Jahrhunderts*, 5. A. München 1997.

Hodenberg, Christina von, «Ekel Alfred und die Kulturrevolution. Unterhaltungsfernsehen als Sprachrohr der 68er-Bewegung?», in: *Geschichte in Wissenschaft und Unterricht* 62 (2011), S. 557–572.

–, *Konsens und Krise. Eine Geschichte der westdeutschen Medienöffentlichkeit, 1945–1973*, Göttingen 2006.

–, «Politische Generationen und massenmediale Öffentlichkeit. Die ‹45er› in der Bundesrepublik», in: *Generationen. Zur Relevanz eines wissenschaftlichen Grundbegriffs*, hg. v. Ulrike Jureit und Michael Wildt, Hamburg 2005, S. 266–294.

–, *Television's moment. Sitcom Audiences and the Sixties Cultural Revolution*, New York 2015.

Hodenberg, Christina von, und Detlef Siegfried, «Reform und Revolte. 1968 und die langen sechziger Jahre in der Geschichte der Bundesrepublik», in: *Wo «1968» liegt. Reform und Revolte in der Geschichte der Bundesrepublik*, hg. v. dens., Göttingen 2006, S. 7–14.

Höhn, Maria, *GIs and Fräuleins. The German-American Encounter in 1950s West Germany*, Chapel Hill 2002.

Horn, Gerd-Rainer, *The Spirit of '68. Rebellion in Western Europe and North America, 1956–1976*, Oxford 2007.

Inglehart, Ronald, *The Silent Revolution. Changing Values and Political Styles among Western Publics*, Princeton 1977.

Judt, Tony, *Postwar. A History of Europe since 1945*, London 2005.

Jureit, Ulrike, *Generationenforschung*, Göttingen 2006.

Kaelble, Hartmut, *Sozialgeschichte Europas. 1945 bis zur Gegenwart*, München 2007.

Kätzel, Ute, Hg., *Die 68erinnen. Porträt einer rebellischen Frauengeneration*, Berlin 2002.

Kersting, Franz-Werner, Jürgen Reulecke und Hans-Ulrich Thamer, Hg., *Die zweite Gründung der Bundesrepublik. Generationswechsel und intellektuelle Wortergreifungen 1955–1975*, Stuttgart 2010.

Klimke, Martin, *The Other Alliance. Student Protest in West Germany and the United States in the Global Sixties*, Princeton 2011.

Koenen, Gerd, *Das rote Jahrzehnt. Unsere kleine deutsche Kulturrevolution 1967–1977*, Köln 2001.

Kohut, Thomas August, *A German Generation. An Experiential History of the Twentieth Century*, New Haven, CT 2012.

–, «History, Loss, and the Generation of 1914. The Case of the Freideutsche Kreis», in: *Generationalität und Lebensgeschichte im 20. Jahrhundert*, hg. v. Jürgen Reulecke, München 2003, S. 253–277.

Kommune 2 (Christel Bookhagen, Eike Hemmer, Jan Raspe und Eberhard Schultz), «Kindererziehung in der Kommune», in: *Kursbuch* 17 (1969), S. 147–178.

Kozicki, Norbert, *Aufbruch in NRW. 1968 und die Folgen*, Essen 2008.

Kraft, Sandra, *Vom Hörsaal auf die Anklagebank. Die 68er und das Establishment in Deutschland und den USA*, Frankfurt am Main 2010.

Kraushaar, Wolfgang, *Achtundsechzig. Eine Bilanz*, Berlin 2008.

Kruse, Andreas, «Personale Geschehensordnung und Entwicklung des Individuums im Lebenslauf. Von der Philosophie zur Psychologie», in: *In memoriam Hans Thomae. Reden, gehalten am 23. Mai 2003 anläßlich der Akademischen Gedenkfeier der Philosophischen Fakultät der Rheinischen Friedrich-Wilhelms-Universität Bonn*, hg. v. Georg Rudinger, Andreas Kruse und Carl Friedrich Graumann, Bonn 2003, S. 23–39.

Kruse, Andreas, Eric Schmitt und Michael Wachter, «Der Beitrag der Psychologie zur sozial- und verhaltenswissenschaftlichen Gerontologie», in: *Sozial- und verhaltenswissenschaftliche Gerontologie. Alter und Altern als gesellschaftliches Problem und individuelles Thema*, hg. v. Fred Karl, Weinheim 2003, S. 59–86.

Kruse, Andreas, und Reinhard Schmitz-Scherzer, Hg., *Psychologie der Lebensalter*, Darmstadt 1995.

Kuhn, Annette, Valentine Rothe und Brigitte Mühlenbruch, Hg., *100 Jahre Frauenstudium. Frauen der Rheinischen Friedrich-Wilhelms-Universität Bonn*, Dortmund 1996.

Kundnani, Hans, *Utopia or Auschwitz. Germany's 1968 Generation and the Holocaust*, London 2009.

Künemund, Harald, und Andreas Motel, «Verbreitung, Motivation und Entwicklungsperspektiven privater intergenerationeller Hilfeleistungen und Transfers», in: *Generationen. Multidisziplinäre Perspektiven*, hg. v. Harald Künemund und Marc Szydlik, Wiesbaden 2009, S. 122–137.

Langer-ElSayed, Ingrid, *Frau und Illustrierte im Kapitalismus. Die Inhaltsstruktur von illustrierten Frauenzeitschriften und ihr Bezug zur gesellschaftlichen Wirklichkeit*, Köln 1971.

Leggewie, Claus, «A laboratory of postindustrial society. Reassessing the 1960s in Germany», in: *1968. The World Transformed*, hg. v. Carole Fink, Philipp Gassert und Detlef Junker, Cambridge 1998, S. 277–294.

Lehmann, Joachim, «Matriarchat, nicht Proletariat! Ein Rückblick auf die feministische Revolte der siebziger Jahre», in: *Weiblichkeit als politisches Programm? Sexualität, Macht und Mythos*, hg. v. Udo Franke-Penski, Bettina Gruber und Heinz-Peter Preußer, Würzburg 2005, S. 40–50.

Lehr, Ursula, *Die Frau im Beruf. Eine psychologische Analyse der weiblichen Berufsrolle*, Frankfurt am Main 1969.

–, *Psychologie des Alterns*, Wiesbaden 1972.

–, «Zur Geschichte der Entwicklungspsychologie der Lebensspanne», in: *Psychologie der Lebensalter*, hg. v. Andreas Kruse und Reinhard Schmitz-Scherzer, Darmstadt 1995, S. 3–14.

Lehr, Ursula, und Hans Thomae, Hg., *Formen seelischen Alterns. Ergebnisse der Bonner gerontologischen Längsschnittstudie (BOLSA)*, Stuttgart 1987.

–, «Stichprobe und Ablauf der Untersuchung in der Bonner Gerontologischen Längsschnittstudie (BOLSA)», in: *Formen seelischen Alterns. Ergebnisse der Bonner gerontologischen Längsschnittstudie (BOLSA)*, hg. v. dens., Stuttgart 1987, S. 7–17.

Lenz, Ilse, Hg., *Die neue Frauenbewegung in Deutschland. Abschied vom kleinen Unterschied*, Wiesbaden 2008.

Lönnendonker, Siegward, Hg., *Linksintellektueller Aufbruch zwischen «Kulturrevolution» und «kultureller Zerstörung». Der Sozialistische Deutsche Studentenbund (SDS) in der Nachkriegsgeschichte 1946–1969*, Wiesbaden 1998.

Lorenz, Hilke, *Kriegskinder. Das Schicksal einer Generation*, München 2003.

Lüscher, Kurt, und Ludwig Liegle, *Generationenbeziehungen in Familie und Gesellschaft*, Konstanz 2003.

Maslen, Joseph, «Autobiographies of a Generation? Carolyn Steedman, Luisa Passerini and the Memory of 1968», in: *Memory Studies* 6, Nr. 1 (2013), S. 23–36.

Maurer, Susanne, «Gespaltenes Gedächtnis? ‹1968 und die Frauen› in Deutschland», in: *L'homme* 20, Nr. 2 (2009), S. 118–128.

Mausbach, Wilfried, «Wende um 360 Grad? Nationalsozialismus und Judenvernichtung in der ‹zweiten Gründungsphase› der Bundesrepublik», in: *Wo «1968» liegt. Reform und Revolte in der Geschichte der Bundesrepublik*, hg. v. Christina von Hodenberg und Detlef Siegfried, Göttingen 2006, S. 15–47.

Merian. Das Monatsheft der Städte und Landschaften 9, 29 (1976): «Bonn».

Merker, Helga Margarete, *Generations-Gegensätze. Eine empirische Erkundungsstudie über die Einstellung Erwachsener zur Jugend*, Darmstadt 1973.

Michels, Eckard, *Schahbesuch 1967. Fanal für die Studentenbewegung*, Berlin 2017.

Mitscherlich, Alexander, und Margarete Mitscherlich, *Die Unfähigkeit zu trauern. Grundlagen kollektiven Verhaltens*, München 1967.

Möckel, Benjamin, *Erfahrungsbruch und Generationsbehauptung. Die «Kriegsjugendgeneration» in den beiden deutschen Nachkriegsgesellschaften*, Göttingen 2014.

Möhring, Maren, *Fremdes Essen. Die Geschichte der ausländischen Gastronomie in der Bundesrepublik Deutschland*, München 2012.

Moses, A. Dirk, *German Intellectuals and the Nazi Past*, Cambridge 2007.

Müller-List, Gabriele, «Bonn als Bundeshauptstadt (1949–1989)», in: *Geschichte der Stadt Bonn, Bd. 4: Bonn. Von einer französischen Bezirksstadt zur Bundeshauptstadt 1794–1989*, hg. v. Dietrich Höroldt und Manfred van Rey, Bonn 1989, S. 639–744.

Nagel, Katja, *Die Provinz in Bewegung. Studentenunruhen in Heidelberg 1967–1973*, Heidelberg 2009.

Nave-Herz, Rosemarie, *Die Geschichte der Frauenbewegung in Deutschland*, 1. A. Opladen 1982.

Nevermann, Knut, Hg., *Der 2. Juni 1967. Studenten zwischen Notstand und Demokratie*, Köln 1967.

Niethammer, Lutz, *Die Mitläuferfabrik. Die Entnazifizierung am Beispiel Bayerns*, Berlin 1982.

Noelle, Elisabeth, Hg., *Allensbacher Jahrbuch der Demoskopie 1974–1976*, Wien 1976.

Noelle, Elisabeth, und Erich Peter Neumann, Hg., *Jahrbuch der öffentlichen Meinung 1956–1964*, Allensbach 1965.

–, Hg., *Jahrbuch der öffentlichen Meinung 1965–1967*, Allensbach 1967.

–, Hg., *Jahrbuch der öffentlichen Meinung 1968–1973*, Allensbach 1974.

Obermaier, Uschi, *High times. Mein wildes Leben*, München 2008.

Oertzen, Christine von, *Teilzeitarbeit und die Lust am Zuverdienen. Geschlechterpolitik und gesellschaftlicher Wandel in Westdeutschland 1948–1969*, Göttingen 1999.

Olbrich, Erhard, *Der ältere Mensch in der Interaktion mit seiner sozialen Umwelt*, Diss. phil. Universität Bonn 1976.

Olbrich, Erhard, und K. Pöhlmann, «Prozeß und Interaktion in der Persönlichkeits- und Entwicklungspsychologie», in: *Psychologie der Lebensalter*, hg. v. Andreas Kruse und Reinhard Schmitz-Scherzer, Darmstadt 1995, S. 81–92.

Oseka, Piotr, Polymeris Voglis und Anna von der Goltz, «Families», in: *Europe's 1968. Voices of Revolt*, hg. v. Robert Gildea, James Mark und Anette Warring, Oxford 2013, S. 46–71.

Pardon-Dokumente, *Lieben und lieben lassen. Sexualfreud und -neid an deutschen Universitäten*, Frankfurt 1966.

Passerini, Luisa, *Autobiography of a Generation. Italy 1968*, Middletown, CT 1996.

Paulus, Julia, Eva-Maria Silies und Kerstin Wolff, «Die Bundesrepublik aus geschlechterhistorischer Perspektive», in: *Zeitgeschichte als Geschlechtergeschichte. Neue Perspektiven auf die Bundesrepublik*, hg. v. dens., Frankfurt am Main 2012, S. 11–29.

Perinelli, Massimo, «Longing, Lust, Violence, Liberation. Discourses on Sexuality on the Radical Left in West Germany, 1969–1972», in: *After the History of Sexuality. German Genealogies with and beyond Foucault*, hg. v. Dagmar Herzog, Helmut Puff und Scott Spector, New York 2012, S. 248–281.

Pfeil, Elisabeth, *Die 23jährigen. Eine Generationenuntersuchung am Geburtenjahrgang 1941*, Tübingen 1968.

Pieper, Kirsten Julia, *Die Studentenbewegung an der Universität Bonn in den Jahren 1965 bis 1970*, Magisterarbeit Universität Bonn o. J.

Radebold, Hartmut, Gereon Heuft und Insa Fooken, Hg., *Kindheiten im Zweiten Weltkrieg. Kriegserfahrungen und deren Folgen aus psychohistorischer Perspektive*, Weinheim 2006.

Rahden, Till van, «Eine Welt ohne Familie. Der Kinderladen als ein demokratisches Heilsversprechen», in: *Autorität. Krise, Konstruktion und Konjunktur*, hg. v. Till van Rahden, Oliver Kohns und Martin Roussel, Paderborn 2016, S. 255–282.

Reichardt, Sven, *Authentizität und Gemeinschaft. Linksalternatives Leben in den siebziger und frühen achtziger Jahren*, Berlin 2014.

–, «Von ‹Beziehungskisten› und ‹offener Sexualität›», in: *Das alternative Milieu. Antibürgerlicher Lebensstil und linke Politik in der Bundesrepublik Deutschland und Europa 1968–1983*, hg. v. Sven Reichardt und Detlef Siegfried, Göttingen 2010, S. 267–289.

Reiche, Reimut, «Sexuelle Revolution. Erinnerung an einen Mythos», in: *Die Früchte der Revolte. Über die Veränderung der politischen Kultur durch die Studentenbewegung*, hg. v. Lothar Baier u. a., Berlin 1988, S. 45–72.

Reimann, Bruno W., «Das ‹Busen-Attentat› auf Adorno, oder: Agonie und Ende der studentischen Protestbewegung», http://www.bruno-w-reimann.de/das-busen-attentat-auf-adorno-arbeitsmanuskript/ (Zugriff 20.9.2016).

Rendel, Martin, und René Spitz, Hg., *das weite suchen = expanding the gap*, Stuttgart 2002.

Renner, Maria Theresia, *Strukturen sozialer Teilhabe im höheren Lebensalter mit besonderer Berücksichtigung der sozialen Beziehungen zwischen den Mitgliedern der erweiterten Kernfamilie*, Diss. phil. Universität Bonn 1969.

Roggenkamp, Viola, «Mainstreaming. Feminismus zwischen EMMA und ZEIT», in: *Wie weit flog die Tomate? Eine 68erinnen-Gala der Reflexion*, hg. v. Halina Bendkowski, Berlin 1999, S. 208–216.

Rohstock, Anne, *Von der «Ordinarienuniversität» zur «Revolutionszentrale»? Hochschulreform und Hochschulrevolte in Bayern und Hessen 1957–1976*, München 2010.

Rosenthal, Gabriele, «Historische und familiale Generationenabfolge», in: *Generationen in Familie und Gesellschaft*, hg. v. Martin Kohli und Marc Szydlik, Opladen 2000, S. 162–178.

Röser, Jutta, *Frauenzeitschriften und weiblicher Lebenszusammenhang. Themen, Konzepte und Leitbilder im sozialen Wandel*, Opladen 1992.

Ross, Kristin, «Establishing Consensus. May '68 in France as Seen from the 1980s», in: *Critical Inquiry* 28, Nr. 3 (2002), S. 650–676.

–, *May '68 and its Afterlives*, Chicago, IL 2008.

Rosskopf, Annette, *Friedrich Karl Kaul. Anwalt im geteilten Deutschland (1906–1981)*, Berlin 2002.

Rudinger, Georg, «Hans Thomae als Wegbereiter einer Psychologie für den Menschen», in: *In memoriam Hans Thomae. Reden, gehalten am 23. Mai 2003*, hg. v. Georg Rudinger, Andreas Kruse und Carl Friedrich Graumann, Bonn 2003, S. 10–21.

Rudinger, Georg, und Ralph Stöwer, «Innenansichten eines akademischen Lebens. Prof. Dr. Dr. h. c. Hans Thomae. Abschrift der Tonbandaufzeichnung eines biographischen Interviews vom 22. und 29. August 1994», in: *In memoriam Hans Thomae. Reden, gehalten am 23. Mai 2003*, hg. v. Georg Rudinger, Andreas Kruse und Carl Friedrich Graumann, Bonn 2003, S. 45–94.

–, «Thomae, Hans», in: *Deutschsprachige Psychologinnen und Psychologen, 1933–1945. Ein Personenlexikon*, hg. v. Uwe Wolfradt, Elfriede Billmann-Mahecha und Armin Stock, Wiesbaden 2015, S. 441–442.

Runge, Erika, «Emanzipationen. Auszüge aus vier Lebensläufen», in: *Kursbuch* 17 (1969), S. 69–89.

–, *Frauen. Versuche zur Emanzipation*, 7. A. Frankfurt am Main 1978.

Sander, Helke, «Der Seele ist das Gemeinsame eigen, das sich mehrt», in: *Wie weit flog die Tomate? Eine 68erinnen-Gala der Reflexion*, hg. v. Halina Bendkowski, Berlin 1999, S. 43–56.

Schildt, Axel, «‹Die Kräfte der Gegenreform sind auf breiter Front angetreten.› Zur konservativen Tendenzwende in den Siebzigerjahren», in: *Archiv für Sozialgeschichte* 44 (2004), S. 449–478.

–, «Überbewertet? Zur Macht objektiver Entwicklungen und zur Wirkungslosigkeit der ‹68er›», in: *Reform und Revolte. Politischer und gesellschaftlicher Wandel in der Bundesrepublik vor und nach 1968*, hg. v. Udo Wengst, München 2011, S. 89–102.

Schildt, Axel, Detlef Siegfried und Karl Christian Lammers, Hg., *Dynamische Zeiten. Die 60er Jahre in den beiden deutschen Gesellschaften*, Hamburg 2000.

Schmidt, Daniel, «‹Die geistige Führung verloren›. Antworten der CDU auf die Herausforderung ‹1968›», in: *Die zweite Gründung der Bundesrepublik. Generationswechsel und intellektuelle Wortergreifungen 1955–1975*, hg. v. Franz-Werner Kersting, Jürgen Reulecke und Hans-Ulrich Thamer, Stuttgart 2010, S. 85–107.

Schmidt, Günter, und Volkmar Sigusch, *Arbeiter-Sexualität. Eine empirische Untersuchung an jungen Industriearbeitern*, Neuwied 1971.

Schmincke, Imke, «Von der Politisierung des Privatlebens zum neuen Frauenbewusstsein. Körperpolitik und Subjektivierung von Weiblichkeit in der Neuen Frauenbewegung Westdeutschlands», in: *Zeitgeschichte als Geschlechtergeschichte. Neue Perspektiven auf die Bundesrepublik*, hg. v. Julia Paulus, Eva-Maria Silies und Kerstin Wolff, Frankfurt am Main 2012, S. 297–317.

Schmitz-Scherzer, Reinhard, *Freizeit und Alter*, Diss. phil. Universität Bonn 1969.

Schrader-Klebert, Karin, «Die kulturelle Revolution der Frau», in: *Kursbuch* 17 (1969), S. 1–46.

Schreiner, Manfred, *Zur zukunftsbezogenen Zeitperspektive älterer Menschen*, Diss. phil. Universität Bonn 1969.

Schulz, Hermann, Hartmut Radebold und Jürgen Reulecke, Hg., *Söhne ohne Väter. Erfahrungen der Kriegsgeneration*, Berlin 2004.

Schulz, Kristina, *Der lange Atem der Provokation. Die Frauenbewegung in der Bundesrepublik und in Frankreich 1968–1976*, Frankfurt am Main 2002.

–, «The Women's Movement», in: *1968 in Europe. A History of Protest and Activism 1956–1977*, hg. v. Martin Klimke und Joachim Scharloth, Basingstoke 2008, S. 281–293.

Seegers, Lu, Hg., *Hot stuff. Gender, Popkultur und Generationalität in West- und Osteuropa nach 1945*, Göttingen 2015.

–, *«Vati blieb im Krieg». Vaterlosigkeit als generationelle Erfahrung im 20. Jahrhundert*, Göttingen 2013.

Siegfried, Detlef, *Time is on my side. Konsum und Politik in der westdeutschen Jugendkultur der 60er Jahre*, Göttingen 2006.

Silies, Eva-Maria, «Erfahrungen des Bruchs? Die generationelle Nutzung der Pille in den sechziger und siebziger Jahren», in: *Zeitgeschichte als Geschlechtergeschichte. Neue Perspektiven auf die Bundesrepublik*, hg. v. Julia Paulus, Eva-Maria Silies und Kerstin Wolff, Frankfurt am Main 2012, S. 205–224.

–, *Liebe, Lust und Last. Die Pille als weibliche Generationserfahrung in der Bundesrepublik 1960–1980*, Göttingen 2010.

–, «Wider die natürliche Ordnung. Die katholische Kirche und die Debatte um Empfängnisverhütung seit den 1960er Jahren», in: *Sexuelle Revolution? Zur Geschichte der Sexualität im deutschsprachigen Raum seit den 1960er Jahren*, hg. v. Peter-Paul Bänziger, Magdalena Beljan, Franz Eder und Pascal Eitler, Bielefeld 2015, S. 153–180.

Stambolis, Barbara, *Aufgewachsen in «eiserner Zeit». Kriegskinder zwischen Erstem Weltkrieg und Weltwirtschaftskrise*, Gießen 2014.

–, *Töchter ohne Väter. Frauen der Kriegsgeneration und ihre lebenslange Sehnsucht*, Stuttgart 2012.

Steinbacher, Sybille, *Wie der Sex nach Deutschland kam. Der Kampf um Sittlichkeit und Anstand in der frühen Bundesrepublik*, München 2011.

Stöhr, Irene, «Feminismen und politische Kultur», in: *Wie weit flog die Tomate? Eine 68erinnen-Gala der Reflexion*, hg. v. Halina Bendkowski, Berlin 1999, S. 154–165.

Stöwer, Ralph, *Erich Rothacker. Sein Leben und seine Wissenschaft vom Menschen*, Göttingen 2012.

Thomae, Hans, «Alltagsbelastungen im Alter und Versuche ihrer Bewältigung», in: *Formen seelischen Alterns. Ergebnisse der Bonner gerontologischen Längsschnittstudie (BOLSA)*, hg. v. Ursula Lehr und Hans Thomae, Stuttgart 1987, S. 92–114.

–, *Das Individuum und seine Welt. Eine Persönlichkeitstheorie*, 1. A. Göttingen 1968; 2. völlig neu bearb. A. Göttingen 1988.

–, *Das Wesen der menschlichen Antriebsstruktur*, Leipzig 1944.

–, «Gerontologische Längsschnittstudien. Ziele, Möglichkeiten, Grenzen», in: *Formen seelischen Alterns. Ergebnisse der Bonner gerontologischen Längsschnittstudie (BOLSA)*, hg. v. Ursula Lehr und Hans Thomae, Stuttgart 1987, S. 1–6.

–, *Immanuel Kant. Von der Würde des Menschen*, Leipzig 1941.

–, *Ruf des Lebens. Gedanken großer Deutscher der Vergangenheit*, Potsdam 1939.

Thome, Helmut, «Value Change in Europe from the Perspective of Empirical Social Research», in: *The Cultural Values of Europe*, hg. v. Hans Joas und Klaus Wiegandt, Liverpool 2008, S. 277–319.

Thon, Christine, *Frauenbewegung im Wandel der Generationen*, Bielefeld 2015.

Tismer, Karl-Georg, *Untersuchungen zur Lebensthematik älterer Menschen*, Diss. phil. Universität Bonn 1969.

Tismer, Karl-Georg, Ulrich Lange, Norbert Erlemeier und Ingrid Tismer-Puschner, *Psychosoziale Aspekte der Situation älterer Menschen*, Stuttgart 1975.

Tölle, Domenica, *Altern in Deutschland 1815–1933. Eine Kulturgeschichte*, Grafschaft 1996.

Torp, Cornelius, *Gerechtigkeit im Wohlfahrtsstaat. Alter und Alterssicherung in Deutschland und Großbritannien von 1945 bis heute*, Göttingen 2015.

Verhey, Jeffrey, *Der «Geist von 1914» und die Erfindung der Volksgemeinschaft*, Hamburg 2000.

Verheyen, Nina, *Diskussionslust. Eine Kulturgeschichte des «besseren Arguments» in Westdeutschland*, Göttingen 2008.

Verlinden, Karla, *Sexualität und Beziehungen bei den »68ern«. Erinnerungen ehemaliger Protagonisten und Protagonistinnen*, Bielefeld 2015.

Vogel, Meike, *Unruhe im Fernsehen. Protestbewegung und öffentlich-rechtliche Berichterstattung in den 1960er Jahren*, Göttingen 2010.

Vollnhals, Clemens, Hg., *Entnazifizierung. Politische Säuberung und Rehabilitierung in den vier Besatzungzonen 1945–1949*, München 1991.

Wehler, Hans Ulrich, *Deutsche Gesellschaftsgeschichte, Bd. 5: 1949–1990*, München 2008.

Wehrs, Nikolai, *Protest der Professoren. Der «Bund Freiheit der Wissenschaft» in den 1970er Jahren*, Göttingen 2014.

Weisbrod, Bernd, «Generation und Generationalität in der Neueren Geschichte», in: *Aus Politik und Zeitgeschichte* 8 (2005), S. 3–9.

Welzer, Harald, Sabine Moller und Karoline Tschuggnall, *Opa war kein Nazi. Nationalsozialismus und Holocaust im Familiengedächtnis*, 8. A. Frankfurt am Main 2012.

Wengst, Udo, Hg., *Reform und Revolte. Politischer und gesellschaftlicher Wandel in der Bundesrepublik vor und nach 1968*, München 2011.

West, Candace, und Don H. Zimmermann, «Doing Gender», in: *Gender and Society* 1, Nr. 2 (1987), S. 125–151.

Wetterau, Karin, *68. Täterkinder und Rebellen. Familienroman einer Revolte*, Bielefeld 2017.

Wienhaus, Andrea, *Bildungswege zu «1968». Eine Kollektivbiografie des Sozialistischen Deutschen Studentenbundes*, Bielefeld 2014.

Wiese, Benno von, *Ich erzähle mein Leben. Erinnerungen*, Frankfurt am Main 1982.

Wiggershaus, Renate, *Geschichte der Frauen und der Frauenbewegung in der Bundesrepublik Deutschland und in der Deutschen Demokratischen Republik nach 1945*, Wuppertal 1979.

Wildt, Michael, *Generation des Unbedingten. Das Führungskorps des Reichssicherheitshauptamtes*, Hamburg 2002.

Winterberg, Yury, und Sonya Winterberg, *Kriegskinder. Erinnerungen einer Generation*, Berlin 2009.

Zancarini-Fournel, Michelle, *Le moment 68. Une histoire contestée*, Paris 2008.

Zellmer, Elisabeth, *Töchter der Revolte? Frauenbewegung und Feminismus der 1970er Jahre in München*, München 2011.

Ziemann, Benjamin, *Front und Heimat. Ländliche Kriegserfahrungen im südlichen Bayern 1914–1923*, Essen 1997.

Abkürzungsverzeichnis

a. D.	außer Dienst
AKE	Arbeitskreis Emanzipation (Bonn)
APO	Außerparlamentarische Opposition
AStA	Allgemeiner Studentenausschuss
BASF	Badische Anilin- und Soda-Fabrik (Chemiekonzern)
BDM	Bund Deutscher Mädel
BO	Bolsa-Akte
BOLSA	Bonner Längsschnittstudie des Alters
BRD	Bundesrepublik Deutschland
CDU	Christlich-Demokratische Union Deutschlands
DDR	Deutsche Demokratische Republik
DFG	Deutsche Forschungsgemeinschaft
Dg.	Durchgang
DGB	Deutscher Gewerkschaftsbund
DKP	Deutsche Kommunistische Partei
FDP	Freie Demokratische Partei
FU	Freie Universität
GA Bonn	*General-Anzeiger für Bonn und Umgegend*
HJ	Hitlerjugend
HSU	Humanistische Studentenunion
K1	Kommune Eins
KZ	Konzentrationslager
LSD	Liberaler Studentenbund Deutschlands
LSD	Lysergsäurediethylamid (Rauschgift)
NS-	Nationalsozialismus, nationalsozialistisch
NSDAP	Nationalsozialistische Deutsche Arbeiterpartei
PARI	Parental Attitude Research Instrument
Pg	Parteigenosse
RCDS	Ring Christlich-Demokratischer Studenten
SA	Sturmabteilung der NSDAP
SDS	Sozialistischer Deutscher Studentenbund
SED	Sozialistische Einheitspartei Deutschlands
SHB	Sozialdemokratischer Hochschulbund
SMB	Stadtmuseum Bonn
SPD	Sozialdemokratische Partei Deutschlands
SS	Schutzstaffel der NSDAP
TB	Tonband
UAB	Universitätsarchiv Bonn

USA	Vereinigte Staaten von Amerika
VDS	Verband Deutscher Studentenschaften
VW	Volkswagen
WDR	*Westdeutscher Rundfunk*

Abbildungsverzeichnis

S. 21, 80, 162: entnommen aus Bothien, *Protest und Provokation*
S. 23, 28, 39, 42, 43: © Ursula Lehr / Foto: Werner Verhey
S. 32, 153: © Schafgans Archiv, Bonn / Foto: Hans Schafgans
S. 49: © Bonner Stadtarchiv, Sammlung Georg Munker
S. 63: © Bonner Stadtarchiv
S. 73: © Verlag *Der Spiegel*
S. 78: © Bonner Stadtarchiv / Foto: Engels
S. 105: entnommen aus *akut* Nr. 56/1969
S. 119: entnommen aus Kätzel, Hg., *Die 68erinnen*
S. 125: © Landesarchiv Berlin, KO1264 / Foto: Karl-Heinz Schubert
S. 137: © Ulrich Wienke
S. 157: © Bonner Stadtarchiv, Sammlung Camillo Fischer
S. 164: © Hans Günter Jürgensmeier

Personenregister

Nicht berücksichtigt sind die unter Pseudonym zitierten Versuchsteilnehmer der Bolsa und anderer sozialwissenschaftlicher Studien.

Aus dem Verlagsprogramm

Zweiter Weltkrieg und NS-Zeit bei C.H.Beck

Peter Lieb

Unternehmen Overlord

Die Invasion in der Normandie und die Befreiung Westeuropas
2., durchgesehene Auflage. 2015. 254 Seiten mit 13 Bildern, 5 Karten und 4 Schaubildern. Broschiert
Beck Paperback Band 6129

Stephan Lehnstaedt

Der Kern des Holocaust

Belzec, Sobibór, Treblinka und die Aktion Reinhardt
2017. 207 Seiten mit 10 Abbildungen. Broschiert
Beck Paperback Band 6271

Takuma Melber

Pearl Harbor

Japans Angriff und der Kriegseintritt der USA
2016. 223 Seiten mit 10 Abbildungen und 2 Karten. Klappenbroschur
Beck Paperback Band 6250

Bastian Hein

Die SS

Geschichte und Verbrechen
2015. 127 Seiten mit 10 Abbildungen. Broschiert
C.H.Beck Wissen Band 2841

Ulrich Herbert

Das Dritte Reich

Geschichte einer Diktatur
2. Auflage. 2016. 134 Seiten. Broschiert
C.H.Beck Wissen Band 2859

Die Deutschen und der Nationalsozialismus

Moritz Föllmer

‹Ein Leben wie im Traum›

Kultur im Dritten Reich
2016. 288 Seiten mit 5 Abbildungen.
Klappenbroschur
Beck Paperback Band 6174

Markus Roth

‹Ihr wißt, wollt es aber nicht wissen›

Verfolgung, Terror und Widerstand im Dritten Reich
2015. 296 Seiten mit 5 Abbildungen.
Klappenbroschur
Beck Paperback Band 6173

Tim Schanetzky

‹Kanonen statt Butter›

Wirtschaft und Konsum im Dritten Reich
2015. 272 Seiten mit 5 Abbildungen.
Klappenbroschur
Beck Paperback Band 6175

Dietmar Süß

‹Ein Volk, ein Reich, ein Führer›

Die deutsche Gesellschaft im Dritten Reich
2017. 303 Seiten mit 4 Abbildungen.
Klappenbroschur
Beck Paperback Band 6172